북한 선군정치와
'관료적 시장경제'

북한 선군정치와 '관료적 시장경제'

초판 1쇄 발행   2019년 6월 12일

지은이   강채연
펴낸이   윤관백
펴낸곳   도서출판 선인

등록   제5-77호(1998.11.4)
주소   서울시 마포구 마포대로 4다길 4 (마포동 324-1) 곳마루 B/D 1층
전화   02)718-6252/6257
팩스   02)718-6253
E-mail   sunin72@chol.com
Homepage   www.suninbook.com

정가   28,000원
ISBN   979-11-6068-277-9   93300

북한 선군정치와
'관료적 시장경제'

강채연

서 문

언제부터인가 하루해가 지고 달이 뜨는 일상이 가끔은 두려울 때가 있었다. 하루 24시간, 1년 365일이 이렇게 귀하기는 내 인생에 처음인 것 같다. 그리고 6년, 평양을 떠나온 지도 엊그제 같은데 어느새 흘러가버린 대학원 석·박사과정이 아쉽게만 느껴진다.

한반도 비핵화·평화의 격랑 속에 포문을 연 '2018 세기의 회담'과 때를 같이하여 나는 박사학위 심사를 받았다. 생각해보면, 학문의 진정한 의미와 필요성을 느낄 즈음해서 대학원 과정을 마쳤다. 그리고 국제관계 속에서 한반도의 얽히고설킨, 현실세계의 윤곽들을 희미하게 체감할 수 있을 때 쯤 대학 정문을 나선 것이다. 그만큼 두 개의 제도, 두 개의 사회에서 두 개의 인생을 경험하는 데 6년이라는 시간은 제대로 된 학문을 익히기에 턱없이 부족한 시간이었다. 그리고 제2의 인생 길에 첫 걸음을 떼어 준 고마운 선생님들과 학우들은 영원한 추억의 첫 페이지에 남았다.

그리고 다시, 2018~2019년 북한 비핵화와 남북협력의 복잡한 문제들이 국내외 정치경제현안들과 맞물려 우선순위를 다투고 있을 때, 북한 인권은 소리 없이 자취를 감추고 있었다. 나아가 북한문제로 인한 한국사회 갈등의 골이 점점 더 깊어지고 있음을 직감했다.

사회주의와 민주주의국가들의 차이와 다름을 인정하는 근본가치는 인권과 자유민주주의이다. 가치에서 출발한 차이와 다름의 이해를 남북통일의 밑거름으로, 갈등과 통합의 사회적 대타협을 위한 수단으로 공유할 때만이 우리 사회의 진정한 통합을 이야기할 수 있지 않을까.

이런 의미에서 북한문제는 덜하지도 더하지도 않고 있는 그대로의 현실을 바라보고 확실한 진단을 내릴 수 있어야 한다. 특히 21세기 북한문제는 그것이 정치문제든 핵문제든 경제문제든 일차방정식으로 풀수 있는 문제가 아니다. 고도로 세련된, 그리고 고난도의 고차방정식으로도 그 해답을 찾기가 어렵다. 그만큼 국제사회나 한반도는 지금까지의 역사적 경험들을 뛰어넘는 특수한 제도와의 '전쟁'에 직면하고 있다.

이 책은 있는 그대로의 북한 정치·경제·사회 성격을 진단하기 위한 필자의 자그마한 노력에 지나지 않는다. 1990년대 이후 북한 시장화에 대한 국내외 관심이 고조되면서 학제적·다학제적(interdisciplinary · multidisciplinary) 연구들이 수많이 배출되었다. 거시연구에서 미시연구로, 일차원 연구에서 다차원 연구로, 양적 연구에서 질적 연구로 승화되면서도 북한연구의 한계는 어디에서나 존재했다. 이미 학계의 전문가들이나 정책결정자들의 예측을 뛰어넘어 새로운 패러다임을 연속적으로 재생산해내는 북한 정치경제사회의 구조적 메커니즘은 그들만의 현실 속에 작동하는 특수한 "이성(理性)"이다. 1990년대 이후 북한의 자발적인 시장화는 북한정권의 부분적인 시장정책을 이끌어냈다. 이 과정에 다양한 시장세력들과 복합적인 통제권력들 사이에서 충돌·담합·배제의 연속적인 상호작용은 새로운 시장확산의 주된 원인으로 평가된다. 그리고 오늘날 형식적인 계획경제와 이질적인 시장경제를 양산해내고, 그 확산을 주도하고 있다. 이런 의미에서 이 책은 1990년대 이후에서 현재까지의 북한을 배경으로, 정치·경제·사회적 측면에서 '보이지 않는 힘'(Invisible Power)의 세계를 재조명한다.

책에서는 북한 내 정치 · 경제 · 사회제도의 변화와 특징을 통합적으로 설명할 수 있는 이론적 모델(관료적 시장경제, Bureaucratic Market Economy)을 제기하고 그 메커니즘을 분석하였다. 이를 통해 북한에서 자본과 권력, 통제와 이익, 통제와 저항, 부패와 거짓의 상호작용 및 상호교환 속에 내제된 '보이지 않는 힘'을 역설적(逆說的)으로 드러낸다.

어느 사회나 마찬가지로 자본(political, economical, and social capital)과 권력(political, economical, and social power)의 관계에서 발생되는 피라미드(political, economical, and social pyramid)는 그 자체로서 기술되는 정의(定義)와 부정의(不正義)의 논의대상이다. 다양한 집단, 개별적 행위자들의 욕구(desire)와 이해관계, 이해정도에 따라 결론지어지는 정의와 부정의 또한 상이하다. 이러한 자본과 권력은 통제(control)와 이익(interest)의 합목적적(合目的的)인 수단들 사이에서 끊임없이 갈등한다. 그리고 사회적 부패, 거짓과 진실의 도가니 속에서 국가의 발전은 표류하게 된다.

현재 북한에서는 자본과 권력, 통제와 이익, 부패와 거짓 사이에서 주고받기식의 기술이 끊임없이 재생산되는 특수한 형태의 피라미드가 정치경제사회를 대표한다. 분명 북한사회는 변화하고 있으며, 최고지도자의 권위와 위신은 형식적인 사회주의의 틀 속에서 방황하고 있다. 엘리트들은 물론 주민들도 그들 나름대로의 자유를 갈망하고 있으며, 숙청과 처벌의 망원경을 조직적으로 은폐(隱蔽), 가장(假裝)하거나 자본으로 물들인다. 정치구조의 특성상 헌법위에 당 규약이 있다면, 당 규약위에는 이제 자본이 둥지를 틀었다. 이제 당증도, 조직생활도 돈으로 팔고 사는 시대가 되었다. 개인주의가 성행하면서 집단주의가 퇴조하고 있다. 이러한 엄청난 변화들이 한국사회의 한 쪽에서는 애써 부정당하고, 또 다른 쪽에서는 외면되기도 한다. 그리고 우리사회가 겪고 있는 갈등과 통합의 기로에서 또 다른 남북갈등으로 비쳐지기도 한다. 한국사회 남남갈등, 남북갈등에 이어 지역갈등, 세대갈등, 계층 갈등조차도 북한에 대한 인식의 갈등에서 비롯되는 경우가 많은데도 말이다.

동일한 이유로 남북이 장장 수십 년 세월 다름과 차이를 받아들이는 데는 아직까지도 진영논리가 지배적이다. 그리고 갈등과 분열의 상징으로 특징지어지는 북한문제의 면면을 인식하고 평가하는 근본적인 한계와 딜레마가 지속적으로 재생산되고 있다. 이러한 한계와 딜레마들은 때때로 가치를 외면당한 채, '이슈'에 뜨고 '이슈'에 죽는다. '믿어야만 하는 것(To believe)'과 '믿고 싶은 것만 믿는 것(To believe only what you want to believe)'들 사이에서 가끔은 독재가가 '칭송(Praise)'되고 '죄와 벌'은 '금지어'가 되기도 한다.

남북관계의 변화와 혁신에 앞서 다름과 차이를 먼저 받아들이는 노력이 북한을 변화시킬 수 있는 최적의 대안이 아닐까.

2012년 정치학도로서의 첫 출발선에서 흔쾌히 지도교수가 되어주신 김태효 교수님께 감사의 인사를 드린다. 때로는 교수님께서 가르치시던 국제정치이론들과 외교정책담론들에 대한 방대하고 폭넓은 수업과정들이 추억의 대명사가 되기도 한다. 그리고 지울 수 없는 여운으로 남았다. 강한 원칙과 빈틈없는 성품, 실천 속의 이론, 세심한 배려에 이끌려 지금은 많은 제자들이 탄생하고 있다. 현대정치발전의 역사적 과정들과 비교사적 방법론들을 폭넓고 깊이 있게 가르쳐주신 마인섭 교수님, 조원빈 교수님, 우리사회의 정의, 국가와 정치사회의 철학적 논리들을 대하와 같은 이론들로 손수 엮어주신 윤비 교수님, 김비환 교수님께도 한없이 고마운 감사의 인사를 드린다. 그리고 박사학위 논문심사를 위해 고견을 아끼지 않으셨던 심사위원장 임용순 교수님,

통일교육원 차문석 교수님, 통일연구원 김규륜 박사님께도 감사의 인사를 드린다. 대학원 전 기간 열정적인 토론과 행복한 순간순간들을 즐거운 화폭에 함께 담았던 원생들에게도 고마운 인사를 전하고 싶다.

마지막으로 이 책에서 펼치고 있는 객관적인 주장과 논리적 근거들이 다소 미흡한 점이 있다면, 그것은 오직 필자의 부족함 때문이라는 점을 강조하고 싶다. 다만, '북한'이라는 특별한 토양에서 태어나 '전체주의'를 먹고 자란, 그리고 다시 시작된 제2의 인생길에서 필자의 얕은 지식과 이론들이 펴낸 '퍼스트북'임을 이해주시기 바란다.

2019년 5월
필자

목 차

▌표 목차

▌그림 목차

제1부

서 론

제1장 문제제기와 연구내용

1. 주요 주장

본 연구의 목적은 시장화 이후 북한 경제체제의 성격을 새롭게 규정하고 선군정치와 시장경제의 모순적 융합(矛盾的 融合)을 통해 북한정치경제체제의 전망을 예측하는 데 있다.

근 한 세기를 지배했던 공산주의가 체제전환이라는 정치체제의 변화를 이끌어내면서 불변의 법칙을 뛰어넘었다. 이 과정에 냉전 이후 사회주의 계획경제는 자본주의 시장경제로의 전환을 단 10년 만에 이끌어냈다. 하지만 북한은 선군정치와 선군경제건설의 독자노선으로 30년 가까이 계획경제와 시장경제 사이에서 독특한 진통을 경험해야 했다.

국정(國政)은 타이밍이 중요하다. 정세와 정책의 판단이 선제적으로 이루어져야 화(禍)를 미연에 방지하고 국익추구에 필요한 의제를 선점해나갈 수 있다.[1] 냉전 이후 갈팡질팡했던 북한 지도자들은 국익추구로 핵무장과 반시장화의 길을 선택했고, 그 수단으로 선군정치를 내세웠다. 대신 북한 주민들은 자발적 시장화의 길을 생존욕구로 내세웠다.

---

1) 김태효, 「대북정책에 국론이 모아지지 않는 이유」, 『신아세아연구』 86호, 2016, 20쪽.

이때부터 북한 지도자들과 주민들은 각각의 이익에 걸맞은 대립적인 통제·경제·생존정책들을 구사하면서 오늘에 이르렀다. 그 사이 북한 당국은 국내외 주요 문제해결의 타이밍을 여러 번 놓쳐버렸고 세 번의 정권교체가 이루어졌다. 그렇게 도달한 것이 현 특유의 북한 경제체제다.

오늘날 북한의 시장화는 많은 이들의 이목을 끌며 그 전망에 대해 다양한 질문이 쏟아지고 있다. 첫째, 경제체제의 성격에 있어 계획경제인가? 시장경제인가? 혼합경제인가? 둘째, 북한 경제체제의 변화가능성에 있어 급진적이냐? 점진적이냐? 셋째, 변화모델에 있어 중국식이냐? 베트남식이냐? 아니면 북한특유의 모델이냐?

1990년대 이후 북한 경제가 하락하고 자발적 시장화로 진입하면서 비공식시장의 확산과 그것을 억제하려는 당국 사이에 치열한 마찰이 빚어졌다. 즉 비공식 시장의 출현과 함께 다양한 통제기제들이 출범하면서 북한당국의 반시장화정책이 시작되었다. 하지만 1990년대 중반에 이르러 비공식 시장의 확산은 막을 수 없는 흐름이 되어 버렸다. 근 10년간의 진통 끝에 북한당국은 7.1 새 경제관리조치(2002)와 종합시장의 허용(2003)을 통해 시장을 공식적으로 받아들이게 된다. 7.1경제관리조치와 종합시장 허용은 당국의 이중 구조화전략, 즉 전략부문(군수공업 및 주요 산업)과 비전략부문(소비재부문)에 대한 당국의 지도와 관리 방식을 조종하기 위한 새로운 국가경제전략으로 시도되었다.[2] 이에 따라 종합시장의 공식 허용은 국영기업을 기본으로 하고 시장을 보조적 공간으로 이용하려는 소정의 목표를 가지고 출발하였다.[3] 하지만

---

2) 양문수, 『북한경제의 시장화: 양태·성격·메커니즘·함의』, 서울: 한울, 2010, 66~68쪽.

3) 정치사업자료, 「국경연선인민들은 높은 혁명적 경각성을 가지고 계급투쟁의 전초선을 철벽으로 지켜나가자」, 평양: 조선로동당출판사, 2005a; 「투철한 계급의식과 반제투쟁정신을 가지고 적들의 반공화국 모략책동을 단호히 짓부셔

장마당에서 출발한 비공식시장은 근 10년간 자발적으로 확장되면서 이미 국영기업들을 포위하고 있었다. 국영기업들과 외화벌이 기관들, 시장들은 자발적인 원료, 원천, 자재, 생산, 판매, 유통체계를 개척하고 공유하면서 시장을 넓혀나갔다.

여기에 1995년 집단적 통제 및 결속을 위한 선군정치가 출현하면서 선군의 영향력이 국가경제의 대부분을 포섭하기 시작했다. 중요한 시기마다 강조되는 '선군경제건설노선과 실리' 원칙은 군부의 시장 경제활동 참여 명분을 실어주었다. 급변하는 사회경제적 변화에 당국은 선군정치를 앞세워 5대 권력기관(당 · 인민무력성 · 인민보안성 · 국가안전보위성 · 검찰소)들을 다양한 방식으로 시장에 투입한다. 또한 다양한 정치적 · 제도적 장치들을 마련하면서 시장을 감시통제하기 위한 대안적 수단을 모색하게 된다. 기관과 기업, 북한시장과 지역을 대상으로 하는 5대 권력기관의 통제(감시 Surveillance, 단속 Crackdown, 검열 Censorship, 처벌 Punishment, 이하 SCCP)기능이 확대되고 그 기능 또한 다양해졌다. 서로 독립적, 혹은 복합적인 형태로 SCCP 통제가 제도화되기 시작한다.

SCCP 통제 연합조직과 연합은 김정은 정권에 들어 특수한 형태로 확산된다. 통제 관료들에게 SCCP 수단은 경쟁적으로 통제하고 경쟁적으로 시장 경제활동에 뛰어들 수 있는 최적의 수단이다. 그리고 다양한 형태의 부패확산 원인이다.

이와 같은 통제수단들은 북한 시장경제 확산의 주요 동력으로도 평가된다. 통제 관료들도 시장경제활동의 주요 행위자인 것이다. 하지만 이러한 과정들은 개혁기 러시아의 '노멘클라투라'나 쿠바의 '군부 독식'과는 절대적으로 다른 특유의 것이다. 여타 국가들의 경우 관료엘리트

버리자」, 평양: 조선로동당출판사, 2005b.

들의 권력수단은 특정분야의 경제적 이익에 한정되어 있다면, 북한의 경우 경제사회 전반에 걸친 집단적 통제와 저항의 패러다임 과정에서 이루어진다.

1990년대 초부터 현재까지 도시, 지역, 기관기업소, 군, 특정대상 등을 중심으로 경제활동의 통제 및 검열에 투입되고 있는 5대 권력기관 SCCP 통제조직의 유형을 종합하면 〈표 1〉와 같다.

공산주의체제는 하나의 집단(당과 지도자)이 통제하고 다른 집단들은 그 지배집단의 목적수행에 동원되는 통제사회(Command Society)이다.[4] 현재 북한에서는 최고지도자의 통제 권력에 따른 다양한 통제집단이 북한시장을 조종하는 주요 세력으로 공존한다.

지난 30년간 통제 권력과 시장 세력들 간 경제적 이익을 위한 충돌과 담합의 상호작용은 새로운 경제정책이나 질서들을 무용지물(無用之物)로 만들었다. 북한당국의 새로운 경제정책들과 결정들은 자생적인 생존법칙과 질서들을 구축하고 단계별 제도화에 능숙한 시장의 도전을 뛰어넘을 수 없다.[5] 당국이 새로운 경제정책들을 제시할 때마다 물가와 환율이 급등하는 등 전국 시장이 출렁인다. 당연히 공장기업소들의 원자재구입이나 생산물의 유통 및 판매도 시장의 변동에 민감할 수밖에 없다. 김정은 정권에 들어서면서 군의 시장 경제활동 참여로 인한 심각한 군기혼란과 부정부패의 일상화는 모든 군부대들에서 보편적인 현상으로 자리매김했다.

---

4) T. H. Rigby, "Traditional, Market, and Organization Societies and the USSR", *World Politics* 16(4), 1964, pp.539~557.

5) 2002년 7.1경제조치를 발표하자마자 간부들은 "지금 식량도 부족하고 상품도 없는 데 물건값과 생활비를 개정한다고 경제문제가 풀리는가, 국가에서 값을 올리면 시장가격이 더 올라간다고 하면서 반신반의"하였다(군부대 강연자료, 「가격과 생활비를 전반적으로 다시 제정한 국가적 조치에 대한 리해를 바로 가질 데 대하여」, 평양: 조선인민군출판사, 2007).

〈표 1〉 북한 경제활동 SCCP 통제조직 및 유형 분류

SCCP 통제조직	SCCP 통제 조직 구성 및 활동기간		통제대상
	SCCP 통제 연합 유형	기간	
당	- 비사회주의 그루빠(기능에 따라 부서별로 조직) - 비사회주의 그루빠(당·군·보위성·보안성) - 비사회주의 그루빠(당·보안성·검찰) - 비사회주의 그루빠(시·군 당·검찰·보위부·보안서) - 중앙당 합동검열(중앙당 군생활지도과·보위성) - 중앙당 조직부 검열 - 도·시·군당 합동(당·보안서·보위부·검찰소)	분기별 · 특정기간 · 24개월 · 중복교차	특정기관 주요도시 특정지역 기관기업소 특정대상
인민 보안성	- 기동순찰대 - 기동순찰대(특별기동대) - 도·시·군(구역) 보안서 감시·통제체계 - 합동검열(검찰소·보안성) - 합동검열(보위성·보안성·중앙당) etc.	24시간 감시통제 · 특정기간	전 지역 주민, 도로 기관기업소 철도연선 군인 (08 이후)
인민 무력부	- 총참모부 검열 - 총정치국 검열 - 폭풍군단 검열 - 보위사령부 검열 - 호위사령부 검열 - 국방위원회 검열 - 합동검열(국방위원회·총정치국·총참모부) - 합동검열(보위사령부·총참모부) - 합동검열(총참모부·보위성·수도경비사령부) - 각 성 군사대표 지휘부	분기별 · 특정기간 · 24개월 · 중복교차	국경지역 전 지역 전 주민 기관기업소 군부대
국가 안전 보위성	- 국가안전보위성 단독 검열 - 합동검열(국경경비사령부·보위성 전파탐지국) - 합동검열(검찰소·보위성) etc.	24시간 · 특정기간 · 분기별	국경지역 특정기관 주요도시 주민, 도로
사법 검찰 기관	- 중앙검찰소 검열 - 중앙검찰소 합동검열(도·시·군 단위 교차 및 합동) - 합동검열(검찰소·국방위원회·정치국) - 도 검찰소 검열(도 단위 교차 및 합동) - 합동검열(특정기관과 협동검열) etc.	특정기간 · 중복교차 · 24개월 전국순회	특정기관 단위별 기관기업소 국경지역

자료: 이 표는 아래의 자료들을 종합적으로 검토하여 작성함.
『자유아시아방송』·『좋은벗들』·『아시아프레스』·『통일한국』·『데일리NK』·『북한
개혁방송』1995~2017; 평양,「사회주의조국을 배반하는 자들을 엄중히 처벌할 데 대
하여」,『조선로동당 중앙군사위원회·조선민주주의인민공화국 국방위원회 명령 제
0007호』, 평양: 조선로동당출판사, 2012. 12. 1; 평양,「인민보안기관에서 할 사업」,『인
민보안성 사업포치안 제0-175호』, 평양: 인민보안성, 2014;「농촌에서 비법적으로 빠
져나간 농장원들과 농촌연고자들을 모두 찾아 농촌에 배치할 데 대한 당의 방침을
철저히 집행할 데 대하여(각 도(철도포함) 인민보안국, 군수중앙기관, 수도건설보안
국 앞)」,『인민보안 성사업포치안 제0-189호』, 평양: 인민보안성, 2016. 10. 13; 학습제
강,「사회생활의 모든 분야에서 비사회주의 현상을 철저히 없앨 데 대하여」, 평양:
조선로동당출판사, 2005; 김정은,「당중앙위원회 선전선동부 책임일군들과 한 담화」,
평양: 조선로 동당출판사, 2014; 정치사업자료,「투철한 계급의식과 반제투쟁정신을
가지고 적들의 반공화국 모략책동을 단호히 짓부셔 버리자」, 평양: 조선로동당출판
사, 2005b.

북한의 경제변화, 즉 시장화에 대한 선행연구들은 주로 이분법적 시각(주인과 대리인, 후견인과 피후견인, 정치와 경제, 제도와 경제 등)에서의 연구들이다. 그리고 서구 시장경제이론 및 경제체제전환기 국가들의 비교사례분석이 주류를 이룬다.

필자는 북한의 시장화와 그에 따른 변화를 분석함에 있어 주인과 대리인 사이에서 SCCP 통제 혹은 보호와 경제적 이익을 명목으로 기생(寄生)하거나 공생(共生)하는 제3의 행위자들에 주목한다. 이는 앞서 〈표 1〉에서 제시한 5대 권력기관이다. 이들 권력기관이 행하는 SCCP는 선군정치(독립변수, Independent Variable)를 뒷받침하는 조절변수(Moderating Variable)이다. 당초 5대 권력기관의 SCCP는 시장과 사회에 대한 통제를 강화하는 것이 그 목표였고, 선군정치는 그러한 SCCP를 촉진하였다. 이 과정에서 5대 권력기관·국영기업·종합시장이 충돌·담합·배제의 과정에서 발생하는 '보이지 않는 힘(Invisible Power, 이하 IP)'이 발생한다(매개변수, Intervening Variable). 그러나 SCCP로 인해 궁극적으로 나타난 결과는 시장의 확대와 권력구조의 취약성이다(종속변수, Dependent Variable).

이 논문에서 일반적인 의미의 북한당국과 별도로 5대 권력기관을 핵심 행위자로 설정하는 이유는 북한체제의 특성을 고려한 것이다. 북한은 정치·경제·군사·사회·문화 등 모든 분야에 걸쳐 철저한 감시와 통제메커니즘을 기반으로 유지된다. 따라서 그러한 특정기관들을 중심으로 정치경제사회 변화에 주목해야 한다.

북한에서 5대 권력기관과 국영기업, 종합시장과의 상호작용으로 나타나는 충돌(Collision), 담합(Collusion), 배제(Exclusion)의 관계는 다음과 같다.

충돌-담합-배제는 지속적인 통제와 상호 이익경쟁의 결과로 나타나

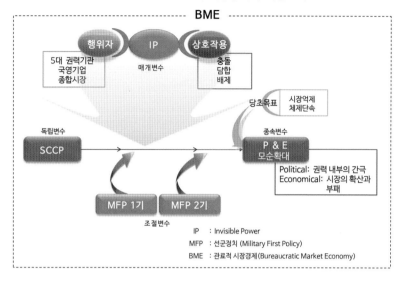

는 북한사회 현상이다. 충돌은 다양한 형태의 SCCP 통제가 시장으로
진출하는 과정에서 저항과 대립의 결과로 나타난다. 이것은 5대 권력
기관의 SCCP 권력과 경제활동의 직접적인 행위자 간 압박 내지는 억압
과정에서 나타나는 필연적인 산물이다. 담합은 두 행위자들이 이익과
정보의 교환과정에서 이루어지는 개별적 행위자 간, 그리고 이익연합
집단 간의 상호작용결과이다. 이 경우에는 기존의 수직적 관계에서 수
평적 관계로 이전한다. 배제는 권력-자원 간의 이익경쟁으로 처벌 또
는 숙청의 결과로 나타나는, 결탁세력 간 경쟁적인 제로섬 게임의 결
과이다. 또한 권력행위자들과 일반 주민들 사이에 안전-자원-보복경쟁
의 형태로 나타나는 상호작용결과이다. 이러한 행위는 행위자 1의 지
나친 통제, 지속적인 통제가 주민들의 반발을 불러올 때 발생한다. 김
정은 시대 들어 나타나고 있는 소극적이고 특징적인 현상이다.

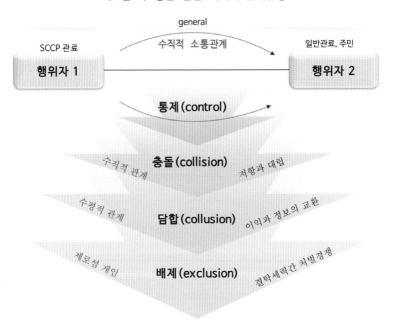

〈그림 2〉 충돌-담합-배제의 관계유형

일반적으로 북한에서 행위자 1과 행위자 2 사이에는 수직적 위계질서가 성립된다. 그런데 시장화와 그로 인한 당국의 통제 속에서 통상적인 수직적 소통관계는 점차 경제적 이익↔보호의 수평적 소통관계로 발전한다. 배제는 양측 행위자들 간 제로섬 게임이다. 이 과정에서는 안전과 이익의 지나친 충돌로 숙청이나 강력한 처벌, 혹은 보복성 게임이 이루어지기도 한다.

필자는 1990년대 이후 북한 경제체제의 설명모델을 선군정치와 시장경제가 병존하는 과정에서의 '관료적 시장경제(Bureaucratic Market Economy, BME)' 모델에서 찾는다. 그것은 기존 연구들에서 모델화하는 서구 시장경제이론이나 체제전환국 모델로는 현재 북한 경제체제의 특징을 제대로 평가하기 어렵기 때문이다.

북한 관료적 시장경제는 선군정치 1기에서 등장했고 2기에서 확대되었다. 북한시장화의 촉진기제로서 관료적 시장경제는 선군정치와 함께 5대 권력기관에 의한 북한당국의 비공식시장의 통제, 통제 관료들의 경제적 욕구, 시장 세력들의 생존을 위한 저항 메커니즘 속에서 형성되었다. 또한 당국의 경제정책이나 통제제도들은 시장의 불균형을 강화하고 특권권력들의 희소자원 재분배에 유리한 기제로 작동함으로서 불균형적인 자원의 쏠림현상을 극대화시켰다. 오늘날 '생존보호'의 측면에서 통제 관료들과 주민들의 중층복합적인 인적 네트워크는 북한사회의 일반적인 현상이다. 이른바 권력과 경제적 이익의 결합, 다양한 권력과 자원배분의 불균형, 뇌물과 부패가 북한 경제를 움직인다. 이렇듯 관료권력과 시장행위자들 간에 발생하는 상호작용은 북한 시장을 움직이는 IP를 형성한다. IP는 시장에서 수요와 공급에 의한 자발적 경쟁을 제어하고 관료권력에 의한 시장점유를 가능하게 하는 힘이다. 즉 북한에서는 관료권력과 시장행위자들이 결합된 IP가 북한 경제를 조종한다. 이러한 경제가 바로 '관료적 시장경제'이다.

선군정치 1기, 2기를 거치며 북한 관료적 시장경제가 등장하고 확대된 경로를 풀이하면 〈그림 3〉과 같다.

〈그림 3〉 선군정치 1기, 2기에서 시장·통제·정책의 변동 관계

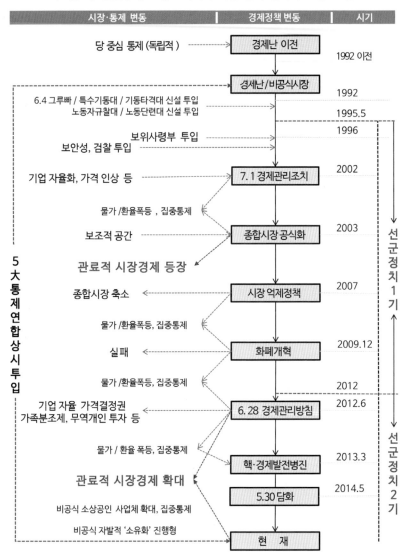

시장·통제 변동	경제정책 변동	시기
당 중심 통제 (독립적)	경제난 이전	1992 이전
	경세난/비공식시장	1992
6.4 그루빠 / 특수기동대 / 기동타격대 신설 투입 노동자규찰대 / 노동단련대 신설 투입		1995.5
보위사령부 투입 보안성, 검찰 투입		1996
기업 자율화, 가격 인상 등	7.1 경제관리조치	2002
물가 /환율폭등 , 집중통제 보조적 공간	종합시장 공식화	2003
관료적 시장경제 등장		
종합시장 축소	시장 억제정책	2007
물가 /환율폭등, 집중통제 실패	화폐개혁	2009.12
물가 /환율폭등, 집중통제		2012
기업 자율 가격결정권 가족분조제, 무역개인 투자 등	6. 28 경제관리방침	2012.6
물가 / 환율 폭등, 집중통제	핵·경제발전병진	2013.3
관료적 시장경제 확대	5.30 담화	2014.5
비공식 소상공인 사업체 확대, 집중통제 비공식 자발적 '소유화' 진행형	현 재	

5大 통제 연합 상시 투입

선군정치 1기

선군정치 2기

이 연구에서 검증하고자 하는, 북한 관료적 시장경제에서 초래된 세 가지 현상은 다음과 같다. 첫째, 경제적으로 5대 권력기관들의 SCCP 통

제가 국영기업·북한시장과 결합하면서 비가역적인 시장의 확산을 가져왔다. 둘째, 정치적으로 '빨간 우산 속 황금두루마기(Golden Outercoat in the Red Umbrella)'를 걸친 북한관료들의 이중 생활패턴으로 북한 권력 내부의 간극이 조성되었다. 셋째, 선군정치는 이러한 두 가지 현상을 촉진하고 심화시키는 매개변수 역할을 한다.

본 연구결과는 북한 시장경제가 정상적인 시장경제로 전환할 가능성, 혹은 중국식 사회주의 시장경제로 전환할 가능성이 매우 희박하다는 점을 반증할 것이다. 혹 김정은의 획기적인 사고가 '비핵화 및 중국식 시장경제체제'를 지향한다 하더라도 그것은 북한 체제의 특성상 상당한 위험성을 내포하기 때문에 형식적일 수밖에 없다. 즉 북한에서 자유화, 사유화, 민영화와 같은 공식적인 시장경제의 이행은 체제붕괴를 의미하기 때문이다. 가능한 시나리오라면 이미 북한은 2002년 7.1조치 당시 중국식 시장경제체제를 모방했어야 했다. 이미 북한사회는 특수한 관료적 시장경제체제에 깊숙이 빠져있다. 획기적인 대안으로 '김정은식 개혁개방'이 특수한 지역(관광 및 산업지역)을 상대로 기획된다 하더라도 그것 역시 관료적 시장경제의 테두리에 국한돼 있어 성공할 가능성은 희박하다.

2. 연구목적

많은 연구자들이 1990년대 이후 북한 경제의 위기와 변화에 따른 일련의 문제에 관심을 두기 시작했다. 특히 기업관리, 경제정책, 시장화, 선군정치 등과 관련된 여러 가지 연구들을 통해 북한 경제체제의 특징과 변화, 메커니즘에 대한 분석을 제기하였다. 또한 계획경제와 시장경제의 양극단에서 계획경제냐, 시장경제냐, 혼합경제냐의 논쟁도 많다. 경제운용방식에 있어서도 다중 경제론(2중·3중·4중·6중·7중)이 상당한 관심을 이끌었다. 북한 경제체제의 전망을 예측함에 있어 러시아, 중국을 비롯한 사회주의 국가들의 체제전환과 시장개혁정책의 성격과 부작용, 메커니즘에 대한 비교연구들도 상당부분 존재한다.

북한 시장현상을 보는 많은 연구들은 대부분 계획경제와 시장경제로 나뉜다. 우선 경제체제의 성격 측면에서 다중 경제론을 주장하는 대부분의 학자들은 주로 북한 정치체제의 특성상, 경제운용 목적에 따라 행위자들이 독립적으로 분리되어 있다고 보는 견해에 근거한다. 이러한 견해에 "공생적 다중구획화" 논쟁을 통해 북한 경제의 다중 경제권역들이 서로 독립적이 아니라 상호 침투적이며 유기적으로 결합되어 있다는 주장도 파생했다.[6]

특히 1990년대 이후 북한 시장화에 대한 연구는 제도경제학적 접근, 정치경제학적 접근과 같은 이분법적 시각에서의 연구가 주류를 이룬다. 그 외 사회·문화·부패·심리·사회통제 등 다양한 분야의 연구들은 독립적인 이론들과 분석틀을 이용한 단일사례연구들에 초점이 맞춰져 있다. 이 중 제도경제학적 관점의 분석 대상은 주로 국가경제기관들과 국영기업, 국영기업과 시장, 국가와 시장 혹은 공식 부문과 비공식 부문, 공식 경제와 2차 경제(비공식경제) 사이에서 주인-대리인의 관계로 관찰되는 제도와 경제의 상호작용과 영향이다. 정치경제학적 분석은 정치체제가 경제에 미치는 영향, 즉 정치와 경제의 대립관계에서 북한 시장경제를 분석한다. 이 두 가지 분석틀이 상정하는 북한 경제의 주요 행위자는 국가 경제기관들과 국영기업, 시장 사이에서

---

6) 권오국·문인철, 「북한 경제 재생산구조의 전개와 정치변화: 선군정치경제의 시원을 중심으로」, 『북한학연구』 제7권 제2호, 2011.

일반적으로 공존하는 다양한 경제 관련 주체들이다. 이러한 경제 행위자들 간의 상호작용은 주인-대리인, 정치-경제의 이분법적 대립구도에 따라 작용-반작용의 주고받기 식 관계로 기술된다.

필자가 보기에 북한시장의 확산 메커니즘과 경제변화는 이러한 이분법적 구도의 관찰과 평가로는 제대로 설명해낼 수 없다. 이분법적 구도에서 관찰되는 모든 분석대상들은 북한체제의 특성상 감시·통제의 메커니즘 속에서 발생하거나 변화하는 특수한 관계에 있기 때문이다. 북한에서 사회적 부패가 심화되고 그 형태 또한 다양한 원인은 감시와 통제에서 비롯되는 억제와 저항의 결과이다. 1990년대 이후 기업관리와 기업 구조 개편 등과 같은 변화들도 감시와 통제를 목적으로 하는 '자발적' 기업관리 메커니즘의 결과이다. 심각한 경영난과 경제난으로 비롯된 기업경영과 기업 관리의 구조 개편은 사실상 위로부터가 아닌 아래로부터의 자발적인 변화이다. 또 이러한 변화들은 감시와 통제기제들과 맞물려 서로 억제와 저항을 반복하면서 1990년대에 이어 2000년대 기업구조와 경영의 변화를 이끌어낸다.

사회주의 국가들의 계획경제가 한계를 드러내면서 경제침체와 비공식경제의 확산, 부패와 같은 정치경제제도의 위기에 대응하는 방식은 북한에 있어 중국이나 쿠바, 동유럽, 동남아국가들과 판이하게 달랐다. 여타 국가들은 주요 시장개혁정책(자유화, 사유화, 주식회사화, 민영화)들을 통해 점진적, 혹은 급진적 개혁을 공식화하였다. 기업의 자율성을 확대하고 농촌부문의 개혁을 통한 점진적 경제개혁의 출로를 모색했던 중국이나, 시장을 보조적 공간으로 하고 기업의 자율성 확대로 시작된 베트남의 급진적 경제개혁도 북한과 비슷한 측면은 있다. 2002년부터 시작된 북한 기업의 자율성 확대, 분조관리제, 종합시장의 허용(시장 보조적 공간)과 같은 정책들이다. 그럼에도 불구하고 이들 국가들과 북한의 시장정책은 현실적으로 다르다. 이들 국가들은 모두 헌법 개정을 통해 '사회주의 시장경제체제'를 합법화(중국: 1993, 베트남: 1992)하였다. 반면 북한의 경우, 시장과 경제활동영역에서 5대 권력기관의 SCCP가 북한 경제 전반의 변화과정에 핵심적인 역할을 수행했다. 북한은 2000년대 초부터 시장개혁정책을 연이어 발표하면서 국가주도의 경제체제전환을 가속화했지만 시장의 급격한 변화가 당국의 통제 범위를 벗어나게 되자 선군정치와 5대 권력기관들을 투입하여 강력한 물리적통제로 대응했다.

사회주의 국가는 이미 존재 그 자체로서 감시와 통제가 내제되어 있는 독립적인 주체이다. 하지만 북한과 기존 사회주의 국가들의 감시와 통제 제도 및 기능은 그 자체로 상호비교가 불가능하다. 1990년대 이후 나타난 북한체제의 물리적인 감시와 통제, 중층복합적인 통제기재(記載)는 그 강도에 있어서 그 어떤 국가의 사례에서도 찾아볼 수 없기 때문이다. 따라서 이러한 변수들이 모든 연구의 중심에서 고려되어야만 북한연구가 지니고 있는 한계를 극복할 수 있다. 이러한 견해와 비슷하게 일명 '북한적인 것'으로 명명되는 일반적인 체계나 모델, 담론들이 공공연하게 혹은 암묵적으로 전제되는 하나의 인식적인 틀에서 벗어나 비교적 입체적으로 분석하려는 시도들이 최근 들어 나타나고 있다.[7]

이러한 문제의식에서 본 연구는 북한 5대 권력기관의 SCCP 권력이 국영기업(외화벌이기관 포함)과 시장을 통제하는 방식, 또 기업과 시장이 SCCP 권력과 결합하는 메커니즘을 규명한다. 즉 시장이 확산되고 형식적인 계획경제의 틀 속에 시장경제가 침투하는 과정에서 SCCP 관

---

7) 홍민, 『북한 시장화와 사회적 모빌리티: 공간구조·도시정치·계층변화』, 서울: 통일연구원, 2015.

료들이나 경제·행정 관료들이 생존을 위한 패러다임을 어떻게 바꾸어 나가는지, SCCP 관료들과 시장 세력들 간에 어떻게 결합하고 시장을 확산시키는지가 본 연구의 관심사다. 또한 이러한 변화에 북한당국은 어떻게 대응하는지, 또 당국의 대응에 시장은 어떻게 저항의 패러다임을 만들어나가는지, 여기에 선군정치는 어떠한 역할을 했으며 어떤 영향을 미쳤는지가 포함된다.

SCCP 관료들은 국영기업과 시장이 상호 침투하는 과정, 그리고 국가의 경제정책과 시장이 상충(相衝)하는 과정에서 근본적인 변화의 중심에 있었다. 이들 통제 권력은 최고 지도자의 권위를 내세운 '체제수호'와 함께 '경제적 이익과 생존'의 광폭적인 교환수단이다. 이에 따른 주민들의 저항은 '생존'을 위한 뇌물, 담합, 불법, 등 다양한 수단으로 나타난다.

연구는 이러한 SCCP 통제와 국영기업·시장의 상호작용과정에서 발생하는 북한 경제의 변화에 주목한다. 이를 통해 북한 경제체제의 통합적 모델을 모색하고 북한 경제체제의 성격과 전망을 예측하는 데 본 연구의 주된 목적이 있다. 상술한 연구결과를 바탕으로 선군정치와 시장경제의 병존(竝存) 메커니즘을 분석한다.

본 연구의 학술적 의미와 주요 논지는 다음과 같다.

첫째, 기존 연구들의 2분법적 분석시각에서 벗어나 SCCP 권력·국영기업·시장이 3차원 공간에서 상호 침투하는 과정과 그 메커니즘을 설명한다.

둘째, 냉전 종식 이후 전개된 경제체제전환이론이나 자본주의 시장경제 이론이 왜 북한 경제의 정치경제적 변화를 설명할 수 없는지 보여주고 북한 경제체제를 관료적 시장경제로 새롭게 규정할 것이다.

셋째, 북한의 관료적 시장경제는 의미 있는 개혁개방으로 이어지지 못할 것이며, 중국이나 베트남과 같은 사회주의 시장모델을 모방한다 하더라도 결정적인 장애물로 작동할 것이다. 또한 현재의 관료적 시장 경제체제를 벗어나지 못한 채 근본적인 정치체제의 변화를 맞이하게 될 것이다.

3. 연구방법과 내용

연구의 분석범위는 1990년대 이후부터 현재까지로 김정일·김정은 시대를 분석범위로 한다. 연구에서는 분석시기를 선군정치 제1기(김정 일시대, 1995~2011), 선군정치 제2기(김정은시대, 2012~현재)로 나눈다. 분석대상으로서는 각 시기별 정치경제제도와 5대 권력기관의 통제권 력, 시장세력(국가·기업·시장)들의 3대 메커니즘과 3대 축이 결합하 는 과정, 그리고 변화이다.

이를 위해 논문에서는 북한경제의 통합적 설명 모델(관료적 시장경 제)을 제기하고 그 적용가능성을 분석한다. 구체적으로 관료적 시장경 제의 이론적 배경, 유형과 특징, 그 메커니즘을 분석한다. 이를 바탕으 로 선군정치 1기와 2기에서 관료적 시장경제의 등장과 확산 메커니즘 을 분석한다.

본 연구의 1차 자료는 현재까지 북한 경제와 시장화, 선군정치에 대 해 분석한 국내 연구 자료들과 체제전환기 국가들의 경제체제변화과 정을 분석한 국내외자료들이다. 북한 시장화의 확산과 시장경제에 대 한 기존 국내외 학자들의 연구 자료들로서는 국내 연구보고서, 논문들 과 단행본, 정기간행물들이다. 이와 함께 체제전환기 국가들의 경제체제 변화과정을 북한과 비교한 국내외 문헌들, 시장경제체제로의 이전 과정에서 각 국가들의 경제정책과 집행과정들에 대한 국가 별 관련 법률 및 법제화과정들을 수록한 해외 자료들을 비교분석자료로서 활용한다. 여기에 경제체제와 시장경제의 이론적 배경들에 대한 외국학자들의 연구논문과 단행본들도 1차 자료로 분석 적용된다. 위의 과정들은 북한 경제체제의 변화에 주목하고 지금까지의 북한연구 한계를 나름대로 평가하기 위한 기초자료로서 유의미하다. 또한 국내외 학자들의 다양한 논의와 시각을 전제로 필자만의 시각에서 새로운 경제체제 모델을 이끌어내기 위한 선행연구과정이다.

2차 자료는 북한의 공식문헌과 관련 법률정보 및 정책들과 북한 홍보자료들을 분석하는 데 필요한 자료들이다. 여기에서는『로동신문』,『김일성종합대학 학보(정치 · 경제 · 철학 · 법학)』,『경제연구』,『김정일 선집』(1992~2005)을 참고한다. 다음으로 최근에 확보한 각 부문에서의 김정은 담화자료, 상업성지시문, 내각결정문, 학습제강, 강연자료, 최고사령관 명령, 당중앙군사위원회 · 국방위원회 명령, 집단군 군부대 당 생활 요해자료 및 각종 회의 자료들에 따른 비밀문서들을 중요한 비교분석자료로 활용할 것이다. 또한 통일부자료들과 국내외 웹 사이트를 통한 북한자료들을 비교분석 자료로 적용한다. 2차 자료들은 선군정치와 시장경제의 병존과 메커니즘을 분석하는 과정에서 3대 메커니즘과 그 결합방식의 구체적인 사례를 사실주의에 입각한 보다 확실한 분석결과로서 제공할 것이다.

비록 정보의 부재 및 과장으로 북한 자료의 신빙성과 적용가능성에 어느 정도 한계가 있는 것은 사실이다. 하지만 북한매체들이 공식적으로 언급하거나 발표 혹은 수록하는 문헌들의 실체를 파악하기 위해 최근에 입수된 자료들이 활용된다는 의미에서 본 연구는 특별한 의미를 가진다.

『로동신문』이나 정기간행물과 같은 북한자료들에서 비판적으로 보도하거나 제시하고 있는 교양자료들과 현황들 또한 해당 시기를 전후한 북한 사회의 현황을 어느 정도 파악할 수 있는 증빙자료로 활용가능하다. 여기에 국내외 북한 관련 웹 사이트들의 비교분석을 통해 해당 시기별 전후 현황들을 분석하고 평가하는 것도 중요하다. 이러한 문헌자료들과 참여경험, 탈북자들의 사실검증 사료들을 비교 검증하는 과정에 일치성과 차이점을 찾아냄으로서 연구의 사례검증이나 맥락적 분석에서 필요로 하는 핵심적인 문제들을 과학적으로 검증해낼 수 있을 것이다.

마지막으로 탈북자들에 대한 심층인터뷰를 통해 본 연구의 주장을 검증한다. 참여대상은 2000년 이후 북한을 떠나 온 50명의 북한이탈주민들로서 북한에서의 직업에 따라 분류하여 각 직업별 특징에 따른 심층 인터뷰를 진행한다. 심층 인터뷰는 북한에서의 직업군에 따른 다양한 개별적 경험들을 취합하는 방식이다. 설문자들은 선택적으로 시장의 역할과 변동, 감시와 통제의 유형, 시장의 특징, 기업경영에서 주요 관료들의 역할 분석 등을 중심으로 심층인터뷰를 진행한다. 심층인터뷰는 본 연구의 사례분석을 위한 증빙자료로 활용될 것이다. 인식도 설문조사의 내용은 시장의 자율성과 필요충분조건, 시장통제기구, 시장 경제활동의 장애요소, 보안기관의 시장에 대한 통제력, 일상생활에서 필요한 조건, 5대 권력기관의 통제능력과 그 순위, 북한 경제의 특징, 등에 대한 인식도 조사이다.

본 논문의 구성은 다음과 같다.

먼저 1부에서는 논문의 주요 주장과 함께 현재 북한 계획경제와 시장경제에 대한 다양한 시각에서의 선행연구들을 분석하고 평가한다. 대표적으로 제도경제학적 연구, 정치경제학적 연구, 그리고 체제전환기 사회주의 국가들의 경제체제와 북한과의 비교연구로 분류하여 분석하고 문제점들을 도출한다.

2부에서는 선행연구들에서 논의된 문제점들에 기초하여 북한 경제체제의 통합적인 설명 모델을 모색하는 과정이다. 제1장은 지금까지 서구학계 또는 체제전환국 사례에서 논의됐던 경제체제전환이론의 북한 적용가능성을 분석한다. 이를 바탕으로 제2장에서 '관료적 시장경제'모델을 제기한다. '관료적 시장경제' 모델의 이론적 배경을 소개하고 모델의 유형과 특징, 그에 따른 북한 관료적 시장경제의 특징을 이끌어낸다.

3부에서는 선군정치 1기에서 북한 관료적 시장경제가 등장하게 된 배경과 메커니즘을 분석한다. 먼저 제1장에서 선군정치의 의미를 재해석하고 선군정치 구분(1기, 2기)과 그 특징을 분석한다. 제2장에서 비공식시장의 형성과 확산, 국영기업의 시장침투, 당국의 정치적·정책적·물리적 대응과정에 관료적시장경제가 등장하는 과정을 분석한다.

4부에서는 선군정치 2기의 관료적 시장경제 확산 메커니즘을 분석한다. 제1장에서는 김정은 체제 정치·경제노선과 통제정책의 변화와 이에 따른 SCCP 통제·기업·시장의 대응을 통해 관료적 시장경제의 확산 메커니즘을 분석한다. 그리고 관료적 시장경제의 현실적 작동메커니즘을 구체적인 사례를 들어 분석한다. 제2장에서는 제2절에서는 관료적 시장경제의 확산요인을 두 가지 측면에서 살펴본다. 당국의 경제정책과 시장이익 사이에서 도출되는 반사효과, 그리고 핵·경제발전 병진노선의 유인(誘引)과 그 효과이다. 이와 함께 2012년 이후 북한군 선군경제활동의 참여과정과 특징을 바탕으로 선군경제건설노선의 패러독스를 분석한다.

5부에서는 지금까지 논의된 선군정치와 시장경제의 병존모순(並存矛盾)과 북한 관료적 시장경제의 도전요인을 살펴본다. 이를 통해 북한 정치경제체제의 전망, 그리고 남북통일·통합과정에서의 문제점과 통합 어젠다(agenda)를 제시한다.

제2장 선행연구 검토 및 평가

1. 북한 경제의 다중 기획구조에 따른 논쟁

일반적으로 북한 경제는 사회주의 계획경제를 모체(母體)로 한다. 1990년대 이후 북한 경제변화에 대한 관심이 고조되면서 경제유형의 권역별 혹은 구조적 분화, 분리연구에 많은 학자들의 관심이 쏠렸다. 즉 북한 경제의 다중 구획화 논쟁이다. 이에 앞서 2중 경제론을 가장 먼저 제기한 학자는 바실리 미헤예프(Vasily Mikheev)다. 그는 1970년대 말의 북한 경제를 공식경제와 궁중경제의 이중구조로 분리했다.[8] 그 후 정광민에 의해 수령경제, 공식경제로,[9] 김광진에 의해 궁정경제와 인민경제로 구분됐다.[10] 3중 경제론은 황장엽(당 경제·군대경제·국가경제), 차문석(인민경제·특권경제·시장경제), 한기범(인민경제·군수경제·당 경제)에 의해 제기되었다.[11] 여기서 인민경제는 당의 지도

---

8) Vasily Mikheev, *Reforms of the North Korean Economy: Requirements, Plans and Hopes*, The Korean Jurnal of defense Analysis 5, 1993, pp.248~249.

9) 정광민, 『북한기근의 정치경제학』, 서울: 시대정신, 2005.

10) 김광진, 『김정일의 궁정경제와 인민경제의 파괴』, 서울: 시대정신, 2008.

11) 황장엽, 『북한의 진실과 허위』, 서울: 통일정책연구소, 1998; 차문석, 「북한 경제의 동학(動學)과 잉여의 동선(動線) ─특권경제를 중심으로」, 『통일문제연구』 제21권 1호, 2009; 한기범, 「북한 정책결정과정의 조직행태와 관료정치: 경제

밑에 내각 국가계획위원회와 각 부문·기능별 부처가 관장하는 민수경제이다. 군수경제는 국방위원회의 지도 밑에 당 군수공업부의 감독을 받는 제2경제위원회로 대표된다. 제2경제위원회는 북한이 경제·군사 건설의 병진노선(1960년대)에 따라 '군산복합형' 산업을 추진하면서 1970년대 초에 출현하였다. 군수물자 생산 및 인민무력성 무기 등 유관물자 수출입 업무를 담당하고 있다. 당 경제에는 북한 지도자의 통치자금 조성을 위한 당 38호실, 39호실의 외화벌이 사업이 해당된다. 당 소속 기관들의 정책사업, 일부 소요자금 마련을 위한 다양한 사업도 포함된다.[12] 당 경제는 조선로동당 비서국 내의 일부부서가 당 자금 확보를 위해 운영하는 것으로서 인민경제부문이나 군수경제부문과는 성격과 규모에서 차이가 있다.

3중 경제론에 이어 4중 경제론에 대한 주장도 뒤를 잇는다. 성채기는 북한 경제를 궁정경제(당 경제), 군사경제, 민수경제, 지하경제로 구분한다.[13] 다마키는 제1경제, 제2경제, 제3경제, 제4경제로 구분하고 이를 각각 인민경제, 군사경제, 당 경제, 비공식경제로 명명한다.[14] 장용석은 동원경제, 특권적 계획경제, 내각관할의 일반적 계획경제, 시장경제로 구분한다.[15] 양문수는 미시적으로 엘리트경제(당 경제), 군수경제, 내각경제, 주민경제(비공식경제)로 구분한다.[16]

개혁 확대 및 후퇴를 중심으로」, 경남대학교 박사학위논문, 2009.

12) 한기범, 위의 글, 69쪽.

13) 성채기, 『북한경제위기 10년과 군비증강능력』, 서울: 국방연구원, 2003.

14) 玉城素, 「四重經濟とはなにか」, 関川夏央·惠谷治·NK会 編, 『北朝鮮の延命戦争』, 東京: 文春文庫, 2001.

15) 장용석, 「북한의 국가계급의 분열과 갈등구조: 1990년대 경제위기 이후 변화를 중심으로」, 성균관대학교 박사학위논문, 2008, 220~233쪽.

16) 양문수, 『북한경제의 시장화: 양태·성격·메커니즘·합의』, 서울: 한울, 2010, 46쪽.

박형중은 경제운용 영역의 구조적 세분화를 통해 7중 경제론을 제시한다. 그는 북한 경제의 '7개 구획' 설계를 통해 김정일 경제, 기관별 회사경제, 내각경제, 제2경제, 동원·지원경제, 농촌협동경제를 통해 상호 독립적이며 서로 다른 지배를 받는 북한 경제의 특징을 지적한다.[17]

다른 한편, 경제체제의 속성으로 볼 때, 계획경제와 시장경제의 이중구조에 따른 북한 경제의 일반적인 분류와 고찰은 양문수, 차문석, 이석 등 다수의 학자들에 의해 이미 논의된 지 오래다. 양문수는 '국민경제의 이중구조화', 차문석은 '이중화 전략'이라는 개념을 통해 북한 경제의 이중구조화를 설명한다. 이석은 2000년대 이후 북한의 경제현상은 정치·경제·사회현상과 연결되어 있으며 시장과 계획이 공존하는 이중 경제라고 평가한다. 이어 계획경제의 상대적 축소와 이에 따른 물리적 통제력이 시장 경제활동의 활성화로 이어지는 위기를 예측하고 있다.

어느 정도 신빙성을 주는 결론이기는 하지만 이석은 단지 2000년대 이후 북한 무역활동과 북한 경제성장의 상관관계를 통해 북한 경제를 대외 의존적 소비경제라고 평가하는데 만 그치고 있다. 시장화 초기와 시장화 진전 이후 계획경제와 시장경제가 서로 침투하는 과정에서 구조, 제도, 통제, 행위자 등 다양한 상호작용 하에서의 메커니즘과 유형, 성격, 기제에 대해서는 언급하지 못하고 있다.[18] 또한 위에서 열거된 다중 경제 권역들에 대한 구분과 논쟁은 북한 경제의 특성상 특권경제들의 구분을 통해 개별적 경제 권역들의 속성연구에만 많은 비중을 할

---

17) 박형중, 「과거와 미래의 혼합물로서의 북한경제: 잉여 점유 및 경제조정기제의 다양화와 7개 구획구조」, 『북한연구학회보』 제13권 제1호, 2009, 1쪽.
18) 이석, 「현 단계 북한경제의 특징과 설명 가설들」, 『나라경제』 제11권 제1호, 2009.

애한 것으로 보인다. 개별적 경제 권역들이 지니고 있는 속성과 경제 운용방식은 서로 다를 수 있지만, 이들 상호작용으로 나타나는 경제적 특징은 분명 다르다.

기존 연구들이 제시하는 북한 경제의 구조적 분류와 평가는 단지 독립적인 개개의 경제구조 특성상 비교 가능한 분석기준을 제시할 뿐, 그들의 상호작용 메커니즘은 논외로 취급된다는 한계가 있다. 즉 경제활동과 운용의 상한선(上限線)을 제시하고 경계선(境界線)을 규정함으로서 독립적인 경제주체들로서의 행위만을 분석 가능하게 한다. 따라서 정치, 제도, 경제, 구조, 사회, 공간, 이익, 경쟁, 억제, 통제 등 보다 다양하고 상호의존적인 경제활동의 복합적인 변수들 사이에서 이루어지는 통합적인 경제체제의 특징을 규정하거나 설명하기에는 한계가 있다.

이러한 문제의식의 동일선상에서 다중 경제론에 회의적인 시각을 나타낸 것이 '공생적 다중구획화' 논의다.[19] 즉 2중, 3중, 4중, 7중 등 다중 경제 구획이 상호 독립적으로 존재하는 듯 보이지만, 상호 침투적이며 유기적으로 결합되어 있음을 주장한 것이다.

미헤예프가 1970년대의 북한 경제를 이중 구조화한 데 비해, 1990년대 이후 북한 경제는 공생관계에서의 상호 보완적, 혹은 상호 경쟁적 특징을 지니고 있다. 즉 특권경제는 인민경제는 서로 흡착하여 잉여를 재창출하고 창출된 잉여는 다시 서로에게 투입됨으로서 서로 공생하게 된다. 또한 두 경제 모두 시장을 통해 잉여를 재생산하고 잉여의 재생산을 촉구한다. 물론 시장화로 특권경제나 일반경제, 혹은 인민경제에도 계획부분과 시장부분이 동시다발적으로 공존하면서 수많은 경제행위자들과의 상호작용 속에서 공생하고 있기 때문이다. 선군시대 특

---

19) 권오국·문인철, 「북한 경제 재생산구조의 전개와 정치변화: 선군정치경제의 시원을 중심으로」, 『북한학연구』 제7권 제2호, 2011, 163쪽.

수경제와 일반경제, 즉 군수공업과 민수공업은 서로 밀접하게 연계되어 상호작용하고 있다고 보는 견해도 이 때문이다.[20]

북한 경제를 아직까지 계획부문과 시장부문이 공존하는 관계에 있다고 보는 견해와 북한의 시장경제현상을 불가역적인 것으로 보고 현재 북한 경제를 시장경제로 보는 견해와의 충돌은 학계에서 분분하다.[21] 다양한 견해에도 불구하고 북한 경제를 시장경제, 혹은 혼합경제로 보는 견해는 2000년대 이후 꾸준히 증가하였다. 특히 계획경제와 시장경제의 공존 하에서 경제활동의 메커니즘은 시장경제의 원리를 따른다는 것이 보다 많은 학자들의 견해이다. 분명한 것은 계획경제속의 국영기업은 시장과 밀접히 연관되어 있으며 오히려 시장을 통해 수요와 공급의 균형(balance)을 조절하고 있다는 것이다. 오히려 당국이 종합시장의 테두리 안에서 상인들을 통제하고 국영기업의 보조적 공간으로 활용하려던 시장은 수많은 사영기업, 2~3인 조합형 기업, 자영업, 수공업, 소상공업, 금융업, 부동산업, 건설업 등 수많은 비공식 경제 단위들을 배출했다. 이러한 경제 단위들은 공공연한 경제 단위들이며 기업이다. 그리고 경제 주체임에도 불구하고 형식적인 시장테두리에서 국영기업, 공기업들과 연계되어 이윤을 창출하고 있다. 이것은

---

20) 백철남, 「선군시대 경제구조의 특징」, 『김일성종합대학 학보(철학·경제)』 3호, 평양: 김일성종합대학출판사, 2006, 2쪽.

21) 박석삼, 『북한의 사경제부문 연구: 사경제 규모, 유통현금 및 민간보유 외화규모추정』, 서울: 한국은행조사국, 2001; 남성욱·문성민, 「북한의 시장경제부문 추정에 관한 연구 1998년을 중심으로」, 『현대북한연구』 3권 1호, 2000; 신힘철, 「북한의 시장 경제화 규모 추정과 평가」, 『통일경제』 겨울호, 2008; 이형운, 「북한의 '자생적 시장화'와 경제개혁의 전개」, 『통일문제연구』 제17권 2호, 2005; 양문수, 「북한에서의 시장의 형성과 발전: 생산물시장을 중심으로」, 『비교경제연구』 제12권 2호, 2005; 이석기, 「1990년대 이후 북한 경제체제의 특징과 위기: 계획화체계의 약화, 자발적 시장화와 기업지배구조의 변화」, 『동향과 전망』 제62호, 2004; 차문석, 「북한 경제의 동학(動學)과 잉여의 동선(動線)-특권경제를 중심으로」, 『통일문제연구』 제21권 1호, 2009.

분명 북한 당국이 허용하지 못하는 형식적인 계획경제의 외피를 쓴 시장경제 영역이다.

시장화로 북한 경제의 상호보완적, 상호의존적 관계를 유기적으로 드러내는 것이 바로 북한 경제를 설명할 수 있는 통합적 경제모델이다. 즉 북한 경제를 변화시키는 직접적인 행위자들이 누구인지, 현재 북한 경제체제의 구조적 특징을 가장 잘 설명할 수 있는 모델이 무엇인지에 대한 고민이 필요한 시점이다.

2. 북한 시장변화에 대한 기존 연구 평가

1) 제도경제학적인 접근과 평가

제도경제학적인 접근은 제도와 경제의 상호작용에 기초한다. 제도경제학은 쾌락주의에 기초한, 그리고 단순히 욕구적인 관점에서 경제적 합리주의로만 보는 견해(신고전경제학)에 대한 비판으로부터 정립되었다.[22] 즉 경제학은 반드시 진화하는 제도적 구조(evolving institutional structure)에 관한 연구가 되어야 한다는 베블렌(Thorstein Veblen)의 주장으로부터 처음으로 진화적 제도경제학(evolutionary institutional economics)이 제시되었다.[23]

제도는 문화나 도덕, 규범, 법률 등과 같은 사회적 구조이다. 이러한 사회적 구조의 연속성, 복잡성, 안정성, 우연성과 같은 다양한 요소에

---

22) Thorstein Veblen, "Why is Economics not an Evolutionary Science", *The Quarterly Journal of Economics* 12(4), 1898.

23) Harry Landreth and David C. Colander, *History of Economic Thought* Vol. 4, Houghton Mifflin, 2001.

의해 제도는 진화한다. 따라서 인간의 행위는 제도에 의해 영향을 받지만 동시에 인간은 자신을 형성하는 제도를 만들기도 한다.[24] 제도가 국가의 미래를 좌우하는 데서 어떤 지리적, 경제적, 인종적 조건보다도 더 중요한 이유이기도 하다.[25] 즉 경제학은 어떻게 사람들이 선택을 행하는가 하는 문제를 다루는 반면,[26] 제도경제학은 그러한 사람들의 선택과 제도와의 상호작용을 다룬다.

1990년대 이후 북한 경제체제에 대한 대표적인 연구시각은 계획과 시장의 공존에 관심을 둔 국가와 기업, 시장의 변화와 경제적 대응에 따른 분석과 논쟁이다.

이석기는 1990년대 북한의 경제위기 이후 북한 기업을 공식부문과 비공식부문으로 구분하고 기업관리 체계의 변화, 기업 행동양식의 변화, 7.1경제조치 이후 기업관리 체계의 변화에 주목한다.[27] 그는 북한 경제의 특징인 계획의 일원화·세부화(조정양식), 대안의 사업체계(기업의 지배구조), 1980년대 기업과 생산의 분권화현상 등을 위로부터의 변화로 보고 있다. 그리고 1990년대 이후 경제위기와 비공식부문의 확산 등으로 변화된 북한 기업의 관리체계를 아래로부터의 변화로 분석한다. 오강수는 연합기업소를 중심으로 북한 기업관리체계 개편에 의

---

24) 김영용, 「정치경제학과 제도경제학? 정치경제학 혹은 제도경제학?: 현대자본주의 인식의 새로운 원천을 위한 정치경제학의 제도경제학 수용 문제」, 『사회경제평론』 제19권 19호, 2002.

25) 대런 애쓰모글루·제임스 A. 로빈슨 지음, 최완규 역, 『국가는 왜 실패하는가』, 서울: 시공사, 2012.

26) M. C. Howard and J. E. King, "Where Marx Was right: Towards a More Secure Foundation for Heterodox Economics", *Cambridge Journal of Economics* Vol. 25, Oxford University Press, 2001.

27) 이석기는 비공식부문의 경제를 제2경제로 지적하고 있다(이석기, 『북한경제의 비공식(시장)부문 실태 분석: 기업 활동을 중심으로』, 서울: 통일연구원, 2004).

문을 제기한다. 그러면서 연합기업소체제가 분권화보다는 중앙집권적 명령체계를 강화하는 것일 뿐이라고 비판한다. 때문에 자원부족으로 인해 경제난 이전의 생산력 수준으로까지 회복하기는 역부족이라고 평가한다.[28] 임수호는 2002년 7.1경제조치 이후 북한 경제의 변화를 '아래로부터 강제된' 시장 사회주의로 보고 점진적인 시장 사회주의 (market socialist system)로 이행할 가능성에 무게를 둔다.[29] 즉 위로부터의 접근을 통한 분석시각의 한계를 제기하고 아래로부터의 접근을 제안한다. 그가 제기한 위로부터의 세 가지 접근은 첫째, 정권의 생존을 위해 변화를 거부하면서 '그럭저럭 버티기(mudding thought)'가 지속 가능할 것이라는 입장이다. 둘째, 북한 당국이 버티기를 지속할 경우 대내외적 변수에 의해 급변사태가 발생할 가능성이 높다는 입장이다. 셋째, 북한 당국이 급진적 변화로 인한 체제위기를 막기 위해 '통제 가능한 변화'를 추구할 것이라는 입장 등이다. 이러한 접근들은 북한 당국의 '진정한'의도를 파악하기 어렵다는 한계가 있다면서 아래로부터의 접근을 제기한 것이다. 즉 주민차원에서 시작된 자생적 시장화가 정권차원의 시장 지향적 개혁을 '강제'하는 과정, 혹은 정권이 그러한 자생적 시장화에 '적응'할 수밖에 없는 과정으로서 이해한다. 이는 아래로부터의 자생적인 시장형성이 북한당국의 의도와는 다르게 전반적 시장경제로 확산되어 가는 과정을 설명한다. 그는 자생적 시장화의 움직임과 정부차원의 '강제(强制)' 혹은 '적응(適應)'을 '통제(統制)'와 '저항 (抵抗)' 사이에서 분석해야 하는 북한체제의 특성을 놓치고 있다. 즉 체

---

28) 오강수, 「최근 북한의 기업관리 체계 개편의 특징과 방향」, 『나라경제』 2권 2호, 2000.

29) 임수호, 『계획과 시장의 공존: 북한의 경제개혁과 체제변화 전망』, 서울: 삼성 경제연구소, 2008, 13~27쪽.

제변화를 우려하는 북한 당국이 비공식시장의 출현에 어떻게 대응해 왔는지에 대한 설명이 부족하다. 즉 통제와 저항을 중심으로 하는 정권차원의 적응과 주민차원의 적응을 함께 살펴야 한다. 구체적으로는 통제와 저항 사이에서 안전과 이익의 주고받기를 통해 이루어지는 북한 경제의 특징을 분석하지 못하고 있다.

다음으로 계획경제에서 시장경제로의 이행기에 다양한 형태의 대안적인 기업 지배구조모델이 존재한다는 점에 주목하면서 북한의 기업 지배구조를 분석한 논문이 주목할 만하다.[30] 또한 북한 기업의 지배구조를 중심으로 북한 시장화현상이 확산되는 과정에서 공식경제 부문이 수행한 역할과 기능에 대한 분석을 통해 북한 시장화현상의 구조적인 성격을 도출하기 위한 연구[31]와 기업 행동양식의 변화를 분석한 연구가 있다.[32] 여기에 북한 경제체제나 기업 구조 개혁, 개편에 문제를 제기하고 경제위기상황에서 북한 기업의 개혁방향을 제시한 논문들도 있다.[33]

양문수는 북한 기업지배구조가 발생하고 유지되는 배경을 제도경제학적인 접근으로 분석하고 있다. 그는 주인-대리인의 모델을 적용하여 1990년대 이후 북한 계획당국-기업, 계획당국-중간 관리기관 사이의 변

---

30) 양문수, 「1990년대 이후 북한의 기업지배구조 변화－제도경제학적 접근」, 『통일정책연구』 15권 1호, 2006.

31) 임강택, 『북한 시장 활성화의 숨은 그림, 국영기업의 역할』, 서울: 통일연구원, 2016; 동용승, 「시장경제와 계획경제의 '동조화'현상」, 『북한』 통권 529호, 2016.

32) 이석기, 『북한의 기업관리체계 및 기업행동양식 변화연구』, 서울: 산업연구원, 2006; 임강택, 『북한경제의 비공식(시장)부문 실태 분석: 기업 활동을 중심으로』, 서울: 통일연구원, 2013.

33) 박정동, 「북한 기업구조개혁의 기본방향」, 『나라경제』, 1999; 박형중, 「북한 경제체제의 변화와 개혁」, 『통일연구논총』 제7권 2호, 1998; 박찬홍, 「북한의 법제동향과 기업법제의 개편방향」, 『통일연구논총』 23권 2호, 2014; 이헌경, 「북한경제조치와 사회경제적 실태」, 『오토피아』 26권 3호, 2011.

화를 분석한다. 이 과정에 기업과 중간 관리기관 사이에 다양한 교섭과 담합, 기업 내 경영자와 노동자 간의 담합을 감시와 유인체계의 마비로 보고 있다. 그는 7.1경제조치 이후 북한 지배구조의 변화를 이분법적인 시각에서 분석하고 있다. 여기에 1990년대 이후 북한 경제의 시장화를 구소련이나 사회주의 국가들의 체제전환기 경제개혁 성격과 메커니즘으로만 비교하는 경향이 있다.[34] 이러한 분석은 경제주체와 경제 관련 행위자들 사이에서 주인-대리인의 모델로서 설명이 용이한 부분들이다. 특히 7.1경제조치 이후 기업의 자율성과 기업경영, 경제활동영역에서 발생하고 있는 다양한 문제들에 민감하게 접근하고 있다는 측면에서 평가할만하다. 하지만 역시 주인-대리인의 사이에서 주인의 권력을 이용한 관료권력의 역할에 대한 설명이 배제되어 있다.[35] 또한 북한 경제의 시장화 성격과 메커니즘을 분석함에 있어서도 당국의 정책에만 우선하고 그 정책과 기업, 시장이 충돌하는 원인에 대한 분석들은 배제된다. 즉 북한 정권차원에서의 이분법적인 시각에만 머물러 있다.

임강택은 국가의 공식 경제부문과 민간 비공식 경제부문 사이(시장)에서 생존과 상생의 원칙이 시장화의 핵심동력으로 작용해왔다고 본다.[36] 또한 외화벌이를 목적으로 하는 특권경제와 민간경제의 기생적 의존관계를 시장 활성화의 촉진제로 평가한다. 이러한 분석을 통해 북한 경제의 시장화에 영향을 미치는 확산 요인으로서 시장을 대체할 대안의 부재, 주민들의 시장적응 능력 증대, 시장을 통한 경제활동의 특

---

34) 양문수, 『북한경제의 시장화: 양태 · 성격 · 메커니즘 · 합의』, 서울: 한울, 2010.

35) 양문수, 「1990년대 이후 북한의 기업지배구조 변화-제도경제학적 접근」, 『통일정책연구』 15권 1호, 2006, 102~103쪽.

36) 임강택, 『북한경제의 시장화실태에 관한 연구』, 서울: 통일연구원, 2009, 175~176쪽.

화 및 전문화를 제기하고 있다. 억제요인으로서는 시장화 현상에 대한 북한 지도부의 거부감, 시장 비합법적 영역의 증가, 빈부 격차의 심화를 지적한다. 단기적으로는 북한 당국의 시장에 대한 통제 노력이 내부 경제상황과 대외무역, 대외경제지원 등을 통한 공급능력의 확보 측면에서 북한경제의 시장화가 어려울 것이라는 전망을 내놓는다. 중장기적으로는 시장에 대한 통제와 허용을 반복하는 동시에 '사회주의 시장경제'로의 개혁개방 가능성을 제기한다. 또한 개도국과 북한의 비공식 경제부문 특징이 비슷하지만, 북한의 경우에는 정부의 통제와 관료들의 탈취 속에서 비공식부문의 활동을 강요당한다는 차이를 지적한다.[37] 이 연구에서는 북한 시장화현상을 경제정책과 제도경제학적인 측면에서 해석하면서도 경제변화에 있어 다양한 행위자역할이 미비하다. 또한 새로운 경제정책과 시장화의 확산과정에서 제3의 대안적 행위자들이 구체적으로 어떠한 기능과 수단을 통해 시장에 영향을 미치는지에 대한 논의가 부족하다. 따라서 북한 단순하게 직접적인 경제주체들에 한해서만 유일한 행위자로 보고 있기 때문에 현재 북한 정권과 제도권 내에서 특수한 역할을 담당하고 있는 제3의 행위자들에 대해서는 고려되지 못하는 한계가 있다. 따라서 필자는 단순하게 이분법적인 분석틀에서 벗어나 공식적인 정권기관과 제도 내에서 특수한 행위자들의 역할을 추가하여 분석해야 할 필요성을 제기한다.

2) 정치경제학적인 접근과 평가

정치경제학적 분석은 정치와 경제의 이분법적 구도 속에서 이 둘 간

---

37) 임강택, 『북한경제의 비공식(시장)부문 실태 분석: 기업 활동을 중심으로』, 서울: 통일연구원, 2013, 133~134쪽.

의 역학관계를 설명한다. 정치경제학이라는 용어는 18세기 아담 스미스(Adam Smith)의 '국부론'[38]과 '도덕 감정론'에서 국민과 국가 간의 도덕적인 상호작용의 관점에서 출발하면서 주로 경제학의 개념으로만 사용되었다. 하지만 당시의 시대상황과 사회적 여건, 그리고 사회의 빠른 변화로 고전경제학이 실패한다. 이후 1920~30년대 유럽 경제공황과 맞물리면서 경제문제를 정치학적으로도 인식하려는 새로운 정치경제학적 시각이 대두되었다. 공공기관의 역할과 복지국가의 중요성을 강조하는 케인즈(J. M. Keynes)학파가 등장한 것이다.[39] 그러나 현대 사회 다원성으로 인해 케인즈 학파의 경제학이 비판을 받으면서 하이에크(Friedrich A. Hayek)의 반국가 개입주의 및 시장자유주의가 국가와 시장 간의 논쟁을 불러일으켰다.[40] 정치와 경제 간의 간극에서 발생하는 역동성 및 동력에 대한 다양한 부류의 관심이 정치경제학의 중요성을 다시 부각시킨 것이다. 이런 논의는 경제효과를 극대화하기 위해 국가개입을 최소화하자는 자유방임주의, 국가가 적극적인 역할을 행사하여 시장실패를 막고 빈부의 격차문제에 대응해야 하는 국가역할론 또는 복지국가론, 또는 이들 양자의 절충론이 세 가지로 요약된다. 한 마디로 정치경제란 정치와 경제 사이의 역동적인 과정이고, 정치경제학은 경제적인 문제들과, 행위, 현상들을 단순한 경제적 원리에 의해서가 아닌 정치적 영향력 하에서 함께 봐야 한다는 것이다.

북한은 극단적인 전체주의 국가로서 정치가 경제에 미치는 압도적

---

38) 아담 스미스 지음, 박세일 역, 『도덕 감정론』, 서울: 비봉, 1996; 김수행 역, 『국부론』, 서울: 비봉, 2007.

39) 존 메이너드 케인즈 지음, 류동민 역, 『케인즈의 일반이론』, 서울: 두리미디어, 2012.

40) 프리드리히 하이에크 지음, 양승두 역, 『법, 입법 그리고 자유 세트』, 서울: 올재클래식스, 2017.

인 역할을 전제로 한다. 이러한 정치경제 간 불균형 관계에서 출발하여 북한 정치와 경제가 어떠한 상호작용을 하는 지 살펴보는 것은 상당히 중요하다.

정영철은 정치경제학적인 관점에서 북한 시장을 '계륵의 시장'(정치적으로는 '계륵', 경제적으로는 '보조적 수단')으로 특징짓는다. 또한 7.1경제조치 이후 시장의 확산이 경제사회적 변화를 동반하게 되고 그에 따른 사상적 통제로서 검열·사상교양의 강화, 물리적 통제로서 강압적인 검열과 감시를 지적한다. 이는 시장과 개인 경제활동 확산에 따른 북한 통제유형을 단순화된 몇 가지 유형으로만 구분하는 경향이 있다.[41] 김병연은 동유럽 사회주의 국가들의 경제개혁 사례를 통해 경제개혁의 정치적 조건이 최고지도자, 핵심지지층, 일반 대중의 세 가지 레벨에서 충족되지 않고서는 체제전환이 불가능하다는 논거를 제기한다. 이어 북한에 있어 이러한 정치적 조건이 다르다고 주장한다.[42] 그러나 북한이 경제개혁이나 체제전환으로 이어질 수 있는 정치적 조건 외에도 제도적 조건을 주요 변수로 더 추가해야 한다. 경제변화에서 정치적 조건은 체제유지의 명분이 되고 제도적 조건은 수단과 도구가 되기 때문이다. 여기서의 제도적 조건은 경제개혁이나 경제변화를 위한 경제정책과 제도, 그리고 이에 대한 관리와 감독이다. 양운철은 북한 시장의 변화를 분석하면서 정치적·경제적 측면에서의 분권화 문제를 제기한다. 기업의 자율권과 같은 부분적인 분권화가 이루어진 반면, 정치적 분권화는 이루어지지 않고 있다고 지적한다. 그리고 시장 활성

---

41) 정영철, 「북한에서 시장의 활용과 통제: 계륵의 시장」, 『현대북한연구』 제12권 2호, 2009.

42) 김병연, 「사회주의 경제개혁과 체제이행의 정치적 조건; 구소련, 동유럽, 중국의 경험과 북한의 이행 가능성」, 『比較經濟研究』 제12권 제2호, 2005.

화에 있어 정부의 규제 및 완화정책의 반복과 기업 내 관리자와 노동자와의 관계에서 흥정과 부패를 분권화의 장애요인으로 보고 있다.[43] 이 논문에서 제기하는 정치적 분권화의 문제는 체제의 정체성으로 인한 경제정책의 불균형과 경제활동에 대한 관리감독제도 및 행위자들의 역할에 따라 다르게 평가될 수 있다. 따라서 단순히 시장과 기업을 중심으로 정치적·경제적 분권화의 문제를 논의하는 데 한계가 있다.

박형중은 시장의 구조와 작동이 권력과 권력관계에 의해 다양한 방식으로 영향을 받기 때문에 북한 시장의 변화를 경제학적으로만 분석하는 시각에서 벗어나 정치제도의 영향을 받는다는 데 주목한다.[44] 그는 시장 확대의 주역으로 정권기관의 역할, 북한 시장의 위계적 독과점적 구조, 시장구조의 위계성과 구조화된 약탈을 지적한다. 나아가 공식과 비공식 혼합경제로서 북한 경제, 정권안보와 시장에 대한 정치적 개입과 조절문제를 통해 시장 주체로서 특권기관의 역할, 정권유지 및 경제장악 측면에서의 시장 확대라는 정치학적 분석을 제시한다.[45] 이러한 박형중의 연구는 정치제도권 내에서의 일탈세력과 시장-기업의 결탁관계, 공생관계 속에서 부패가 어떻게 확산되고 있는 지에 관한 최초의 분석이다. 또한 북한 제도권 내의 분열상과 시장과의 관계를 보여준 것으로서 그 의미가 크다.

박형중의 연구는 정치적 후견인과 경제적 후견인 사이에서 권력-부의 네트워크가 어떠한 방식으로 이루어지며 어떤 형태를 지니고 있는

---

43) 양운철, 「분권화의 관점에서 본 북한의 시장현황과 전망」, 『세종정책연구』 제5권 1호, 2009.

44) 박형중, 「북한 시장에 대한 정치학적 분석」, 『한국정치학회보』 제46권 5호, 2012a; Gordon White, "Toward a Political Analysis of Markets", *IDS Bulletin* 24(24), 1993, p.2; 최대석·장인숙, 「비사회주의적 행위유형으로 본 북한사회 변화」, 『통일 문제연구』 23권 2호, 2015, 41~42쪽.

45) 박형중, 위의 글, 50~64쪽.

지에 대한 연구를 통해 구체화된다.[46] 그는 '후견-피후견 모델(patron-client model)'을 이용하여 평양 중심의 북한 부패구조를 '행위자 네트워크 유형'별로 구분하고 각 유형별 부패구조와 가치에 대한 구분과 특징을 다음과 같은 4가지로 분류한다.[47] 첫째: 수령과 지배연합, 즉 절대권력자와 당·군·정 상층관료들 사이(수령경제 영역)에서 와트 할당과 지배연합 유지, 당·군·정 권력경쟁과 충성경쟁 구도의 조율과정에서 나타난다. 둘째: 중앙간부·지방간부의 관료층 내부에서 지위, 정보, 승진, 처벌완화, 검열, 각종 인허가권, 무역, 세금, 투자 등의 지대를 매개로 나타난다. 셋째: 권력과 부, 관료와 상인·사업가 등의 연계에 따른 이윤창출, 정보, 정치적 보호, 검열과 처벌수위를 매개로 한 관료와 무역회사, 돈주, 상인들의 관계에서 나타난다. 넷째: 지역단위 중하층 관료와 주민 간 부패로 인민반·병원·학교·시장·공장·직장 등 북한주민의 모든 일상생활공간에 자리 잡고 있다.

박형중에 따르면, 이러한 안전과 이익을 위한 관료들의 권력-부의 네트워크는 '종속적이고 수직적인 네트워크' 구조를 이루고 있다고 지적하면서도 이러한 네트워크가 파괴될 가능성에 약간의 무게를 두고 있다. 이러한 그의 분석시각은 정치권력과 경제이익 사이의 부패구조를 잘 설명하고 있다. 또한 부패 네트워크에 대한 고찰을 통해 다차원적인 분석시각의 유용성을 보여준다고 평가할 수 있다. 그럼에도 불구하고 박형중의 분석에는 두 가지 아쉬움을 지적할 수 있다. 첫째, 후견-피후견인의 구분에 따른 문제점이다. 그의 부패구조의 유형별 구분에 따르면 후견인으로서의 주요 행위자들은 관료(권력)들이고 피후견인로서의

---

46) 박형중 외, 『북한 부패실태와 반부패전략: 국제협력의 모색』, 서울: 통일연구원, 2012.

47) 위의 책, 103~104쪽.

주요 행위자들은 외화벌이 기지장, 도매상인, 돈주 등 '부'를 대표하는 신흥부유층으로만 한정짓고 있다. 또한 후견·피후견인으로서의 기능을 동시에 가지고 있는 관료와 권력계층의 특징, 후견·피후견인으로서의 기능을 동시에 보유하려고 하는 신흥부유층의 특징에 대해서는 간과하고 있다. 둘째, 그러한 공생적 네트워크의 관계망에 대해서만 분석하고 있고 이를 형성하게 된 근본적인 원인을 부패구조로만 한정시키고 있다는 것이다. 또한 그러한 공생적 네트워크가 형성하고 있는 시장의 확대를 단순한 비공식 시장의 확대측면에서만 부각시키고 있다. 결론적으로 특권기관의 이해관계가 아닌 시장경제와 시장화 주체들에 영향을 미치는 요인들에 대한 분석이 결여되어 있다는 아쉬움이 남는다.

북한 시장의 변화와 부패구조에 따른 관료-주민 사이의 공생적 네트워크는 근 20년간에 걸친 통제와 저항의 관계 속에서 형성된 관료권력의 또 다른 변화이다. 또한 체제수호와 경제적 이익 사이의 작용과 반작용, 시장의 변화에 따른 관료-주민들 사이의 작용과 반작용에 따른 변화는 특수한 통제기제들과 제도들의 작용과 반작용 속에서 이루어진다.

위에서 분석한 것처럼 정치경제학적 분석에서 연구자들은 정치와 경제의 대립관계를 분석하면서 경제변동의 일반적인 변수들에 초점을 맞추고 있다. 따라서 시장변동이 마치 정치변동의 도화선으로 작용할 수 있고 개혁개방에 대한 낙관적인 전망을 가능하게 할 수 있다는 평가를 할 수 있다.

필자는 단순히 이분법적인 시각에서 북한 경제변화를 바라보기보다는 정치, 경제, 제도의 3대 패러다임이 상호 침투하는 과정에서의 다양한 현실적 메커니즘에 주목할 것을 주장한다. 그래야만 다차원적이면서도 수직·수평적인 공생 네트워크가 어떻게, 어떠한 원인으로 형성되고 시장경제의 주요 동력들은 어디에서, 어떻게 배출되는지를 정확하게 도출할 수 있다. 또한 이러한 분석은 북한 개혁개방의 현재와 미래에 대한 현실적인 예측을 가능하게 할 것이다.

3) 체제전환국들의 경제개혁과 북한 비교

중국, 쿠바, 동유럽, 동남아 국가들의 경제체제전환과정에서의 시장경제 메커니즘은 북한과 비교가능한가? 많은 연구들이 이러한 문제의식에서 비교연구를 통해 북한 시장화 혹은 경제개혁에 대한 전망을 예측하고 있다.

사회주의 경제체제에서의 시장은 비공식 경제의 성격을 띠고 있으며 공식경제와 시장경제로서의 비공식 경제는 밀접하게 연관되어 있다.[48] 2차경제의 성공은 중앙집권적 경제체제의 실패를 노출시키고 사람들을 시장경제 활동에 적극적으로 유도하는 경향이 있다.[49]

로스(Maria Los)는 구소련과 같은 사회주의 국가들이 발전하는 과정에서 시장화의 발전단계를 4단계, 즉 급진적 전환단계(The state of radical transformation), 독점화 기간(The monopolization period), 개혁 국면(The reformist phase), 개혁이후 쇠퇴기(Post-Reformist decadence)로 구분하고 있다.[50] 급진적 전환 단계에서 국가는 급격한 산업화와 노동

---

48) 임강택은 비공식 경제를 2차 경제 개념으로 보고하고 있다. 사회주의 국가의 공식적인 계획경제(1차 경제)밖에서 이루어지면서 국가의 통제와 규제를 받지 않는 경제활동을 설명할 때 사용되는 개념이다. 2차 경제는 국가요소와 시장요소의 결합으로 나타난다. 2차 경제는 활동영역에 있어 합법적 2차경제와 불법적 2차경제로 나누고 불법적 2차 경제는 또 공식경제 내의 불법적 2차 경제와 공식경제 밖에서의 불법적 2차 경제로 구분할 수 있다(임강택,『북한경제의 시장화실태에 관한 연구』, 서울: 통일연구원, 2009, 10~27쪽.

49) 이 경우 2차 경제활동 영역에서는 공식경제의 설비와 자재를 빼돌려 2차 경제에 투입하거나 직장 이탈과 같은 행위가 발생하게 된다.

50) Maria Los, "Dynamic Relationship of the First and Second Economies Old and new Marxist States", Maria Los(ed), *The Second Economy in Marxist States*, London:

력의 총동원, 계급투쟁이 특징으로 나타나며 비공식 경제는 잠재적으로 내재되는 형태를 띠게 된다. 독점화기간에서는 당과 정권기관의 경제적 독점이 계획경제의 확대, 연합기업체의 설립, 사적부문에 대한 규제 강화로 나타나며 비공식 경제의 활동 영역이 점차 확대된다. 개혁단계에서는 공식경제에 시장요소를 도입하려는 시도이며 관료주의적 성격이 강화된다. 경제개혁과 반 경제개혁 사이에서 기득권층의 역할로 부분적인 비공식 경제의 합법화가 진행되기도 하지만 공식경제의 시장경제로의 전환은 어렵다. 개혁이후 쇠퇴기에서는 당-국가 중심의 경제체제가 어렵게 되면서 사유화와 시장화가 이루어지고 결국 자본주의 체제로의 전환이 이루어지는 단계이다.

동유럽의 경우 계획경제 내에서 당적 통제와 부정부패, 비공식경제를 통제하는 데 드는 비용의 증가가 체제 개혁의 필요성을 증진시켰다. 시장개혁 초기 러시아에서 기업과 시장의 비공식적인 경영활동과 운영의 암묵적인 승인은 주요 정부 관료들에 의해 조정되고 제도화되고 있었다. 그럼에도 불구하고 1985~1991년 페레스트로이카(Perestroika) 시기 구소련의 소련공산당 경제 관료들의 역할은 사회주의 경제체제의 붕괴, 즉 소련 해체과정에 중요한 역할을 했다고 지적되고 있다.51) 시장개혁 초기 러시아의 노멘클라투라(nomenklatura)52)는 국가권력을 이용하여 기존의 국영기업 노동력과 자산을 이용하여 민간소유에 가까운 기업들을 출현하게 하였고, 이 과정에 국유자산을 자생적으로 사유화했다.

페레스트로이카 정책의 1단계에서 고르바쵸프는 「국영회사(단체)에

Macmillan, 1990.

51) Gar Ofer, "Soviet Economic Growth: 1928~85", *Journal of Economic Literature* 25(4), 1987.

52) 노멘클라투라: 구소련의 특권간부 혹은 특권적 관료체제.

관한 법규」와 「국민경제 기업 및 단체의 자기금융으로의 전환에 관한 정부 결정문」[53]을 통해 부분적인 개혁을 실시했다. 하지만 중앙에서의 일괄적인 관리 하에 이루어지는 부분적인 시장개혁은 오히려 세 가지 문제점들을 야기했다. 첫째: 경제의 효율성 및 이익의 극대화 등을 저해하는 시장 생태계 환경의 붕괴(고정가격 대 시장가격의 차이로 인한 암거래 시장의 활성화 등), 둘째: 정부의 계획지표가 아닌 기업 상호 간 이익을 목표로 한 재화의 제조 및 판매를 시도하고 정부의 감시를 회피하는 현상, 셋째: 소련공산당과 고위 관료들이 민간주도의 암시장을 협동조합으로 합법화시키면서 공식 불법경제활동창구로 변질되어 가는 현상 등이다. 이러한 공식 및 비공식 거래의 활성화는 당·정 고위관료들의 불법 재산 축적과 부패로 확산되고, 이는 결국 관료제를 대표하는 소련 관료들에 의해 체제붕괴로 이어졌다. 1991년 일부 개혁계획들이 발표되기도 하였지만, 이를 실천할 수 있는 공산당과 정부의 능력은 이미 상실되었다. 경제·행정 관료들은 이미 사익에 위배되는 위로부터의 지시를 거부할 수 있는 힘을 지니고 있었다. 국내 경제상황에 대한 정부의 실질적인 통제력은 경제 및 행정 관료들이 정부의 지시를 효과적으로 거부할 수 있는 방법을 찾아낸 1989년에 이미 상실된 상태였다.[54]

---

53) 1987년 1차 개혁으로부터 정부부처의 수는 줄었고, 생산자에게 일부 수익을 보장해줄 수 있는 제품의 고정가격을 정했다. 기업 별로 지출에 대한 회계처리를 개별적으로 하는 등 국영기업에는 더 큰 자율권이 부여되었다. 또한 기업들에게는 정부 발주량을 초과해 생산된 제품을 자체 판단에 따라 제조자가 직접 정한 자율가격으로 판매할 수 있는 권한도 부여되었다(Serguey Braguinsky and Grigory Yavlinsky, *Incentives and Institutions: The Transition to a Market Economy in Russia*, Princeton University Press, 2000, 180쪽).

54) 바실리 미혜예브·비탈리 쉬비드코, 『러시아 경제체제 전환과정의 주요 특징과 문제점: 북한에 대한 정치적 시사점과 교훈』, 서울: 대외경제정책연구원, 2015, 47쪽.

1992년 2월 기준 9,451개의 기업이 노동자·경영자에게 임대되었다. 6월에는 「러시아 연방 국유 및 공기업 사유화 프로그램」이 의회를 통과하면서 국가주도의 국유화가 본격적으로 시작되었다.[55] 국영기업의 실패, 부패, 비공식 시장의 확산에 대처하여 빠르게 사유화를 추진했던 이유로 공산주의로의 회귀방지와 노멘클라투라의 전횡을 방지하기 위해서였다는 평가도 있다. 1995년 OECD자료에 따르면, 1994년까지 2년간 100,000개 이상의 기업이 사유화 될 정도로 진척속도는 매우 빨랐다. 이후 러시아 정부는 사유화 수입을 최대화하고 부채와 주식을 교환하는 방식, 현금사유화, 외부투자자의 사유화 참여 등을 통해 시장개혁을 진척시켰다.[56]

1985년 고르바쵸프의 페레스트로이카 개혁정책으로 폴란드, 헝가리, 체코 등 동유럽 국가들의 경제개혁도 가시화되기 시작하였다. 폴란드는 동유럽 지역의 최고 인플레이션과 외채 등으로 심각한 거시경제 불균형에 있었다. 폴란드는 1989년부터 경제개혁정책의 2대 목표로 거시경제의 안정화와 경제체제전환을 내걸었다.[57] 거시경제안정화에서는 인플레이션 억제, 재정적자 축소, 통화가치 안정, 물자부족 해소 등이 주요 목표였다. 경제체제전환 목표는 기업민영화, 무역자유화, 자본시장 도입, 노동개혁 등을 통해 시장경제로 전환하는 것이었다. 이러한

55) 이상준, 「체제전환국가의 사유화와 기업소유 및 지배구조변화」, 『슬라브 연구』 제19권 2호, 2003, 122쪽.

56) World Bank, *Transition: The First Ten Years*, Washington D. C.: World Bank, 2002; Ira W. Lieberman and Rogi Veimetra, "The Rush for State Shares in the 'Klondyke' of Wild East Capitalism: Loans-for Shares Transactions in Russia", *George Washington Journal of International Law and Economics* 29(3), 1997; 이상준, 「체제전환국가의 사유화와 기업소유 및 지배구조변화」, 『슬라브 연구』 제19권 2호, 2003, 124~125쪽.

57) 조동호, 『폴란드의 경제체제전환 사례연구』, 서울: 한국개발연구원, 1998, 39쪽.

목표를 바탕으로 폴란드는 정부주도의 사유화정책을 법적 제도화하였
다. 1990년 7월 「국영기업 민영화에 관한 법률(Law on the Privatization
of State-Owned Enterprises)」을 제정하면서 사유화 정책을 입안한 데 이
어 사유화부를 연이어 신설하면서 급진적 개혁정책을 시도했다. 그리
고 '국유기업 사유화법' 제정을 통해 기업 경영자들에게 합법적인 경제
적 부를 누리도록 하였다.[58]

〈표 2〉 폴란드 민영화추진 현황

연도(연)	1991	1992	1993	1994	1995	1996
국영기업 수(개)	8,228	7,242	5,924	4,955	4,357	3,993
민영화 비율(%)	2.5	14.2	29.8	41.3	48.4	52.7

자료: 복문수, 「동유럽 체제전환국과 국가기업의 민영화정책－폴란드와 헝가리를 중
심으로」, 『한국행정연구』 9권 2호, 2000을 참고로 필자 작성.

헝가리는 러시아나 폴란드와 달리 이미 1980대에 점진적인 경제개
혁을 실시하였다. 그 내용은 민간기업의 자유화(1981), 국제금융기관이
나 EC와의 관계 개선(1982), 국책은행으로부터 상업은행의 독립(1986),
부가가치세 도입 등 조세제도의 개편과 가격자유화(1988), 수입자유화,
개인기업에 부여된 수출, 노동조합의 특권감축(1989) 등이다.[59] 하지만
경제체제의 근본적인 개혁의 부재로 이러한 경제개혁들은 실패로 끝
났다. 헝가리는 1991년 3월 「헝가리 경제 전환과 발전계획(4개년 계획)」
을 통해 근본적인 개혁을 시작하였다.[60] 주요 경제정책으로서는 기업
보조금 삭감, 운송 분야의 임금 및 가격 자유화, 각종 규제완화와 투자

---

58) 이상준, 「체제전환국가의 사유화와 기업소유 및 지배구조변화」, 『슬라브 연
구』 제19권 2호, 2003, 128쪽.
59) 어윤대·명창식, 「동구 삼국의 경제개혁에 관한 고찰－폴란드, 헝가리, 체코
를 중심으로」, 『경영논총』 38권, 1994, 68~69쪽.
60) 위의 글, 69쪽.

촉진유도, 사유화추진 등이다.

쿠바도 마찬가지로 소련 붕괴 이후 1989년부터 급속한 경제 하락으로 식량부족과 전기 공급중단과 생산성 하락, 부패 등 북한과 비슷한 과정을 경험하고 있었다.[61] 쿠바에서 비공식경제의 기본 특징은 공식경제 내에서의 불법적인 활동, 공식경제 외부에서의 불법적인 활동(식료품 암시장, 내구성 소비재의 암시장, 외화 암시장)이다. 쿠바 정부는 공급시장을 열지 않았고, 상품의 거래는 암시장에서 이루어지고, 암시장에서 나온 물건들은 생존을 위해 모두 훔친 것들이다.[62] 쿠바의 암시장은 부패와 절도가 제도화되어 있고 암시장에서는 건설자재는 물론 각종 부품에 이르기까지 자영업자들 모두가 훔쳐서 마련한 것이다. 암시장을 없애는 방법은 정부가 좀 더 민영화의 폭을 넓혀야 한다고 지적되고 있다.[63] 불법적인 경제활동에 대한 쿠바 경제당국의 통제는 소매업자들과 중개업자들, 불법 생산자들에 대한 단속과 적발 등을 중심으로 이루어졌다. 쿠바는 1991년 제4차 당 대회에서 '조국의 경제발전에 대한 결정'을 발표하면서 2차 경제영역을 확대하고 계획경제와의 연계를 강화하기 위한 조치(외국과의 합작투자의 자유화, 기업의 자율성 확대 및 자영업 허용, 국가 식량계획의 분권화, 외환 자유화 및 시장 실험)들을 선택했다.[64] '조국의 경제발전에 대한 결정'의 주된 목표

---

61) Irving L. Horowitz and Jaime Suchlicki, *Cuban Communism 1959-2003*, NY: Transaction Publishers, 2003, 370; 이성형, 「쿠바의 경제개혁 – 성과와 문제점, 그리고 전망」, 『경제와 사회』 제71호, 2006, 224~225쪽.

62) Ana Julia Jatar-Hausmann, *The Cuban Way: Capitalism, Communism and Confrontation*, West Hartford, Conn.: Kumarian Press, 1999.

63) 이성형, 「쿠바의 경제개혁 – 성과와 문제점, 그리고 전망」, 『경제와 사회』 제71호, 2006, 225쪽.

64) 임강택, 『북한경제의 시장화실태에 관한 연구』, 서울: 통일연구원, 2009, 48~74쪽.

는 다음과 같다. 첫째: 교육, 보건의료, 식량배급, 주택, 전력 등 공공 사회보장 체계를 가능한 한 유지하며, 둘째: 설탕에의 경제 의존도를 줄이기 위해 관광업과 의료 관련, 니켈, 담배, 수산물과 같은 수출 품목에 주력함으로서 경제 의존도의 다변화를 구축하고, 셋째: 식량과 에너지 부문에 대한 자급력을 높인다.[65] 여기에 쿠바는 군 축소, 군 예산 삭감 등 군부 개혁을 시작으로 사회주의 체제를 유지하면서 제한적인 경제개혁 방안을 모색했다. 카스트로는 군부에게 개혁개방에 관한 권한을 대폭 위탁했고 전문 기술 관료들에게 경제관리를 맡기기도 했다. 이에 군부는 「기업관리법」을 통해 기업경영권을 취득하면서 부와 권력을 증대시켰다. 권력과 부를 차지하고 유지하고자 하는 군부 관료들과 주변 핵심 중소규모 자산가들이 핵심적인 시장 세력으로 등장하였다. 결국 국가-사회관계에서의 쿠바 경제개혁과정은 사회에 대한 국가 통제를 오히려 강화시키는 결과를 만들어낸 것이다.[66] 쿠바의 경제개혁이 정치개혁으로 이어지지 않는 원인도 집권 엘리트들의 이해관계로 정치가 개혁되기보다는 통제적 역할이 확대되고 있기 때문이다.[67]

---

65) Remy Herrera and Paulo Nakatani, "De-Dollarizing Cuba", *International Journal of Political Economy* 34(4), 2004, p.86.

66) 국가의 통제가 강화된 분야는 대외개방에 집중되어 있다. 우선 달러거래의 독점이다. 외국인 직접투자 분야에서 임금은 달러로 지급되지만, 정부는 그 것을 공식 환율로 계산하여 페소화의 형태로 노동자들에게 지급한다. 임금을 직접 지불하지 않음으로써 공식 환율과 시장 환율의 차액을 국가가 갖는다. 또한 1993년 정부는 달러 소유를 합법화했다. 그러나 시중에 유통되는 달러화를 거두어들이기 위해 275개의 외화상점을 열고, 대부분의 거래상품에 140% 정도의 판매세를 부과했다. 환전소도 국가기관만이 할 수 있도록 했다. 자영업 허용조치도 마찬가지다. 개인 레스토랑은 모든 식자재를 국영상점에서 20~40% 정도 비싸게 구입해야 했다. 또한 많은 수공업을 비롯한 소기업들은 정부의 허가를 필요로 했지만, 승인비율은 높지 않았다(Archibald R. M. Ritter, "The Cuban Economy in the Twenty-first Century: Recuperation or Relapse?", Archibald R. M. Ritter.(ed.), *The Cuban Economy*, Pittsburgh: University of Pittsburgh Press, 2004, p.9).

그럼에도 쿠바는 1991년에 벌써 자영업자들을 법적 공식화했고, 2011 년에 6월 공산당 6차 전원회의에서 「경제사회개혁안」을 의결하면서 자영업자 육성을 통한 민간경제부분 발전에 관심을 돌렸다. 자영업자 들을 운수업(택시, 렌트카 등), 주택임대업, 개인 식당, 이발소, 수리공, 청소업 등으로 확대되면서 2008년 15만 명에 불과했던 자영업자수가 무려 50만 4,613명으로 늘어났다.[68]

중국은 등소평을 중심으로 1978년 12월 중국공산당 제11기 중앙위원 회 전체회의에서 경제개혁을 주도했다. 경제개혁의 목표는 ①인민공 사의 해체(농민들에게 농지를 임대하고 국가와 계약재배 실시), ②공 공소유제의 분권화(당의 정치적 권한과 경영권의 분리 등을 통해 계 획·생산·분배·판매 부문에서 산업생산단위에게 더 많은 자율권 부 여), ③생산물에 대한 다양한 형태의 소유권 허용, 사적 기업과 협동기 업, 국영기업과 외국투자 등의 공존 촉진 등이다.[69]

중국의 초기 개혁개방정책은 1978년 이후 농업부문과 대외경제부문 의 과감한 개혁을 통한 실험적 접근방법이었다.[70] 이것은 농촌부문 개 혁(1979)에서 도시부문개혁(1984)으로 추진된다. 농촌부문개혁의 핵심 은 농업생산제도의 개혁과 향진기업의 육성과 발전이다. 이를 위해 정 부는 정부의 수매 가격을 대폭 인상하고 과거 인민공사에 의한 집단적 농업생산체제를 해체했다. 그리고 개별 농가를 단위로 한 '농가 경영청

67) Javier Corrales, "The Gatekeeper State: Limited Economic Reforms and Regime Survival in Cuba, 1989~2002", *Latin American Research Review* 39(2), 2004, pp.35~ 43,

68) 백승원, 「변화하는 쿠바시장의 현주소와 시사점」(Global Market Report 16-022), KOTRA, 2쪽.

69) 임강택, 『북한경제의 시장화실태에 관한 연구』, 서울: 통일연구원, 2009, 79쪽.

70) 오승렬, 『중국경제의 개혁·개방과 경제구조: 북한경제 변화에 대한 함의』, 서울: 통일연구원, 2001, 10쪽.

부제'로 전환했다. 이는 토지의 소유권을 집단적 소유로 남겨둔 채 토지의 경작권을 일정기간동안(초기 3~5년, 1984년부터 15년 이상) 개별 농가에 임대해주는 제도이다. 개별 농민은 작물의 선택과 생산 및 경영을 책임지고 경작한 뒤 국가에 일정량의 생산물을 수납하고 나머지는 자유롭게 처분할 수 있도록 한다.[71] 이러한 형태의 중국식 농업부문 개혁을 북한은 분조관리제(7.1조치)형태로 대체하려 했다.

중국의 도시부문 개혁은 1984년부터 계획, 재정, 금융, 가격, 유통, 기업개혁 등에서 추진되었다. 초기 1990년대 중반까지 기업소유권을 국가에 두고 다양한 방식의 경영효율성을 꾀하였다. 후반에 들어 늘어나는 경영적자를 감당하지 못해 대형 핵심 기업을 제외한 대부분의 중소형 국유기업에 대한 다양한 방식의 민영화를 추진했다. 1980년대 후반 중국 민간경제는 소규모 생산과 서비스 부문을 중심으로 성장하였으며 2차 경제의 특징은 주로 물물교환 형태를 띠고 있었다. 2차 경제 영역이 확대되면서 빠르게 증가하는 경제 범죄(밀수, 불법 무역, 강도, 사기, 뇌물수수, 부패 등)가 일반인과 엘리트를 중심으로 나타났다. 중국은 처벌과 통제에 있어 엘리트 경제범들에 한해서는 지위박탈, 일반 범죄자들에 한해서는 국가 차원의 '反 범죄 캠페인'[72] 또는 범죄 단속 대상으로 규정했다.[73] 중국공안은 사회치안 수호를 주요 업무로 하고 있으며 직접적으로 기업이나 시장과 같은 경제활동 영역에서의 집중적인 단속과 통제는 허용되지 않는다. 다만 당·정 협의체인 반부패 공장조율소조가 유관기관들과의 상호 연계 밑에 반부패 업무를 담당

---

71) 이일영, 「중국의 농업·농촌 개혁」, 유희문 외 11인 공저, 『현대중국경제』, 서울: 교보문고, 2004, 156~159쪽.

72) 反국가 캠페인은 1980년대 경제개혁의 결과로 다양한 형태의 경제 범죄가 확산되면서 경제적 일탈과 혼란을 통제하는 기능을 담당하고 있었다.

73) 임강택, 『북한경제의 시장화실태에 관한 연구』, 서울: 통일연구원, 2009, 87쪽.

한다.[74] 중국은 개혁기 경제발전과 함께 나타나는 사회병리 현상을 보안서비스업체를 통해 해결하였다. 「보안서비스관례조례」의 국가적 법률화를 통해 공안기관과 협조하여 사회치안 유지와 범죄 예방, 일자리 창출과 관련된 산업발전을 도모하였다.[75]

베트남은 계획경제에서의 비효율적인 기업관리체계로 부정부패가 만연하고 낭비, 경영활동에 대한 기대하락, 비공식경제의 비효율성이 북한과 비슷한 형태로 나타났다. 새로운 경제관리 도입이 오히려 계획경제부문과 시장경제부문 사이의 가격괴리와 인플레이션이라는 부작용을 낳았다. 1986년 12월 '도이머이(doi moi)' 정책을 통해 개혁개방이 추진되면서 베트남은 급격한 사유화보다는 가격자유화를 통한 거시경제적 안정화에 중점을 두었다. 민영화정책에 있어서는 「주식회사화(Equitization)」와 대형 기업설립의 두 가지 방식을 추진했다.[76] 이에 따라 1995년 국유기업법을 제정하여 국유기업의 주식회사화와 외국기업과의 합작을 주도했다.[77] 또한 시장경제체제로 전환하면서 정부의 개입을 축소했다. 주요 정책수단으로는 대외개방정책, 서방 국가와의 협력 확대, 사경제부문의 활성화, 외국인 투자 촉진, 가족 단위의 농업 장려와 농산물가격의 현실화, 토지제도의 변경을 추진했다.[78] 1992년부

---

74) 최지영, 「중국의 (反)부패정책 및 조직 연구—'반부패공직조율소조'를 중심으로」, 『국방연구』 56권 제1호, 2013.

75) 최용·이상철, 「중국 보안서비스업의 실태 및 시장경제 활성화 방안」, 『한국치안행정논집』 제7권 제1호, 2010.

76) 이상현, 「체제전환국의 기업개혁 경험과 북한기업 전환방안 연구—지배구조 개선을 중심으로」, 서강대학교 석사학위논문, 2011, 73~80쪽; 강성진·정태용, 『경제체제전환과 북한: 지속가능발전의 관점에서』, 서울: 고려대학교 출판문화원, 2017, 169쪽.

77) 이두원, 「베트남 경제의 사유화—민간부문의 형성과 기업화를 중심으로」, 『동남아시아연구』 10권, 2000, 45쪽.

78) 오인식, 「베트남의 투자환경 분석과 기업진출」, 대한상공회의소 한국경제 연구

터 4단계로 추진된 베트남의 국영기업 민영화는 1996년 12,000여 개에서 2015년 기준 1,000개 이하로 줄어들었다.[79]

<표 3> 베트남 민영화의 4단계

단계	시기(연도)	내용
1	1992~1996	민영화계획 시험단계
2	1996. 1~1998. 5	시험계획 확장
3	1998. 6~2002. 5	민영화계획 가속화
4	2002~현재	민영화계획 확장

자료: 정상현, 「베트남 국영기업의 민영화가 베트남 경제에 미치는 영향」, 『KOTRA 해외시장뉴스』 2015.3.9 를 토대로 재구성.

베트남 역시 경제개혁 초기 공산당 내의 일부 보수 세력과 정부관료 및 군부 기득권세력에 의해 시장개혁이 저항을 받았다.[80] 그럼에도 베트남의 시장개혁정책은 정부주도의 시장개혁정책과 국제시장의 협력, 내수시장의 활성화, 시장에 대한 정부의 통제유형, 그리고 국내 개혁파들의 역할측면에 있어 북한과 상당히 다르다.

미얀마는 1988년 시장경제체제를 도입하였으나 권위주의적 행정체계의 일관성 및 투명성이 저조하고 정체체제의 불안정으로 큰 효력을 나타내지 못하고 있었다. 따라서 다른 국가들에 비해 비교적 느리게 시장개혁 정책들이 이루어졌다. 2007년 '샤프란 혁명'[81] 이후 반세기 넘게 집권한 군부세력이 물러나고 2011년 첫 민선정부가 출범했다. 정

센터 연구보고서, 1997.

79) 정상현, 「베트남 국영기업의 민영화가 베트남 경제에 미치는 영향」, 『KOTRA 해외시장뉴스』 2015.3.9(https://news.kotra.or.kr/user/globalBbs/kotranews/7/global BbsDataView.do?setIdx=245&dataIdx=141129).

80) 이한우, 「베트남 '도이머이'시기 정치체제 변화: 사회적 도전과 당-국가의 대응」, 『신아시아』 제17권 제4호, 2010.

81) 샤프란 혁명: 2007년 9월 수도 양곤 중심가에서 진노랑색 승려복을 입은 미얀마의 젊은 승려 400여 명이 벌인 반 군정시위.

부는 출범과 함께 공기업의 민영화, 수입자유화, 외국인투자법 개설, 경제특구법 발표, 국채 발행 등 각 분야의 경제개혁을 추진했다. 미얀마 역시 군부의 영향 하에 있는 형식적인 민간정부로서 경제개혁은 느린 속도를 취했다.[82] 2011년 이진 군부정권의 미얀마는 행정력과 민간 부문의 위기가 부패의 원인으로 평가되면서 신정부 출범 이후 4단계 개혁, 즉 정치개혁, 경제개혁, 행정개혁, 민간영역 개혁을 목표로 내걸었다.[83] 미얀마의 부정부패도 북한의 수직적 관계에서 고찰되는 후견-피후견인 관계가 고질적인 지대추구와 부패를 양산하는 근원으로 분석된다.[84] 떼잉쎄인(Thein Sein) 정부는 경제성장과 함께 국제사회의 공조 하에 2013년 반부패위원회를 설치하고 관료의 반부패척결, 투명한 정부 구성, 공공행정 향상, 지속적인 경제성장 등을 목표로 하였다.[85] 2016년 새로 출범한 신정부는 다시 4개월 만에 경제정책발표회를 통해 국영기업의 민영화, 인적 자원 확충, 금융시장 개선과 노동법, 투자법 등의 개선을 비롯한 12가지 경제정책방향을 밝혔다.[86]

중국, 쿠바를 비롯한 동유럽, 동남아 국가들의 주요 경제개혁정책과 법적 제도화과정을 시기별로 비교하면 다음과 같다.

---

82) 오윤나 · 박나리, 「미얀마의 개혁개방 경과와 전망」, 『KIEP 오늘의 세계 경제』 12권 4호, 2012, 5~8쪽.

83) 장준영, 『미얀마의 정치경제와 개혁개방』, 서울: 지식과 교양, 2013; 「미얀마 신정부의 개혁개방 평가: 회고와 전망」, 『동남아연구』 제25권 3호, 2016.

84) David I. Steinberg, *Burma/Myanmar: What Everyone Needs to Know*, Oxford University Press, 2013.

85) 장준영, 「미얀마 신정부의 개혁개방 평가: 회고와 전망」, 『동남아연구』 제25권 3호, 2016, 388쪽.

86) 「미얀마 아웅산 수치 여사, 경제정책 방향 발표」, 『KOTRA』, 2016. 8. 12.

〈표 4〉경제체제전환국들의 주요 경제개혁정책과 법적 제도화

국가	주요 내용	시기
중국	「농가 청부제」실시	1979
	「주보론(主補論)」채택 (계획경제를 위주로 시장경제를 보조적 수단으로 한다는 것)	1982. 12
	「중국식 사회주의시장경제」제시, 자유시장의 합법화	1984. 12
	자영업자 「개체호」실시	1985
	중소 국유기업 민영화 추진	1990
	헌법개정: 시장경제체제 합법화	1993
	「현대기업제도」도입, 국유기업의 「주식회사화」	1994
헝가리	민간기업의 자유화	1981
	국책은행으로부터 상업은행 독립	1986
	부가가치세 도입 등 조세제도의 개편과 가격자유화	1988
	국영기업의 「주식회사화」, 「신회사법」도입(사기업육성)	1989
	「민영화법」, 「외환집중제도」폐지, 「유가증권법」	1990
	「금융기관법」, 「투자기금법」, 「토지보상법」	1991. 6
	「사유화법」(일시적 국유재산관리법, 영구적 국유재산관리법)	1992
	국가소유 항공사 Malev 파산	2012. 12
러시아	「국유기업법」제정, 시장경제체제의 한정적 도입 시도	1987. 6
	「소유권법」채택 (시민에 의한 소유, 집단소유, 국가소유 및 합작기업 등에 의한 소유 등 4가지 형태)	1990.3
	「샤탈린 500일 경제개혁안」통해 사유화 시도	1990.6
	「사유화법」제정, 국유기업의 주식회사 전환	1991. 7
	「기업의 탈국가화와 사유화 기본원칙에 관한 법률」제정	1991. 8
	1992년도 사유화 계획에 대한 포고령	1991. 12
	옐친, 제1차 가격 자유화 단행	1992.1.2
	제2차 가격자유화 정책실시	1992.3.4
	국유 및 공유기업 사유화 국가프로그램 최고회의 통과	1992.6
	대기업을 주식회사로 전환하는 포고령 서명	1992.7
	약 1억 5천만 루블의 바우처(vocher) 무상으로 분배시작	1992. 10
	제2차 사유화(현금 사유화, 현금에 의한 국유기업 주식 공개 매각)	1995.3
	러시아연방 「주식회사법」제정	1995. 12
우즈베 키스탄	「재산법」제정	1990. 6
	「민영화 및 사유화법」제정	1991. 11
	가격자유화 조치 단행	1992. 1
	국가자산 감독 및 사유화위원회 설립(사유화전담 추진)	1992. 2
	국영기업 사유화 발표	1992. 9
	「국유주택 사유화법」제정	1993. 5
	「증권거래소」설립	1994
	「노동법」, 「출판법」, 「토지법」	1996
베트남	자유로운 경제정책 도입	1986

	사회경제개발계획 및 경제특구, 시장경제체제이행, 농업집단화 포기(도이모이 1기)	1986
	기업경영의 자율화(사산, 노동력 배치, 은행, 원사재 구입 시징)	1987-89
	배급제 완전 폐지, 가격 자유화	1989. 3
	국가관리 시장경제로 이행할 데 대한 경제정책 제시	1991. 6
	일부 국영기업의 「주식회사화」 추진	1992
	「국유기업법」을 통해 주식회사화 전면 확대	1995
	「농지사용법」 제정으로 토지융자, 토지사용권 매매	1993. 6
	「국영기업법」 제정(국영기업 경영 개인·민간법인에 일정기간 청부)	1996
폴란드	사유화정책의 법적 제도화 사기업에 대한 규제를 철폐한 「경제활동 확대법」, 「외국인 투자촉진법」 등 제정	1989. 1
	「국유기업 사유화법」 제정 사유화부 신설	1990. 7
	「증권거래소」 설립	1991
	개혁공산당 연정구성, 자유시장정책 추진	1993
쿠바	외국인 합작투자의 자유화, 기업의 자율성확대, 자영업 허용, 외환자유화 및 시장실험(공산당 4차 당대회)	1991
	「경제사회개혁안」 의결(공산당 제6차 전당대회)	2011. 4
미얀마	시장경제체제 도입	1988
	공기업 민영화, 수입자유화, 국채 발행 등 각 분야 경제개혁 추진	2011
	주식시장 개설	2015
	국영기업 민영화	2016

자료: 이 표는 아래의 자료들을 종합적으로 검토하여 작성함.
　　어윤대·명창식, 「동구 삼국의 경제개혁에 관한 고찰-폴란드, 헝가리, 체코를 중심으로」, 『경영논총』 38권, 1994; 이성형, 「쿠바의 경제개혁-성과와 문제점, 그리고 전망」, 『경제와 사회』 제71호, 2006; 백승원, 「변화하는 쿠바시장의 현주소와 시사점」(Global Market Report 16-022), KOTRA, 2016; 조동호, 『폴란드의 경제체제전환 사례연구』, 서울: 한국개발연구원, 1998; 김한칠 외, 「우즈베키스탄 증권법제 현대화작업 지원방안 연구」, 법무법인 (유)화우 연구보고서, 2013; 김영모, 『체제전환국의 경험과 통일금융에의 시사점』, 서울: 법무법인 유한, 2014; 무역경제위원회, 『베트남 시장경제여부 조사보고서』, 무역조사실, 2003; 안성희, 「변화기의 쿠바, 우리기업의 전략」(Globel Market Report 14-019), KOTRA, 2014; 최은석, 「시장경제 제도로의 전환을 위한 법제도 구축」, 『통일문제연구』 18권 2호, 2006; 김진욱, 「중국과 베트남의 국유기업 민영화」, 『국제경제리뷰』 제3권 1호, 1999.

　위 국가들을 중심으로 주요 시장경제정책(사유화, 자유화, 주식회사화, 민영화정책)의 시행시기들을 비교하면 〈표 5〉와 같다. 표에서 보면, 쿠바, 미얀마를 제외한 대부분 국가들에서 공식 시장경제체제로의 전환을 위한 법적 제도화는 매우 신속하게, 그리고 빠르게 진행되었다. 사유화정책, 주식도입, 민영화정책들과 관련 법제정 및 실행도 미얀마를 제외하고 비교적 빠르게, 거의 동일한 시점에서 이루어졌다. 다만 쿠바는 사유화를 절대로 허용하지 않겠다는 공식 입장을 유지하고 있고, 더불어 주식회사화도 합작 혹은 혼합회사의 경우에만 법적 적용하고 있다.

<표 5> 경제체제전환국들의 주요 시장개혁정책 시행 분포도

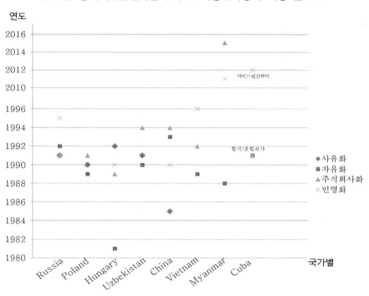

위 국가들의 시장개혁과정들을 북한과 비교할 때 분명한 차이가 있다.
우선 국가의 생산능력과 공급능력이 급감한 상태에서 주민들에 의해 자생적으로 형성된 시장과 경제정책의 점진적인 변화, 시장화의 확산은 쿠바나 북한의 사례가 비슷한 측면이 많다.[87] 하지만 시장의 변화에 따른 당국의 대응과 통제메커니즘에 있어서는 차이가 있다. 쿠바

는 점진적으로 경제개혁을 통해 사적 경제활동을 공식화, 제도화하는 조취를 취했다. 쿠바에 비해 북한은 사적 경제활동에 대한 공식화, 제도화가 시장의 변화에 비해 너무 뒤늦게 취해졌다. 또한 경제정책의 시행과 동시에 복합적이고 강력한 통제기관들을 시장에 투입했다는 차이가 있다. 보다 중요한 요인은 SCCP 통제조직들의 독립적이면서도 복합적인 연합이 정치, 경제, 문화의 모든 분야에 포진되어 있는 것이다. 그리고 쿠바 군부 엘리트들의 경제 분야 대거 포진이 선군정치 이후 북한 군부의 경제포진과 비슷한 측면도 엿보인다. 카스트로가 군부에게 개혁개방(특히 대외개방)에 관한 권한을 대폭 위탁하면서 군부 경제조직이 개혁개방 공간에서 이익을 독식한 부분이다.[88] 하지만 쿠바와 북한의 군부 경제권 독식에 있어 서로 다른 특징은 세 가지다. ① 쿠바의 경우, 군부 경제권 독식이 개혁개방을 위한 경제정책의 집행과정에서 발생한 군부관료들의 경제 권력 행위였다. 북한의 경우, 군부의 독점적 경제행위는 선군정치를 내세운 독점적 관료권력의 경제행위이다. ②대외무역을 위주로 하는 쿠바경제의 특성 상 군부조직의 경제개입은 대외 경제에만 집중되어 있다. 하지만 북한에서 군과 공안의 경제개입은 광범위한 경제활동의 모든 영역에서 이루어진다. ③쿠바 대외경제 부문에서의 군부독점은 국가주도의 개혁개방을 목표로 하는 경제정책의 집행과정에서 발생한 이권경쟁이다. 북한 군부개입은 선군정치를 내세운 정치체제 수호 및 유지, 그리고 경제적 이익에 그 목적이 있다는 차이가 있다.

---

87) 조한범, 『북한에서 사적 경제활동이 공적 경제부문에 미치는 영향 분석』, 서울: 통일연구원, 2016, 49~50쪽.

88) 코랄레스의 표현에 따르면 새로운 개혁과 개방의 공간에서 이익을 독점한 '국가-독점자본가 조직'이다(Javier Corrales, "The Survival of the Cuban Regime: A Political Economy Perspective", *Cuba in Transition*, ASCE, 2002).

다음으로 베트남 역시 '사회주의를 지향하는 시장경제질서'라는 의미에서 북한이 실시하고 있는 시장의 의미와 동일한 성격을 가지고 출발하였다. 베트남은 이를 '실리 사회주의'로 표방하지만, 헌법상으로는 '시장경제질서요소의 대폭적인 도입'으로 규정하고 있다는 것이 북한과의 또 다른 차이점이다.[89)

이 밖에도 개혁기 국가들의 과도기과정은 북한 시장화과정과 비슷한 측면도 있다. 공식 및 비공식 시장에서의 가격조정과 비활성화, 기업경영에서 비공식 2차 경제의 불가피성, 관료엘리트들의 부패와 담합, 경제영역에서의 제도적 통제와 같은 괴리들은 사회주의 국가들의 경제개혁과정에서 공통적으로 나타나는 현상들이다. 하지만 북한의 경우 경제적, 사회적 무질서에 대한 조기 차단을 목적으로 정치적 · 물리적기구의 통제를 제도화하였다는 측면에서 큰 차이점이 있다. 마지막으로 개혁기 국가들의 사례를 통해 살펴본 비공식 경제의 공식 시장경제로의 전환은 국가주도의 빠른, 혹은 점진적인 사유화정책과 제도화를 통해 일관되게 자리매김했다는 특징이 있다. 여기에 기업의 구조개편이나 자율성도 국가의 적극적인 개혁정책으로 이어지면서 체제전환을 가능하게 하였다. 하지만 북한의 새 경제정책은 시장개혁정책이 아닌 시장을 이용하기 위한 보조적인 수단에 불과했고, 따라서 거듭되는 경제정책의 실패를 낳았다.

따라서 개혁기 국가들의 시장개혁 사례를 북한과 비교하기에는 정치사회적 측면에서 다음과 같은 한계가 있다.

첫째, 비공식경제에 대한 컨트롤 타워(control tower) 문제이다. 쿠바, 중국, 동유럽, 동남아의 경우 비공식경제에 대한 컨트롤 타워는 정부의

---

89) 최은석, 「시장경제 제도로의 전환을 위한 법제도 구축」, 『통일문제연구』 18권 2호, 2006, 198쪽.

시장개혁정책이나 기업구조 개편, 사유화정책을 통해 이루어졌다. 반면 사유화가 공식적으로 허용되지 않는 북한에서 비현실적인 경제정책과 억압적인 통제정책으로 이미 시장은 국가의 정책을 다분히 뛰어넘는다. 따라서 북한 당국의 컨트롤 타워는 오직 정치적이고 물리적인 통제제도에서만 유효하다. 둘째, 시장의 규모와 개혁환경이 전혀 다르다. 중국과 북한은 경제개혁을 위한 시장의 규모와 환경에 있어서도 상당한 차이가 있다. 중국의 경우 경제개혁 초기단계에서 이미 미국과의 국교를 정상화(1979년)했다. 하지만 북한은 지금까지도 국제 외교 무대에서 고립된 채 무역시장이 한정되어 있다. 또한 중국의 국내 시장규모도 북한에 비교할 수 없는 엄청난 규모와 크기라는 점에서 북한에 중국식 시장 사회주의를 이식(移植)할 수 없는 중요한 전제조건이다. 중국식 사회주의 시장경제에서 부패문제가 심각하게 제기되고 있음에도 불구하고 경제성장으로 이어지는 원인도 내수시장이 크고 활성화되어 있기 때문으로 풀이된다. 여타 국가들도 마찬가지로 해외시장의 협력, 외국자본의 투자가 내수활성화에 크게 기여하고 있기 때문에 시장경제로의 전환이 더 용이할 수밖에 없다. 셋째, 시장개혁의 주체가 불분명하다. 여타 국가들은 개혁주체 세력이 분명했고, 북한의 경우 개혁주체 세력이 부재한 상황이다. 어떤 경우에도 개혁은 북한 체제의 붕괴를 의미하는 것으로 추호도 용납되지 않기 때문이다. 따라서 전면적인 개혁개방보다는 부분적인 개방으로 북한식 시장경제를 주도하려는 움직임이 더 강할 수밖에 없다.

어떤 자들은 남을 쳐다보면서 〈개혁〉에 환상을 가졌는가 하면, 관광업이나 자원을 팔아 돈을 벌며 외자를 끌어들여 나라의 경제를 추켜세우자는 황당한 소리까지 했다. 우리 혁명이 준엄

한 시련에 부닥치자 혁명적 신념이 없는 자들 속에서는 변절자, 배신자들이 나타나고 있다.[90]

다음으로 개혁기 국가들의 사례를 북한과 비교하는 데 있어 경제적 (시장 메커니즘) 측면에서도 다음과 같은 한계가 있다.

첫째, 계획경제와 시장경제 사이에서 발생하는 비공식 경제와 그에 따른 정부의 대응, 시장메커니즘이 다르다. 둘째, 시장화과정에서 기업과 시장의 관리와 감독체계, 기능에 있어서 제도와 성격 자체가 다르다. 셋째, 정부의 시장경제정책 메커니즘과 감시·통제 메커니즘도 현저히 다르다.

북한체제의 특성을 배제하고 순수 기존 국가들의 경제체제전환과정만을 비교하여 북한 시장경제의 전망을 예측할 시 자칫 "북한 시장경제로의 전환은 조용히 진행되지도, 그렇다고 신중한 계획에 따라 진행되지도 않을 확률이 높다. 반대로 정부의 통제에서 벗어난 자연스러운 과정이 될 가능성이 크다."는 환상에 빠질지도 모른다.[91] 기존의 시장경제이론이나 경제체제전환 국가들의 사례가 사회주의 경제개혁 과정을 설명할 수 있었다 하더라도 북한 시장경제현상을 설명하기에는 다소 부적절한 측면이 많다. 경제체제전환 과정에서 발생하는 다양한 부작용들이 위의 국가들에서는 동일하게 나타나거나 평가될 수 있을지 몰라도 북한 시장경제의 병리(病理)현상은 북한만의 특수한 제도와 환경에서 고찰되어야 한다.

---

90) 간부학습제강, 「강성대국건설을 위한 천리마 대 진군을 승리에도 이끄시는 위대한 김정일동지의 령도를 충성으로 받들어나갈 데 대하여」, 평양: 조선로동당출판사, 2000, 5쪽.

91) 바실리 미헤예브·비탈리 쉬비드코, 『러시아 경제체제 전환과정의 주요 특징과 문제점: 북한에 대한 정치적 시사점과 교훈』, 서울: 대외경제정책연구원, 2015, 65쪽.

서구의 보편화된 이론적 틀을 바탕으로 그려지는 '북한 현상'의 이모 저모는 기성이론의 맹목적인 대입과 모방에 불과하다. 이러한 북한 연구방법론의 한계는 거시적인 체계의 구조나 과정들이 이미 북한연구에 전제되어 있는 고정불변의 인식론적 틀로서 기능함으로서 실체(實體)와 실제(實際) 사이에서 존재하는 가장 중요한 문제점을 간과하고 있다. 실제로 정치, 경제, 사회, 심리, 인구, 지리, 교육학적 다양한 연구들의 분석기준과 분석틀에는 나름대로의 이론적 배경과 특징이 존재한다. 그렇더라도 북한 연구에 있어 가장 중요한 것은 북한이라는 특수한 정권, 특수한 집단에 적용할 수 있는 별도의 분석틀이다. 이러한 분석기틀을 바탕으로 얻어낸 결과만이 실체가 아닌 실제로 평가할 수 있다.

현재 북한 경제체제의 변화는 정치제도와 경제제도의 상관관계 속에서 다양한 행위자들의 이해관계와 역할에 따라 결정되거나 구조화되는 특징적인 병리현상에 대한 분석을 통해 평가되어야 한다. 이러한 관점에서 북한 시장화와 시장경제의 현황을 평가할 수 있는 통합적 설명 모델이 필요한 시점이라 하겠다.

제 2 부

북한 경제체제의
통합적 설명 모델

여기서는 경제체제를 구분하는 일련의 특징들과 계획경제와 시장경제의 제도적 특징들을 비교한다. 또한 경제체제 전환을 위한 방법론적 이론들의 북한 적용가능성을 분석한다. 이를 바탕으로 현 북한 경제체제의 통합적 설명 모델로서 '관료적 시장경제' 모델을 제기한다. 또한 포괄적인 의미에서의 관료적 시장경제 모델의 이론적 배경, 유형과 특징, 북한 관료적 시장경제의 특징을 살펴본다.

제1장 경제체제전환이론과 북한 적용가능성

1. 경제체제와 경제체제전환이론

경제체제전환이란 통칭 사회주의 계획경제에서 자본주의 시장경제로의 전환을 의미한다. 이러한 전환의 주요 결정요소는 자유화, 사유화, 민영화, 거시경제 안정화 등에 따른 법·제도의 개혁 등이다.[92] 따라서 법·제도들의 개혁과정에서 개별적 국가들이 처한 국내외 환경에 대응하는 정부와 엘리트, 경제조직들의 역할에 따라 경제체제의 전환과정은 매우 복잡할 수밖에 없다.

경제체제에 대한 개념적 구분과 이에 따른 메커니즘은 경제체제전환의 이론적 배경을 설명한다. 즉 경제체제의 구조적·제도적 환경과 경제활동의 다양성에 대한 설명을 가능하게 한다. 또한 경제체제와 정치체제와의 상관관계 속에서 경제활동의 정상적인 동력과 과정을 구분 짓는 이론적 배경을 제공하기도 한다.

경제체제는 경제주체들이 사회체제와 상호작용하는 체제이다.[93] 이

---

92) 강성진·정태용, 『경제체제전환과 북한: 지속가능발전의 관점에서』, 서울: 고려대학교 출판문화원, 2017, 43~48쪽.
93) 김영봉, 『經濟體制論』, 서울: 박영사, 1997, 10~12쪽.

것은 경제활동이 독립적이 아닌 여러 경제주체들 간의 상호작용과 협력 속에서 이루어진다는 것이다. 그로스먼(Gregory Grossman)에 의하면 경제체제는 경제를 특징짓는 일련의 제도로서[94] 경제주체들의 상호작용에 따른 경제활동과 경제제도의 특징에 의해 결정된다.

경제는 경제활동을 목적으로 하는 인간의 욕망에 의해 만들어진 생존수단이다. 경제활동은 상대적 자원의 최대 효율성에 목표를 두고 있으며 정치적, 경제적, 사회적 환경과 조직문화와 같은 다양한 제도들에 의해 영향을 받는다. 특히 현대 사회는 이익과 경쟁을 목표로 협력과 갈등을 동반하는 정치·조직문화의 성격을 더 강하게 지니고 있다. 따라서 경제체제의 변화가 정치체제의 변화로 이어지는 정치제도적인 변동을 가능하게 한다. 경제제도와 경제조직과 같은 비물질적인 요인들의 중요성이 강조되는 이유다.[95] 또한 자연 기술적인 여러 조건들과 함께 '제도와 기관'에 초점을 맞추어야 할 필요성이 제기되는 것이다. 경제제도와 경제조직은 한정된 자원의 배분과정에서 경제주체들에 따른 경제활동의 성격과 특징을 규정하는 특수한 기능을 수행한다. 또한 물질적 자원의 희소성은 비물질적 요인들의 포위 속에서 경제주체들을 포섭하거나 배척하면서 경제체제를 변화시키기도 한다. 결국 경제주체와 경제활동의 결과로 만들어지는 경제제도와 경제조직은 그 체제의 성격을 규정하는 중요한 요소이다. 이러한 경제체제는 추구하는 가치의 목적과 기능에 있어 다르게 구분된다.

다른 한편, 서로 다른 경제체제를 구분하고 비교하는 기준은 일반적

---

94) Gregory Grossman, *Economic Systems: Foundations of modern economics series,* Prentice Hall, 1974.

95) J. M. Beyers, "Carl Menger, Gustav von Schmoller en die Methodenstreit", *South African Journal of Economics* 63, 1995, pp.36~46.

으로 생산수단의 소유제도와 자원의 배분제도이다. 소유제도는 생산수단의 소유권에 따라 사적소유와 집단적 소유로 구분된다. 소유권은 대상물의 처분, 대상물의 사용, 그리고 그 대상물이 발생시킨 생산물이나 서비스를 사용할 수 있는 권리이다.

자원배분과 수요 및 공급의 조정방식에 따라 시장기구와 계획기구로도 구분된다. 일반적으로 시장기구는 자본주의 경제체제로, 계획기구는 사회주의 경제체제로 평가되기도 한다. 하지만 어느 사회에서든 경제체제는 시장기구에 의해 자원이 분배되는 교환체계와 여러 구성원들의 협력에 의해 이루어지는 통합체계, 국가권력에 의해 이루어지는 협력체계가 동시에 작동하는 경우가 더 많다.96) 따라서 경제적 지배가 이루어지는 공간도 자본순환과 관련된 기업 및 시장의 내적 공간과 국가권력을 포함한 어떤 형태(억압)의 경제적 외적공간의 두 가지 차원에서 이루어진다.97)

국가권력에 의한 자원의 교환체계는 권위적이고 관료적인 경제 환경과 제도의 불균형을 초래할 가능성이 더 높다. 경제체제에 대한 국가권력의 의존도는 정치체제의 특성에 따라 다르게 평가된다. 사회주의 계획경제는 민주국가들의 시장경제보다 훨씬 더 높은 조직적이고 공식적인 개입을 근거로 한다. 따라서 국가권력을 대표하는 관료들의 이해관계에 따라 조정되는 계획기구의 역할은 권위적이고 불안정한 경제제도와 경제조직을 형성하는 근본적인 요인이다.

경제제도와 조직들의 문제는 각 국가들의 정치 · 경제 · 사회 · 문화적 환경에 따라 다르게 나타나기도 한다. 특히 사회주의 국가들의 경우 경제체제에 대한 논의는 더 복잡하다. '시장 사회주의' 논의가 그러

---

96) 김영봉, 『經濟體制論』, 서울: 박영사, 1997, 34~40쪽.
97) 밥 제솝 지음, 김영화 역, 『자본주의 국가의 미래』, 파주: 양서원, 2010.

하다. '시장 사회주의'에 대한 논의는 체제전환 이전에 소련, 헝가리, 유고슬라비아와 같은 나라들에서 지배적이었다. 그런데 중국이나 베트남, 쿠바와 같이 사회주의 시장경제를 실시하고 있는 나라들도 통칭 '시장 사회주의'로 주목받고 있다. 따라서 이 같은 나라들의 시장경제를 어떻게 평가할지에 대한 논의는 아직 활발하다.

21세기 경제체제전환이라는 세기적인 변혁과 관련하여 가장 주목해야 할 논쟁은 1990년대 이전 시장 사회주의와 1990년대 이후 시장 사회주의에 대한 비교분석과 평가이다. '시장 사회주의(Market Socialism)'이론을 제시한 오스카 랑게(Oscar Lange)에 따르면, 생산수단의 소유는 국가에 있지만 소비재분배는 시장에 의해 이루어진다고 한다.[98] 이에 코르나이(J. Kornai)가 지적한 시장 사회주의는 소비재 가격의 자율성을 보장하는 것이다.[99] 즉 시장 사회주의는 계획경제 틀에 시장경제를 도입한 것으로서 시장과 계획의 혼합을 통해 효율적인 경제체제를 구축하자는 것으로 평가된다. 하지만 시장 사회주의가 실패하면서 1990년대 이후에는 계획과 시장의 공존이 아닌 시장을 중심으로 한 경제운영만이 가능한 것으로 평가되고 있다.[100] 시장 사회주의는 어디까지나 독점적 혹은 권위주의적인 체제를 동반하는 경제방식으로서 그 운용과 전망에 있어 한계가 있을 수밖에 없다.

계획경제는 철저히 국가의 독점적 개입주의를 바탕으로 하고 있으며 따라서 국가의 경제정책과 경제행위의 모든 영역에서 국가개입이

---

98) Oscar Lange and Fred M. Taylor, *On the Economic Theory of Socialism*, Augustus m Kelley Pubs, 1970.

99) Janos Kornai, "The Hungarian Reform Process: Visions, Hopes, and Reality", *Journal of Economic Literature* 24(4), 1986.

100) 정영철, 「북한에서 시장의 활용과 통제: 계륵의 시장」, 『현대북한연구』 제12권 2호, 2009, 100~104쪽.

필수적이다. 냉전 이전시기 사회주의 계획경제는 동일한 방식으로 국가중심의 경제체제와 경제정책을 필요로 하였다면, 냉전 이후에는 새로운 방식을 받아들였다. 중국의 경제개혁은 시장경제 원리를 받아들이면서도 경제정책의 측면에서는 국가의 시장에 대한 선택적 개입을 전제로 한다. 이러한 중국정부의 경제개입은 경제정책과 경제행위의 관료적 부패를 양산해내는 권위주의적 개입이 보편적이다.

체제전환을 이루어낸 나라들이나 아직 이행기에 있는 나라들의 시장경제를 단순히 자본주의 시장경제의 원리로만 평가하거나 분석하기에는 아직까지 많은 문제들이 산적해있다. 예컨대, 체제전환기 국가들이나 중국, 베트남, 쿠바와 같은 나라들의 시장경제는 아직까지도 국가 관료들의 권력에 공식 혹은 비공식적으로 노출되어 있으며 관료들의 부패 문제가 심각한 사회적 문제를 동반한다. 더욱이 북한 경제체제의 근본적인 변화를 이러한 나라들의 경제체제 변화, 그리고 이미 표준화된 시장경제 논리나 근거들에만 의존해서 비교분석하거나 평가하기는 바람직하지 않다.

북한의 계획경제는 통칭 '대안의 사업체계'로 대표되며 계획의 일원화, 세부화가 작동방식이다. 대안의 사업체계는 공장 당위원회가 공장의 최고 지도기관이 되고, 공장의 모든 관리운영사업을 공장 당위원회의 집체적 영도 밑에 진행해야 한다는 사업체계이다.[101] 여기서 지배인은 당위원회의 지도를 받으며 기사장은 참모장이다. 이와 함께 중앙집권적 계획편성·집행과정을 물리적으로 보장하는 중앙집권적 자재공급 체계이다. 즉 모든 자재를 중앙에서 책임지고 하부 공장기업소에 현물

---

101) 김일성, 「새로운 경제 관리체제를 내올 데 대하여」(조선로동당 중앙위원회 정치위원회 확대회의에서 한 연설, 1961. 12. 15), 『사회주의 경제 관리문제에 대하여』 2, 평양: 조선로동당출판사, 1970, 124쪽.

로 공급하는 체계이다.[102]

1990년대 중반까지만 해도 북한 경제 관료들은 오랫동안 제도화된 당 중심 관료집단의 수직적 통제관행으로 주체적인 경제정책에 민감하지 못했다. 따라서 능력과 자율성에 있어 현존 경제 운영관리체계의 변화와 시장화의 다양성을 뛰어넘을 수 있는 효율적인 정책결정에 취약했다. 비공식시장의 출현과 이를 제지하려는 다양한 제도들과 기구들의 출현, 그리고 경제적 이익의 상호작용 속에서 점차 경제 관료들의 권한과 자율성이 증가하기 시작했다.

북한에서 권력과 시장의 공존은 북한 경제를 기존 사회주의 국가들과는 비교적 다른 형태의 경제특징을 잉태하고 확산시키는 역할을 하고 있다. 따라서 각 국가들이 취하고 있는 정치 · 경제 · 사회적 환경과 국가의 이익 · 목적을 동일한 기준에 놓고 평가하기에는 무리가 있다. 특히 북한 경제변화가 잉태하고 있는 정치체제의 생존원리, 경제정책의 목적, 조직문화, 경제활동의 다양성, 그에 따른 통제기능과 시장화의 단계적 변화 등은 여타 국가들과 상당히 다르다. 그것은 시장화의 다양한 흐름 속에서 국가 권력의 생존원리와 관료권력의 생존목적이 서로 배타적이기 때문이다. 여기에 시장 세력들까지 포함하여 시장의 확산을 이끌어내는 동력은 체제의 생존목적과 다시 충돌한다. 따라서 체제전환기 국가들의 표준화된 일반적인 경제 및 정치경제논리를 북한에 받아들이기는 상당한 모순이 있다. 이것은 경제개혁이냐, 체제전환이냐의 문제를 논의하기에 앞서 북한 경제변화가 가져올 북한 정치경제체제의 존망과 관련된 근본적인 문제들에 직면한다. 그리고 이러한 북한경제체제의 변화를 반영하는 통합적 설명모델의 필요성을 제

---

102) 양문수, 『북한경제의 시장화: 양태 · 성격 · 메커니즘 · 합의』, 서울: 한울, 2010, 20~21쪽.

기하는 이유이기도 하다.

2. 경제체제전환이론의 북한 적용가능성

대체로 경제체제전환의 가장 결정적인 요인들을 분석하는 이론적 유형은 네 가지로 분류된다. 첫째: 계획경제와 시장경제이론에 따른 비교분석, 둘째: 경제체제전환을 위한 정책수단과 유형의 선택, 셋째: 정치와 경제의 비교우위를 통한 분석, 마지막으로 '최소한의 조건'이다. 즉 경제체제전환을 위한 바람직한 조건으로서 체제전환에 대한 군부의 지지나 최소한의 묵인과 같은 변수이다.[103]

먼저 체제전환국들의 경제체제전환은 대부분 시장경제이론의 정당성을 전제로 하고 있다. 즉 계획경제에서의 부작용은 계획경제의 한계에서 찾고, 시장경제로의 이행과정에서 나타나는 과도기적 부작용도 대부분 계획경제와 시장경제의 비교를 통한 차이로 설명한다. 또한 경제체제의 전환 유형에 있어서도 이른바 '충격요법'과 '점진주의'가 논의된다.[104] '충격요법'은 시장경제체제의 도입에 필요한 모든 전환조치를 동시에, 가장 짧은 기간 내에 취하고 완료해야 한다는 것이다. 즉 경제의 안정화, 자유화, 사유화의 3대 조치를 동시에 빠르게 추진해야 하며 여기에서 기존 경제체제 내에서 통제를 담당했던 기구들(계획관청, 자재배급기관, 국가무역관리기구 등)을 빠르게 해체해야 한다고 주장한다. '점진주의'는 시장이 제대로 작동할 수 있는 기능적 여건을 구축한

---

103) 임수호, 『계획과 시장의 공존: 북한의 경제개혁과 체제변화 전망』, 서울: 삼성경제연구소, 2008, 17쪽.
104) 이규영, 「현실사회주의 체제전환이론의 모색 – 분절성과 동시성」, 『국가전략』 제21권 2호, 2015, 107~109쪽.

다음 경제 자유화를 시행해야 한다는 원칙이다.[105] ①개혁을 위한 계획과 정책의 작성·결정·발표의 예비단계, ②개혁정책이 실행되고 기능하는 핵심단계, ③경제주체가 새로운 경제조건에 적응하는 적응단계로 3단계 원칙에 의해 진행된다고 본다. 이러한 논리에 따르면 체제전환기 국가들의 경우 러시아. 폴란드, 체코와 같은 국가들은 충격요법을, 헝가리와 슬로바키아와 같은 국가들은 점진주의를 선택했다.[106]

다음으로 체제전환에 있어 정치와 경제의 우위를 가르는 논쟁이다. 일반적으로 사회주의 국가들에서 경제가 정치의 우위에 서기는 쉽지 않다. 그럼에도 이들 국가들의 사례는 시장의 도입과 확산을 둘러싼 경제적 문제가 정치 엘리트들의 분열로 이어지고, 이것이 체제전환에 가장 큰 변수였음을 강조한다. 즉 정치의 우위 속에서 '시장의 이익'에 대한 분배의 권한에 실리를 추구하는 보수-온건세력의 권력투쟁이 시장화에 영향을 미침으로서 경제우위를 가능하게 했다는 것이다.[107]

마지막으로 경제체제전환을 위한 '최소한의 조건'이다. 구소련과 같이 지배엘리트 간의 결탁에 의한 봉기는 체제전환에 대한 군부엘리트들의 지지와 묵인이 있었기에 가능한 것이었다. 동구권 사회주의 나라들의 신속한 시장경제화가 가능했던 결정적 요인은 그 어느 나라에서도 체제전환과정에 군부가 개입하지 않았다는 것이다. 물론 사회주의 계획경제로 인한 경제적 어려움의 축적, 그에 따른 대중적 불만의 확산, 지배집단의 자신감 상실, 국제사회의 변화와 같은 요인들이 체제전

---

105) 이규영, 「현실사회주의 체제전환이론의 모색―분절성과 동시성」, 『국가전략』 제21권 2호, 2015, 108쪽.

106) Vladimir Popov, "Shock Theory Versus Gradualism: The End of the Debate", *Comparative Economic Studies* Vol. 42, 2000; 이규영, 위의 글, 107쪽.

107) 권만학, 「탈국가사회주의의 여러 길과 북한: 붕괴와 개혁」, 『한국정치학 회보』 제35권 4호, 2002.

환의 구조적 발생 요인이기도 하다.[108] 하지만 개혁과정에서 군부의 지지는 중요한 의미를 가진다.

이러한 체제전환국들의 사례와 시사점들이 북한의 경우에도 적용될 수 있는가?

김정일은 동구권 사회주의 국가들의 붕괴를 집단적 지도와 통제의 약화, 사회주의 독재기능의 약화에 기인된 결과라고 보았다.[109] 북한은 정치체제와 경제체제의 특성, 그리고 국가의 생존목적 자체가 다르다. 따라서 김정일은 청년들과 군인들에 대한 통제를 강화할 수 있는 제도적 보완장치들을 마련하는 것이 더 급선무였다. 때문에 사회적 무질서를 제어하기 위한 각종 통제기구들을 통한 특별한 통제가 우선한다. 보다 중요한 것은 선군정치로 군부에 특별한 힘을 실어주고 군을 앞세워 국방건설과 경제건설을 시도한 것이다. 군을 혁명의 주력군으로 내세운 것이다.

시장의 확산과 더불어 북한사회 위기관리를 위한 5대 권력기관의 시장 투입은 오히려 계획경제의 외피를 쓴 시장적 경제변화를 이끌어내는 요인으로 작용했다. 시장과 5대 권력기관들의 상호작용과 상호의존적 이해관계가 발전함에 따라 시장은 통제와 저항 사이에서 통제 권력과의 공존(共存)과 공생(共生)을 경험한다.

현재 북한 관료들과 주민들에게 정치와 경제는 밀접히 연관되어 있으면서도 서로 독립적이다. 그것은 세습과 세뇌의 오랜 관습과 '공포정

---

108) Janos Kornai, *The Socialist System: The Political Economy of Communism*, New Jersey: Princeton University Press, 1992.

109) 김정일, 「사회주의는 우리 인민의 생명이다」, 『김정일선집』 제17권, 평양: 조선로동당 출판사, 1992; 「청년들과의 사업에 힘을 넣을 데 대하여」, 『김정일선집』 제17권, 평양: 조선로동당출판사, 1993a; 「사회주의는 과학이다」, 『김일성선집』 제18권, 평양: 조선로동당출판사, 1993b.

치'에 따른 연좌제, 1990년대 생활난, 그리고 자본주의 시장문화의 유인가 같은 복합적인 요인들이 북한 관료들과 주민들의 독특한 이중 문화를 가능하게 했기 때문이다. 즉 생존을 위한 이익경쟁에서 정치와 경제는 서로 독립적인 패턴을 보이고 있다. 극도로 조직화되어 있는 세뇌교육과 공포정치는 수십 년 간에 걸쳐 북한 주민들의 집단적·정신적 지배수단이었다. 엘리트들은 북한 사회의 변화와 맞물려 권력과 권한을 더 많은 부와 부귀영화를 마련하는데 투자하려고 고군분투한다. 이들에게 정치적 변화로 인한 권력의 패배는 더욱 두려운 존재다. 일반주민들의 경우에는 정신적 지배의 무의식적인 패턴 속에서 생존을 위한 치열한 투쟁(시장 활동)으로 사회적 혹은 경제적 변화를 이끌어내는 하나의 행위자로 영위(營爲)한다.

기든스(Anthony Giddens)에 의하면 개인들은 비록 행위를 선택하는데 전적으로 자유롭지도 않고 완전한 지식을 가지고 있지도 못하다. 그럼에도 불구하고 사회적 구조를 재생산하고 사회변동을 낳는 에이전시(agency)다.[110] 이러한 엘리트들의 변화, 주민들의 변화가 상호작용하면서 아래로부터의 변화를 통해 북한 사회주의 경제를 뿌리 채 흔들어놓았다.

기존의 경제체제전환이론을 북한에 적용하려는 다양한 방식의 연구결과들에도 불구하고 북한 시장화의 진전은 특이한 양상으로 전개되고 있어 그러한 결과들의 북한 적용이 구조적으로 가능한가에 대한 의심이 든다. 분명 북한 경제변화는 아래로부터 자생적으로 형성된 비공식시장에 뿌리를 두고 있다. 또한 시장의 확산 동력으로서 거시적·미시적 환경들은 기존의 경제체제전환이론들의 정당성을 증명해줄 수

---

110) 안토니 기든스 지음, 박노영·임영일 역, 『자본주의와 현대사회이론』, 서울: 한길사, 1976, 15쪽.

있다는 착각마저 들게 한다. 계획경제의 부진, 상대적인 시장이나 지하경제의 비중 확산, 부를 축적하는 관료들의 확산, 소득불평등의 심화, 이러한 단계들이 당, 군부, 보안기관, 경제 관료들의 도덕적 해이와 부정부패, 뇌물공여의 일상적 생활구조가 그러하다.[111]

2000년대 이후 북한의 부분적인 경제정책들은 북한 경제의 시장화와 시장경제에 대한 의문을 확산시켰다. 종합시장의 공식화가 시장화의 확대로 이어지는 현상은 국가의 공식적인 계획부문과 비공식부문의 밀접한 연계, 계획부문의 공식적인 시장화 확산으로 평가할 수도 있다.[112] 양문수는 7.1조치 및 종합시장 정책을 기업 활동에 대한 부분적인 분권화조치이자 초보적인 수준에서의 시장화과정으로 이해하고 있다.[113] 문제는 북한 당국이 제시한 7.1경제조치나 종합시장 현실화, 2012년 6.28방침과 같은 경제정책들과 변화들이 통상적으로 전통적인 시장경제 혹은 체제전환을 이끌어낼 수 있느냐의 문제이다. 시장의 확산과 함께 북한이 취하고 있는 일련의 경제정책들이 시장경제로 전환할 수 있는 과정으로서의 정책이라면, 그것은 곧바로 개혁개방과 체제전환으로 이어질 가능성이 있다. 하지만 북한 시장경제의 확산 과정에서 경제활동에 참여하는 다양한 관료 행위자들과 정부의 생각은 다르다. 그들에게 체제전환은 곧 그들 특수한 기득권의 소멸을 의미하기 때문이다.

여타 사회주의 국가들의 개혁개방과 체제전환을 가능하게 했던 제도들과 주요 행위자들의 역할은 북한의 경우, 개별적 경제영역들과 국

---

111) 양운철, 「분권화의 관점에서 본 북한의 시장현황과 전망」, 『세종정책연구』 제5권 1호, 2009.
112) 임강택, 『북한경제의 시장화실태에 관한 연구』, 서울: 통일연구원, 2009, 98쪽.
113) 양문수, 「기업을 통해 본 북한의 변화: 최근의 경제정책에 대한 평가를 중심으로」, 『국제지역연구』 8권 1호, 2004, 326쪽.

가의 경제시스템, 기업과 시장에만 머물러 있지 않다. 시장화에 따른 제도적 변화는 최고지도자와 엘리트, 군대와 노동자, 농민, 이른바 돈주, 일반상인에 이르기까지 생존과 이익, 권력의 다양한 수단을 시장영역에 도입하게 된 근본 원인으로 작동했다. 서로 상호보완적인 '수단'을 '개발'하거나 '제도화'하는 과정들은 경제적 이익을 위한 수직·수평적 공생관계를 고착시키는 과정이었다. 또한 당국의 경제정책과 시장의 거듭되는 충돌, 그에 따른 시장의 변화는 정책결정자들의 무능과 무정부상태의 시장화를 촉진시켰다. 이러한 변화들은 자칫 시장경제가 가져올 '정치에 비한 경제의 우위'위험성을 차단하기 위한 다양한 통제수단들과 기법들이 지속적으로 투입되는 특수한 제도적 환경에서 이루어지는 현상이다.

지금까지 그 어떤 국가도 체제수호에 복합적인 통제기구와 제도들을 지속적으로 투입하고 다양한 '공포수단'들을 통폐합하여 경제에 투입한 경우는 없다. 사회적 부패와 관료엘리트들의 부패척결에서 이웃 국가인 중국마저도 북한처럼 다중 권력조직들의 복합적인 통제·처벌 기능에 따라 척결한 경우는 없었다(최지영 2013). 체제전환국 국가들의 경제체제전환경험과 시장경제논리를 북한에 적용하기에는 북한 특유의 한계가 있다고 지적하는 이유가 여기에 있다.

3. 북한 경제체제변화에 지속되는 논쟁들

다음은 2003년 11월 6일 제7차 남북경제협력 추진위원회 대표회담에서 김광림 남측대표와 최영건 북측대표가 나눈 대화내용이다. 김광림 남측대표는 "북에 시장이 들어섰으니 시장에 경제를 붙여서 시장경제로 부르자"고 제안했고, 최영건 북측대표는 "그건 안 된다. 북한의 변화는 '시장 사회주의'이다"라고 주장했다.[114]

북한 당국이 2002년 7.1 새 경제관리조치를 발표하고 『조선신보』를 통해 '실리 사회주의'가 처음으로 공개되고 나서다. 한국 언론과 학계들에서 실리 사회주의에 대한 관심이 쏟아지는 가운데, 북측대표가 '시장 사회주의'를 들고 나왔던 것이다. '시장 사회주의' 발언은 북한당국이 애써 인정할 수밖에 없었던 '고뇌의 흔적'이다. 또한 북한 당국이 그처럼 완고하게 우려했던 (자본주의)시장을 인정함으로서 감내(堪耐)해야 하는 일종의 국내외적 설명 혹은 대응 변수였다.

통상적으로 시장은 보이지 않는 손과 자유경쟁의 원리에 의해 자원배분이 이루어진다. 또한 시장에서의 자유로운 경쟁과 정부의 불간섭은 시장을 통한 자원배분을 가능하게 하는 중요한 요소이다. 하이에크(Friedrich A. Hayek)는 사회경제질서를 '자생적 질서'와 '고안된 질서'로 구분하고 시장경제질서와 사회적 진보의 상관관계를 평가한다.[115] 자생적 질서는 특정인이나 권력과 같은 외부 제약이 없이 개인들의 자유로운 의사결정과정을 통해 형성되는 질서이다. 반면, 고안된 질서는 외부의 힘에 의해서 목적의식적으로 만들어지는 질서이다. 전자의 경우 시장의 운영은 시장경제원리를 따르게 되지만, 후자의 경우에는 시장운영 자체가 정부의 의도적인 통제를 따르게 됨으로서 사회제도의 발전을 저해한다. 따라서 자생적 질서는 시장경제와 시장화를 가능하게 하지만 고안된 질서는 사회주의 국가들의 계획경제 질서에 적합하

---

114) 임수호, 『계획과 시장의 공존: 북한의 경제개혁과 체제변화 전망』, 서울: 삼성경제연구소, 2008, 12쪽.

115) F. A. Hayek, *Law, Legislation and Liberty Vol 1*, University of Chicago Press, 1973.

다고 평가할 수 있다.

경제행위에서 자생적 질서는 대체로 개인들의 관습적인 의사결정으로 이루어진다. 사회적 관습이 주요 경제주체들의 경제행위에 대한 선택을 용이하게 할 경우,[116] 사회적 관습은 상대적으로 분리되어 재생산된다. 따라서 서로 충돌을 일으킬 수 있고 그것이 누적되면 위기와 붕괴의 순간이 나타난다.[117] 특히 의사결정이 경제주체들의 무질서한 관습에 따른 의사결정과정으로 이루어진다면 그 기초는 매우 취약하여 경제는 위기에 처하게 되고 구조적 붕괴를 맞을 수 있다. 국가주도의 경제제도 개선 목표가 시장의 개혁이냐 아니면 시장의 통제냐에 따라 시장행위와 시장경제체제의 성격이 달라진다.

여기에 시장화 현상은 특정 경제활동이 시장의 힘에 의해서 움직이는가, 아니면 국가의 계획경제 틀 안에서 이루어지는가로 구분된다. 때문에 사회주의 국가의 공식경제 내에서 특정 부문에 대한 경제개혁 내지는 제도 개선의 결과로 정부의 개입이 축소되고 시장 메커니즘이 도입되었다면 그 부문은 '시장화 영역'이다.[118] 더욱이 시장이 거래대상에 따라 생산물시장과 생산소요시장으로 구분되고, 세부적으로 생산재시장, 소비재시장, 자본·금융시장, 노동시장으로 구분된다고 할 때,[119] 이미 북한 경제에는 이러한 시장들이 다양한 방식으로 침습해 있다.

무수한 행위자들의 행위연속은 시간의 경과에 따라 구조에 침투하

---

116) J. M. Keynes, *The Collected Writings of John Maynard Keynes* Vol. 7. Cambridge University Press, 2012.

117) 권기철, 「케인즈의 불확실성 이론과 현대 거시경제학」, 『경제학의 역사와 사상』 제1호, 1998, 109쪽.

118) 임강택, 『북한경제의 시장화실태에 관한 연구』, 서울: 통일연구원, 2009, 91~92쪽.

119) 양문수, 『북한경제의 시장화: 양태·성격·메커니즘·합의』, 서울: 한울, 2010, 84쪽.

고, 구조를 요동치게 한다. 때문에 공간을 변화시키고.[120] 또 다른 공간으로 침투하여 그 구조를 변화시킨다. 1990년대 이후 경제난과 중앙집권적인 경제지도체제의 마비, 국가 경제의 침체는 관료에서 주민에 이르는 수많은 행위자들을 시장이라는 하나의 구조 속에 몰아넣었다. 정부의 역할이 한계를 드러내면서 생계형 자생적 질서가 아래로부터 형성되고 '시장'의 개념이 확산됐기 때문이다. 기업과 시장에서 계획, 생산, 유통, 소비에 이르기까지 치열한 생존 경쟁과 금융 우선주의가 기지개를 폈다. 일부 남아있다고 하는 계획경제의 동선(動線) 곳곳에 침투된 시장경제가 계획경제의 외피를 쓰고 일명 계획경제로 불리고 있다. 현재 북한 주민들의 장사 소득이 약 90%를 차지한다고 볼 때, 이들의 생존이익은 시장경제영역에서 시장행위를 통해 발생하는 것이라고 볼 수 있다.[121]

북한도 시장경제는 시장을 무대로 하여 자연발생적으로, 무정부적으로 움직이는 경제라고 규정하고 있다.[122] 그래서 더더욱 1990년대 확산되기 시작한 시장현상의 시장경제로의 확산에 우려를 나타내면서 시장경제의 비효율성에 대해 강조하기 시작했다.[123] 이러한 북한 시장

---

120) 김종욱, 「북한관료의 일상과 체제변화: '지배 공간'의 변형과 기억의 실천」, 『현대북한연구』 제12권 3호, 2009, 8쪽.

121) 차문석, 「북한 경제의 동학(動學)과 잉여의 동선(動線)－특권경제를 중심으로」, 『통일문제연구』 제21권 1호, 2009, 340쪽.

122) 황경오, 「위대한 령도자 김정일동지께서 밝히신 시장경제의 본질적 속성」, 『경제연구』 2호, 평양: 백과사전출판사, 1997a, 4쪽.

123) 최영옥, 「제국주의 시장경쟁의 주요 특징」, 『경제연구』 1호, 평양: 백과사전출판사, 1996; 황경오, 「시장경제에 작용하는 주요 경제법칙」, 『경제연구』 1호, 평양: 백과사전출판사, 1997b; 리명호, 「경제관리와 경제제도의 련관을 부인하는 기회주의적 견해의 반동성」, 『경제연구』 1호, 평양: 백과사전출판사, 1998; 함영철, 「자본주의 시장경제의 반인민성과 취약성」, 『경제연구』 2호, 평양: 과학백과사전출판사, 1998; 현순일, 「자본주의 시장경제의 기본 특징」, 『경제연구』 1호, 평양: 과학백과사전출판사, 1999.

에 대한 이미지들은 '자력갱생적 시장화', '자생적 시장화', '자발적 시장화'등으로 표현되기도 한다.[124] 차문석은 현재 북한 시장경제는 '생산 없는 시장경제', '제도 불비의 시장경제', '상업 자본의 시장경제'로서 계획경제로의 복귀가 불가능하다고 평가했다. 결과적으로 기업과 시장, 통제 권력이 공존하는 가운데 계획경제의 성격은 이제 거의 흔적으로만 남아있다. 이러한 북한 경제체제의 성격을 객관적이고도 구체적으로 담아낼 수 있는 가장 적합한 분석 모델은 무엇인가?

---

124) 차문석, 「북한의 시장과 시장경제 – 수령을 대체한 화폐」, 『담론 201』 10권 2호, 2007b, 78쪽.

제2장 '관료적 시장경제' 모델 제기

1. '관료적 시장경제' 모델의 이론적 배경

국가와 사회의 복합적인 상호작용 속에서 다양한 행위자들의 역할은 공식적인, 비공식적인 관계 속에서 이루어진다. 스카치폴(Theda Scocpol)에 따르면 국가-사회의 상호작용 속에서 제도는 지속적인 상호작용을 의미한다. 그것은 주로 가치, 규범, 이상이나 공식적인 규칙들보다는 의사소통과 행위의 실재이다. 그리고 사회경제적 관계에 의해 영향을 받고 제약을 받는다.[125] 사회경제적 관계를 형성하고 국가의 역할에 영향을 미치는 것은 경제주체들의 공식·비공식 상호작용과 행위이다. 이러한 상호작용은 행위의 의도된 결과와 의도되지 않은 결과의 '혼합'이라는 '상황'에서 발생하게 되고 나아가 사회적 재생산을 가능하게 하는 요인이다.[126]

현재 북한 경제변화는 이러한 무수한 행위자들의 이해관계와 상호작용 속에서 권력과 정보의 교환으로 이루어진다. 또한 사회주의체제

---

125) Theda Skocpol, "Why I am an Historical Institutionalist", *Polity* 28(1), 1995; Peter B. Evans et al., *Bringing the State Back In*, Cambridge University Press, 1985.

126) 안토니 기든스 지음, 윤병철·박병래 역, 『사회이론의 주요 쟁점(Central Problems in Social Theory)』, 서울: 문예출판사, 2012, 157쪽.

를 고수하려는 정부의 경제정책과 통제정책 사이에서 이익과 충돌의 교환 속에 이루어지고 있다. 이러한 북한 시장화의 역동적인 흐름을 통합적인 관점에서 이해하고 평가하기 위해서는 현재 북한 경제의 특징을 가장 잘 설명할 수 있는 합리적 모델을 모색하는 것이다. 즉 북한 경제의 어느 한 측면을 바탕으로 특징적인 경제운용방식에 따라 이분법적으로 분리하기보다는, 다차원적인 시각에서 주요 행위자들의 복합적인 상호작용의 메커니즘을 반영한 그러한 모델이다.

북한 체제의 특성상 SCCP 통제를 중심으로 이루어지는 대립과 배제, 다양한 행위자들의 이익경쟁, 담합과 부패, 경제정책의 변화와 수용 등 상호보완적인 메커니즘을 종합적으로 분석할 필요가 있다. 특히 세습과 독재 하에서 주요 관료엘리트들의 권력과 이익이 생존수단이 되고 정책수립과 결정의 유일한 도구가 되는 관료 정치적 시스템 하에서의 경제활동의 변화는 그 자체가 관료적일 수밖에 없다.

'관료적'은 국가 관료들이 사회구성원들의 의사와 이익에 관계없이 독선적이고 획일적인 권력남용을 의미한다. 즉 자신들의 특권을 유지하는 수단으로 국가권력을 이용하는 경우를 의미한다. 포괄적인 의미에서 권력(Power)은 한 행위자가 다른 사람들의 반대에도 불구하고 자신의 목적을 실현할 수 있는 영향력이다.[127] 권력은 고통이나 박탈의 위험을 통해 상대를 움직이는 능력이다. 따라서 권력의 영향력은 이득을 약속하거나 이를 실제로 행사함으로서 상대를 움직일 수 있는 능력이다.[128] 국가 관료들의 획일적인 권력행사는 자신의 이익추구를 위해 타인을 복종하도록 강요함으로서 지배적이 된다. 관료권력의 지배적

---

127) 위의 책, 301쪽.

128) Arnold Wolfers, *Discord and Collaboration: Essays on International Politics,* The Johns Hopkins Press, 1962, p.103.

인 이익욕구가 타인의 이익과 충돌하는 이유다.

사회주의 국가 시스템은 그 자체로 지배적이고 관직 위계질서에 의해 유지되는 관료체제로서 국가의 생산·분배·정보는 이러한 관료들의 위계질서에 의해 관리·통제된다.[129] 때문에 관료와 주민들 사이의 밀접한 연계는 시장과 시장을 연결하는 순기능으로서의 역할도 한다. 이러한 시장은 다양한 이해관계의 충돌과정에 경제적 이익의 재분배와 부의 양극화를 추진하는 동시에 시장을 변화시키는 역할도 한다. 시장의 주요 세력은 상호 이해관계를 공유하는 개인, 집단(기관, 조직)이 된다. 그 중에서도 시장으로부터 가장 많은 이익을 향유하는 계층은 관료들과 자본가(돈주), 그리고 궁극적으로 최대수혜자는 국가 및 최고지도자이다.[130] 관료들의 부패나 권력행위도 독립적이 아니라 이익을 목표로 서로 암투적이거나 상보적인 관계에서 발생한다. 더욱이 북한 시장 세력이 SCCP 권력의 관료와 돈주, 중앙·지역 권력기관과 주요 생산단위 등과 결합된 이권구조이자 시장을 제도적으로 관리하는 국가의 정치행정이 결합된 네트워크라고 할 때,[131] 더욱 그러하다. 여기에 정치뿐만 아니라 통제를 중심으로 경제제도의 결합 및 관리차원에서 형성되는 시장경제의 구조는 다중 구조화된 복합적인 네트워크를 통한 치열한 경쟁구조이다. 이러한 관계는 이른바 관료들을 중심으로 연결된 시장 세력들의 직간접적인 연결망에 따라 구조화되고 제도화되는 관계를 의미하기도 한다.

사회경제적 상호작용과 상호의존적 관계에서 연결되는 '연계'의 속

---

129) 김종욱, 「북한의 관료부패와 지배구조의 변동−'고난의 행군'기간 이후를 중심으로」, 『통일정책연구』 제17권 1호, 2008, 374~375쪽.

130) 홍민 외, 『북한 전국 시장정보: 공식시장 현황을 중심으로』, 서울: 통일연구원, 2016, 12~13쪽.

131) 위의 글, 13쪽.

성은 다음과 같다. 첫째, 연계는 대체로 비대칭적이고 그 내용과 강도에서 다양하다. 둘째, 연계망 행위자들은 직접적인 방식뿐 아니라 간접적인 방식으로도 연계된다. 셋째, 사회적 연계의 구조화는 특정한 형태의 집락(集落)이나 경계, 상호연계를 만들어내게 된다.[132)

경제적 이익을 목표로 하는 상호작용과 상호의존의 관계에서 연결 네트워크의 중심은 권력과 자원이다. 따라서 관료들의 부패가 발생하는 이유는 경제적 이익과 경쟁, 그리고 권력남용에 있다. 이것은 경제운영과 경제활동영역에서의 기형적인 변화를 촉구한다. 또한 제도적 변화에 따른 관료와 주민의 저항은 생존을 위한 부패와 시장행위의 근본원인으로 나타난다. 이것은 '지배관료와 인민', '관료와 인민'내의 공모·담합과 모순·충돌을 내재하고 있다.[133) 이러한 모순과 충돌은 순수한 경제활동영역에서, 혹은 감시와 통제 사이에서, 더 나아가 소유와 경쟁 등 다양한 관계에서 나타난다. 결국 거시경제와 미시경제의 구조를 변화시키고 억제냐, 유지냐, 확산이냐의 근본적인 문제들 사이에서 표류하게 된다.

현재 북한 경제를 이끄는 다양한 계층의 관료엘리트 특권과 제도적 수단은 이익과 경쟁의 합목적성(合目的性) 수단이다. 일반 주민들마저 관료들의 연줄을 이용해 생존수단을 마련하지 않고서는 경제활동의 자유를 보장받을 수 없다. 여기에 북한의 5대 권력기관에 의한 SCCP 통제와 공포정치는 북한의 모든 관료엘리트들과 주민들 중 그 누구도 예외가 없다. 5대 주요 권력기관으로서의 당은 모든 주민들에 대한 정

---

132) 이재열, 『경제의 사회학: 미시-거시 연계분석의 이론과 방법』, 서울: 사회비평사, 1996, 57쪽.
133) 김종욱, 「북한의 관료부패와 지배구조의 변동-'고난의 행군'기간 이후를 중심으로」, 『통일정책연구』제17권 1호, 2008, 377쪽.

신사상적 통제를 한다. 인민보안성은 지역단위로, 혹은 지역과 지역에서 인간 및 비인간의 이동경로 행위 감시·차단 및 통제를 맡고 있다. 국가안전보위성은 특정지역으로의 이동경로 차단 및 반체제적 행위 감시 및 통제를 담당한다. 군은 특정지역 혹은 특정사건, 특정 인물을 중심으로 하는 정치경제활동의 통제 및 감시를 맡고 있다. 검찰소는 군수경제, 일반경제로 분담되어 모든 경제기관, 기업소 공장 및 그와 연관된 주민들의 경제 감찰과 처벌을 목적으로 한다.

1990년대 이전에 5대 권력기관들의 통제유형이 비교적 독립적이었다면, 선군정치 이후에는 다양한 형태의 통제연합으로 조직 및 통제기능이 대폭 확대되었다. 또한 SCCP가 중층 복합적으로 이루어진다는 데 그 특징이 있다. 모든 국영기업과 종합시장은 5대 권력기관들의 통제대상이고, 이들 경제활동이 이루어지는 모든 영역에서 권력-부의 네트워크가 형성된다. 권력기관의 주요 엘리트들이 권력이나 구조상으로 분리되어 있다 하더라도 경제적 이익과 통제의 배타성(排他性)은 북한 시장화의 변화를 이끌어내는 근본적인 수단이다. 따라서 관료들의 권력과 이익이 상충하는 SCCP·국영기업·종합시장의 네트워크는 다양한 이익의 충돌·담합·배제의 상호작용으로 연결된 수직·수평적 행위자-네트워크에 의해 운용된다. 이 과정에 불공정 시장을 움직이는 '보이지 않는 힘(IP)'이 발생한다. 이러한 IP에 의해 '관료적 시장경제'가 발생한다. IP가 발생하는 구조적 네트워크를 살펴보면 〈그림 4〉와 같다.

〈그림 4〉 북한 관료적 시장경제의 네트워크 모형

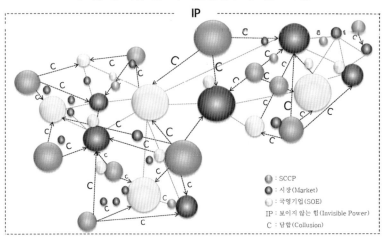

: SCCP
: 시장(Market)
: 국영기업(SOE)
IP : 보이지 않는 힘(Invisible Power)
C : 담합(Collusion)

네트워크 연계망에 속한 시장 세력들은 이해관계와 권력, 지위와 역할배분에 따라 보조적 차원의 또 다른 '곁가지 연계망'을 형성하게 된다. 여기서 시장세력들은 주로 상·중·하 계층으로 구분하는 데, 각 계층의 시장네트워크와 시장 활용도는 규모와 크기에 있어 상이하다. 상위계층은 주로 권력 엘리트들과 고위간부, 무역일군 등이 속하고 중간계층은 무역 상인들과 건설·부동산 돈주, 중개상·수공업자, 현장 관료·일반주민 등이 해당된다. 하위계층으로서는 일반주민과 사회적 빈곤층으로서 주로 노약자, 꽃제비, 장애인, 농장원, 삯벌이 주민들이 해당된다.[134]

자원, 물자, 운송, 에너지, 기술, 정보 등의 흐름을 직접적으로 생산하는 중상위계층들은 주로 유기적 연결망을 통해 경쟁적 이익-통제-보호의 투자유치(誘致)를 한다. 그것은 시장행위와 통제수단의 결합은

---

134) 홍민 외, 『북한 전국 시장정보: 공식시장 현황을 중심으로』, 서울: 통일연구원, 2016, 14쪽.

어떤 계층이든 자생적인 보호네트워크의 구축을 유도하는 확실한 기제이기 때문이다. 이것은 일반적으로 SCCP 통제의 복합적인 통제 속성에 대응하는 또 나른 수단이고 방식이다.

또한 곁가지 연계망에 연결된 또 다른 행위자들이 또 다른 곁가지 연계망을 계속해서 형성함으로서 시장은 무한대의 유기적 시장 네트워크를 형성하게 되는 것이다. 여기에서 주요 SCCP 관료 행위자들은 다른 행위자들의 연계망을 통해 시장을 통제하고 나아가 국가권력을 이용하여 '합법적인' 경제적 이득을 취한다. 이 때문에 관료적 시장경제는 경제적 이해관계와 이익의 상호작용으로 나타나는 불공정 시장경제의 한 형태인 것이다.

'관료적 시장경제'는 용어 그 자체로 특수한 관료권력의 우선순위에 따라 자원의 재분배가 이루어지고 권력(정치권력 · 경제권력 · 통제권력)과 자본의 특수한 결합과 메커니즘으로 운용되는 시장경제체제이다. 선군정치는 관료적 시장경제를 촉진시키는 역할을 한다. 즉 선군정치와 선군경제건설노선은 관료적 시장경제를 가속화하는 '촉매제'역할을 한다. 그것은 군(軍)도 SCCP · 국영기업 · 시장의 모든 영역에 침투하여 시장 경제활동에 참여하기 때문이다. 특히 선군경제건설노선에 따라 국가의 주요 건설대상들에 필요한 자재와 설비, 자금을 확보하는 데 있어 각 집단군들이 자체적으로 감당해야 하는 부담은 상당히 크다. 부족한 군 식량 및 보급물자 구입에도 '자력갱생'의 원칙이 적용된다. 당국의 책임은 없다. 이에 따라 집단군에도 국가과제, 물자과제, 외화과제, 사회과제, 개별과제, 새땅 찾기, 부업과제 등 다양한 형식의 과제가 '명령'형식으로 부과된다. 그러니 군 장성들과 병사들도 국영기업 · 시장에 뛰어들어 상행위를 해야만 하는 실정이다.[135] 결과적으로 군도 SCCP · 국영기업 · 시장에 침투된 관료적 시장경제의 주요 행위자들인 것이다.

관료적 시장경제체제에서 경제정책은 위로부터(국가에 의한) 수립되는 것이 아니라, 관료 행위자-네트워크를 따라 변화하는 권력수단과 시장의 이익경쟁에 따라 아래로부터 자생적으로 형성되는 역기능(逆機能)을 맞게 된다. 예컨대, 당국의 새로운 경제정책들이 집행되기도 전에 시장에서는 벌써 그러한 정책들을 훨씬 뛰어넘는 다양한 수단과 새로운 수법들이 등장하는 경우다. 오히려 새경제정책의 역기능을 맡게 되는 것이다. 이는 관료들의 권력남용과 충성경쟁, 희소자원의 배분, 이익경쟁과 같은 권력의 과욕적인 이행과정에서 형성된 비가역적인 시장변화이다.

'관료적 시장경제'는 정치체제의 성격과 무관하게 모든 국가들의 경제활동 내지는 경제영역에서 관찰되는 포괄적인 개념으로서 그 적용범위에 있어 또한 모호성을 제기할 수 있다. 특히 본 논문에서 현재 북한 경제의 통합적 설명모델로서 '관료적 시장경제' 개념은 '추상적 개념'이라는 비판을 받을 수 있는 여지가 있다. 그것은 통칭 사회주의, 권위주의, 민주주의로 구분되는 국가들에서도 국가의 정체성과 무관하게 관료 권력과 경제적 이익에 따른 상호작용은 권력의 속성상 결코 배제할 수 없기 때문이다. 어느 시대, 어느 사회에서나 권력은 인간의 본성적인 욕구와 욕망으로 인해 발생하는 것이다. 특히 경제적 이익 경쟁은 권력남용의 거시적 · 미시적 단초를 제공하기도 한다.

이러한 관료적 시장경제의 보편적 · 포괄적 개념은 추상적 개념의 모호성이라는 문제를 해결하기 위해 구체적으로 그 속성과 상이성을 바탕으로 분류할 필요가 있다.[136] 즉 일반개념(general concept)이 아닌

---

135) 북한군자료, 「제*군단 련대정치위원 직급별 당 생활총화 보고문」, 연간생활총화 보고서, 2012.

단순한 일반성(generality)이 지닌 무한정성(無限定性)을 극복하기 위해
서다. 따라서 '관료적 시장경제'의 속성과 특성을 관측 가능한 변수(구
체적인 속성이나 특성)들로 구분하여 분류함으로서 구체화한다. 즉 관
료적 시장경제의 보편적인 개념을 정치체제 유형, 경제체제 유형, 주요
관료행위자, 대표적인 특징, 메커니즘 유형, 관료권력의 개입의존도 등
에 따라 분류함으로서 일반 개념화를 가능하게 할 것이다. 이를 통해
관료적 시장경제의 모델의 북한 적용가능성을 분석하기 위한 보다 정
확한 이론적 기초를 제시한다.

2. '관료적 시장경제' 모델의 유형과 특징

포괄적인 의미에서의 관료적 시장경제는 사회주의, 권위주의, 민주
주의 국가들을 아우르는 모든 정치체제에서 기생한다고 볼 수 있다.
시장경제의 그림자로 기생하면서 시장경제의 정상적인 발전을 저해한
다. 다만 정치체제와 경제체제의 특성에 따라 그 기능과 역할, 특징에
있어 일련의 차이를 보이며 기능적인, 제한적인, 억압적인 관료적 시장
경제로 구분할 수 있다.

'관료적 시장경제'를 정치체제 유형, 경제체제 유형, 주요 관료행위
자, 대표적인 특징, 메커니즘 유형, 관료권력의 개입의존도에 따라 구
분하면 〈표 6〉과 같다.

---

136) Giovanni Sartori, "Concept Misformation in Comparative Politics", *The American
Political Science Review* 64(4), 1970.

구 분	관료적 시장경제			
	기능적	제한적		억압적(북한)
정치체제	민주주의	권위주의	집단주의	전체주의
경제체제	시장경제	시장경제	시장 사회주의	시장 사회주의
주요 관료행위자	정부-기업-시장의 주요 관료엘리트			SCCP-기업-시장의 주요 관료엘리트
특징	정경유착, 담합, 부패 시장 불균형			SCCP 권력 · 시장 세력 충돌-담합-배제-부패 시장 비확장성
통제기구	법 · 행정	법 · 행정*		SCCP 물리적 통제
관료권력의 개입 의존도	부분적			전반적
메커니즘 유형	비공식	비공식/공식		공식

*: 공산당을 포함하는 행정경제조직

　기능적인 관료적 시장경제는 민주주의체제 속성상 자본주의 시장경제의 발전과정에서 부분적으로 발생하는 불균형 시장경제이다. 기능적 관료적 시장경제에서 주요 행위자들은 정부-기업-시장 사이에서 경제적 이익을 목표로 한다. 또한 국가권력을 남용하여 정경유착과 담합, 부패를 형성하며 시장불균형과 건전한 민주주의의 발전을 저해하는 대표적인 주역들이다. 이 경우 시장 메커니즘은 비공식적이면서도 특정 분야에서 부분적으로 이루어진다. 경제활동에 따른 불공정거래의 규제 · 억제 · 제한과 같은 통제는 공정거래위원회, 금융감독원 등 관련 행정기관의 역할과 법적 제도를 통해 이루어진다. 따라서 경제활동에서 주요 엘리트들의 불공정거래는 항시적으로 통제와 감시의 대상이 되며 법치주의를 근간으로 하는 민주주의 속성상 발전경로에 따라 약화되거나 해소할 수 있다는 장점이 있다.

　제한적 관료적 시장경제는 주로 권위주의 국가들에서 독점적이고 위계적인 경제 질서 하에 부분적으로 발생하는 시장경제이다. 주요 행위자들은 민주주의국가들과 마찬가지로 정부-기업-시장 사이에서 경제적 이익을 목표로 국가권력을 이용하는 주요 관료엘리트들이다. 이 경우 역시 경제적 이익을 바탕으로 정치경제영역의 특정 분야에서 부분적으로 이루어진다. 결국 관료 엘리트들의 부패로 이어지는 과정이다. 이러한 국가들에서 국가권력은 권위주의 혹은 집단주의체제 특성상 제한적일 수밖에 없으며 따라서 관료적 시장경제의 메커니즘은 공식 혹은 비공식의 형태로 작동하게 된다. 시장에 대한 국가권력의 개입은 불가피하며 이러한 국가권력의 개입은 경제개혁과정 혹은 과도기 과정에서 특히 지배적이다. 중국이나 미얀마, 베트남, 쿠바와 같이 주로 동남아국가들의 시장경제정책이나 시장 사회주의 국가들에서 보편적으로 나타난다. 그럼에도 불구하고 시장 활동에 대한 물리적인 통제는 배제되어 있다. 때문에 북한과 달리 대중적 시위나 경제정책의 충돌에 있어서도 상대적으로 개방적이다. 시장과 사회는 비교적 개방되어 있으며 다중 물리적 통제 권력에 의한 시장의 지배는 존재하지 않는다. 이러한 국가들의 경우 자본가의 이해관계나 노조, 종교단체와 같은 권력기관들의 권력경쟁을 허용한다는 측면에서 전체주의 국가에 비해 더 개방적이다. 권위주의체제에서 관료 엘리트들의 이해관계는 경제적 이익에 집중되어 있고 경제활동영역에서 생명권의 직접적인 위협과 통제는 배제되어 있다는 것이 북한과의 다른 점이다. 또한 관료적 시장경제는 보다 과감하게 관료행위자들의 공식적인 담합과 부패로 이어질 가능성이 크다. 일반적으로 시장 사회주의에서 국가권력은 최고지도자의 권력과 정부 관료들의 권력 등 2중 권력으로 양분된다. 따라서 관료적 시장의 작동 메커니즘은 공식 혹은 비공식적인 성격을 보인다고 평가할 수 있다.

억압적인 관료적 시장경제는 기능적, 제한적인 관료적 시장경제와는 달리 특정 국가의 전반적 경제 분야에서 발생한다. 즉 전체주의체제에서 정치·경제·군사를 포함한 모든 권력은 최고 권력자의 몫이며 국가 관료들의 권력과 절대적·수직적 관계를 이루고 있다. 또한 정치경제사회 전반에 걸쳐 통제 관료권력들의 독점적 행위가 이루어진다. 특히 다중 통제 권력의 시장 침투로 행해지는 북한 억압적인 관료적 시장경제는 러시아의 '노멘클라투라'나 쿠바의 '군부독식'과는 그 속성과 메커니즘에 있어 판이하게 다르다.

권력의 행사는 영향력(Weight), 영역(Domain), 자원한계(Range), 행위범위(Scope)의 4가지 사회적 맥락 속에서 이루어진다.[137] 따라서 경제권력과 통제 권력의 행사는 상대방의 행동양식에 영향을 미칠 수 있는 능력(영향력), 지배대상의 수와 유형(영역), 자원의 분배 및 목표, 우선순위결정(자원한계), 상대자의 저항과 통제유형(범위)에 따른 관료행위자들의 권력에 따라 결정된다.

전체주의국가에서 시장체제로의 이전과정에 관료들의 권력은 경제적 이해관계에 우선순위를 두고 있으며 관료들의 권한은 경쟁적 위계질서에 따른 권력행사를 동반한다. 특히 체제유지를 최우선 목표로 하는 북한의 경우, 강력한 통제기구를 중심으로 하는 사회적 통제는 국가 관료들의 권력과 권한을 행사할 수 있는 영향력의 고도화를 지향한다. 따라서 경제적 이익이 끊임없이 재생산되는 시장은 물리적인 폭력기제를 통해 항시적으로 통제되며 그것이 곧 체제유지의 수단으로 대체된다. 이런 영향 하에서 변화를 꾀하는 경제체제는 항상 억압적일

---

137) Harold D. Lasswell and Abraham Kaplan, *Power and Society: A Framework for Political Inquiry*, The international library of society, 2013, pp.72~73; Robert A. Dahl 1957, "The Concept of Power", *Department of Political Science*, Yale University, pp.201~215; David A. Baldwin, "Power Analysis and World: New Trends versus Old Tendencies", *World Politics* 31(2), 1979.

수밖에 없다.

계획경제의 경우, 국가의 중앙집권적인 경제 관리 체제의 운영방식에 따라 시장과 경제활동에 대한 통제는 사상적인 통제를 중심으로 이루어진다. 계획경제와 시장경제가 공존하는 단계에서, 즉 시장경제 이행기에 사상적 통제는 점차 그 영향력이 약화되며 경제체제의 불균형과 함께 물리적 통제기구들의 출현으로 나타난다. 따라서 특유의 억압적인 관료적 시장경제의 출현이 불가피하다. 시장의 확산과 이질적인 경제 환경의 변화는 정치경제를 뛰어넘어 위기관리의 수단으로 보다 정교화 된다. 그리고 제도화된 폭력적인 통치수단을 침투시킴으로서 확장성의 억제를 꾀하게 된다. 이 경우 물리적인 통제수단에 저항하기에는 계몽되고 의식화된 군중의 역할이 아직 개인주의에만 머물러 있는 상태이다. 따라서 관료들은 경제적 이익을 목표로 담합하거나 자신의 권력들을 이용함으로서 관료적 시장경제의 주역으로 등장하게 되는 것이다.

억압적인 관료적 시장경제에서 시장의 확장성이 억제되고 엄청난 암거래 시장과 부패의 일상화가 이루어지는 이유는 폭력적이고 물리적인 통제수단이 시장과 결합하기 때문이다. 또 억압적인 수단들이 이데올로기의 정당성을 내세워 관료권력의 극대화를 추구하기 때문이다. 이러한 억압적인 관료적 시장경제는 현재 북한 시장경제에 대한 가장 적절한 설명이다. 억압적인 관료적 시장경제에서는 체제전환의 어려움과 갈등이 높아지고, 따라서 부패와 시장의 비확장성을 초래할 가능성이 크다. 또한 시장경제의 정상적인 발전가능성을 억제한다.

3. 북한의 억압적인 '관료적 시장경제' 특징

북한의 억압적인 '관료적 시장경제' 모델은 북한경제의 성격과 메커니즘을 분석하는 데 유용하다. 물론 북한 경제변화, 시장화, 부패에 따른 연구들은 많다. 독립적인 분석이론들과 분석대상을 목표로 하는 시도들은 오늘 북한 경제·시장연구의 다양한 주제들을 생산해냈다. 또한 북한 경제의 변화를 전통적인 자본주의 시장경제이론에 비추어 평가하는 데만 그쳤기 때문에 북한 개혁개방의 방안과 전망을 예측하는데서 실패한다. 그리고 북한 정부의 경제개선 조치들이 마치 시장경제와 개혁개방으로 가는 단초임을 착각하게 되는 경우도 발생한다.

북한연구의 특수성은 권력엘리트, 사회구조, 정치적 배경, 경제행위, 그리고 과학기술, 인간관계, 이익 등 다양한 요인의 복합적인 상호작용과 그 결과로 인해 발생하거나 변화한다. 이러한 연구의 이분법적인 문제점을 처음으로 제기한 연구자는 홍민이다. 그는 현재까지 '북한적인 것'으로 설명되어 왔던 설명체계, 표상, 모델, 개념들에 문제를 제기하고 거시와 미시의 결합으로 구성되는 네트워크의 연결을 통한 행위자, 즉 인간-비인간 행위자들을 통해 수행되는 체계와 과정의 중요성에 주목한다.[138]

거시구조의 영향력은 일정한 시간 간격을 두고 개인에 영향을 미치며, 미시적 수준에서의 행위의 결과는 역시 일정한 시간간격을 두고 거시구조를 변화시킨다.[139] 이러한 의미는 다양한 인식, 차이, 심리, 권력, 재력, 기술, 관계, 이익과 같은 상호작용의 결과로 만들어지는 무

---

138) 홍민, 「행위자-네트워크 이론과 북한 연구―방법론적 성찰과 가능성」, 『현대 북한연구』 16권 1호, 2013, 146쪽.

139) 이재열, 『경제의 사회학: 미시-거시 연계분석의 이론과 방법』, 서울: 사회비 평사, 1996, 57쪽.

수한 네트워크를 통해 이루어진다는 것이다. 따라서 행위자-네트워크의 형성과 과정, 결합 및 변화에 대한 다차원적인 통찰력과 분석과정의 필요성이 제기된다. 이것은 현재 북한의 정치 · 경제 · 사회 · 문화의 다양한 분야들에 대한 심층적 분석을 가능하게 하는 중요한 요인이다. 이러한 분석시각은 특히 북한의 다양한 정권조직 및 비공식 조직의 형성과정에 함축된 다양한 네트워크의 생태학적 형성과 결합에 대한 연구를 가능하게 한다. 즉 군, 보안기관, 사법검찰 및 행정 · 경제조직과 같은 것들이 어떻게 다양한 행위자들과 결합되어 형성되며, 어떤 행위자들의 네트워크를 통해 동원되고 조정되는가, 어떻게 네트워크를 변화시키고 발전시키는가, 이로부터 얻어지는 결과는 어떤 것인가에 대한 현실적인 분석체계를 제공한다.[140]

본 연구에서 제기하고 있는 북한의 관료적 시장경제는 이러한 체제, 제도, 구조, 이익, 통제, 심리, 권력, 인식, 간극을 비롯한 다양한 거시 · 미시행위자들의 상호관계를 통해 북한 경제의 성격과 메커니즘을 설명하기 위한 모델이다. 거꾸로 현재 거시적 · 미시적 상호작용과 행위자-네트워크의 결과로 나타나는 북한 경제는 혼합경제 혹은 시장경제가 아닌 관료적 시장경제의 특징을 내포하고 있다는 것이다.

'관료적 시장경제' 모델은 현실구조적인 관점에서 기존의 북한 시장경제전망에 대한 이론들과 연구들을 바라볼 수 있게 한다. 특히 정치 · 경제 · 사회의 맥락 속에서 '권력과 통제'를 중심으로 이루어지는 다양한 엘리트들의 이해관계가 이루어지는 과정에 주목한다. 구체적으로 이들 이해관계가 제도화되고 정책화되는 과정을 복합적인 상호작용의 과정과 결과로서 바라본다.

---

140) 홍민, 「행위자-네트워크 이론과 북한 연구─방법론적 성찰과 가능성」, 『현대북한연구』 16권 1호, 2013, 154~155쪽.

다양한 정치적·경제적 이익집단들과 관료들의 이해관계가 첨예하게 대립하고 있는 환경에서 북한 정치경제체제의 변동은 필연적이다. 그 변동의 결과를 시장의 확산과 권력내부의 간극으로 이끌어낸 것이 바로 관료적 시장경제체제이다. 실제로 북한 경제에 미치는 통제 권력의 영향력은 주민들의 경제활동 영역 곳곳에 침습해있다. 때문에 단순한 시장경제의 논리보다는 보이지 않는 손을 조종하는 특수한 기제로서 통제 관료들과 그들 권력들이 시장의 흐름에 상당한 영향력을 미치게 되는 것이다. 따라서 북한에서 시장 경제활동의 자유, 시장의 변동, 나아가 경제의 흐름은 관료적 시장경제 하에 놓이게 되는 것이다.

필자가 2000년대 이후 탈북한 북한이탈주민 50명을 대상으로 실시한 설문조사 내용이 이러한 설명을 뒷받침한다. 〈표 7〉에서는 5대 권력기관을 중심으로 하는 북한 경제활동에 대한 통제유형별 순위, 처벌수위, 통제주기, 경제활동의 자유, 경제활동을 위한 필요충분조건과 같은 내용으로 진행된 설문조사 결과를 보여준다.

〈표 7〉 북한이탈주민 설문조사 응답결과(복수응답, 단위: %)

번호	설문조사 항목	응답률 순위	내용	응답률	전체
1	경제활동에서 가장 어려운 점은 무엇인가	1	권력기관 통제	90	100.0
		2	이동의 어려움	80	100.0
		3	자본금	68	100.0
		4	상품부족	24	100.0
		5	직장 출근	16	100.0
2	경제활동에 대한 통제 및 처벌을 직접 받은 경험이 있는가	1	당 기관	64	100.0
		2	인민보안성	62	100.0
		3	군부 기관	36	100.0
		4	국가안전보위성	24	100.0
		5	검찰	14	100.0
3	경제활동에 대한 통제 및 처벌사례를 본 적이 있는가	1	군부 기관	76	100.0
		2	당 기관	68	100.0
		3	인민보안성	64	100.0

		4	국가안전보위성		60	100.0
		5	검찰		12	100.0

4	검열통제 시기와 주기는 어떻게 되는가	1	인민보안성	수시	-	100.0
				상시	100	100.0
		2	국가안전보위성	수시	96	100.0
				상시	4	100.0
		3	군부 기관	수시	92	100.0
				상시	8	100.0
		4	당 기관	수시	84	100.0
				상시	16	100.0
		5	검찰	수시	66	100.0
				상시	34	100.0
5	경제활동을 위한 필수 조건(인맥)은 무엇인가	1	당 기관		92	100.0
		2	인민보안성		88	100.0
		3	군부 기관		57	100.0
		4	국가안전보위성		56	100.0
		5	검찰		32	100.0
6	돈주(북한의 신흥자본가)들은 어떤 사람들의 보호를 받는가	1	당 기관		84	100.0
		2	군부 기관		76	100.0
		3	국가안전보위성		72	100.0
		4	인민보안성		62	100.0
		5	검찰		28	100.0
7	일상생활을 영위하기 위한 필수 조건은 무엇인가	1	당 기관	통제	92	100.0
		2	인민보안성	무(無)	78	100.0
		3	국가안전보위성	혹은	68	100.0
		4	군부 기관	인맥	46	100.0
		5	돈 주 인맥		44	100.0
		6	장사		12	100.0
		7	직업		4	100.0
8	직장 출퇴근 통제는 누가 하는가	1	직장(당조직, 행정조직)		58	100.0
		2	보위원		64	100.0
		3	보안원		52	100.0
		4	공장 보위대		12	100.0
9	현재 북한 경제의 성격은 무엇이라고 생각하는가	1	시장경제		90	100.0
		2	혼합경제		6	100.0
		3	계획경제		4	100.0
10	현재 북한에서 경제활동의 자유가 있다고 생각하는가	1	전혀 그렇지 않다		84	100.0
		2	그렇지 않다		16	100.0
		3	모른다		0	100.0
		4	조금 그렇다		0	100.0
		5	그렇다		0	100.0

설문조사결과에 따르면, 경제활동의 어려움으로 권력기관의 통제(90%)가 가장 많은 비중을 차지한다. 다음으로 지적되는 어려움은 이동의 어려움으로 80% 순이다. 경제활동에 대한 직접적인 통제는 당 기관 64%, 인민보안성 62%, 군부 기관 36%, 국가안전보위성 24%, 검찰 14%순이다. 대부분 응답자들은 상시, 혹은 수시로 중복 통제를 경험했다. 타인을 통한 간접적인 통제경험은 군부기관이 76%로 가장 많았다. 이는 군부 무역회사들과 그와 연결된 외화벌이 기관들이 그만큼 전국의 공장, 기업소, 시장들을 장악하고 있다는 전제다. 권력기관들의 통제시기와 주기를 묻는 질문에서는 응답자 100%가 인민보안성 상시(常時)통제를 지적했다. 인민보안성 소속 기동순찰대, 기동타격대, 그리고 지역담당 보안원들의 상시 경제활동이다. SCCP 통제가 수시(隨時)로 이루어지는 기관들의 순위도 국가안전보위성 96%, 군부기관 92%, 당기관 82%, 검찰 66%로 상당히 높게 지적된다.

이러한 결과들이 보여주는 것은 경제생활이나 일상생활에서 북한 간부들과 주민들은 누구나 관계없이 SCCP 통제에 노출되어 있고, 중복 교차적인 SCCP 통제를 받고 있음을 보여준다. 실제로 경제생활이나 일상생활에 필수적인 조건으로 5대 권력기관들의 통제가 없어야 하고 그들의 인맥이 절실히 필요하다고 응답자들은 밝혔다. 그 순위로는 당기관(92%), 인민보안성(78%), 국가안전보위성(68%), 군부기관(46%)이다. 그러다보니 북한에서 경제활동의 자유는 〈전혀 그렇지 않다〉 84%, 〈그렇지 않다〉 16%를 포함하여 100%로 시장 경제활동에 심각한 제약을 받고 있음을 보여주었다. 북한 경제체제의 속성에 대해서는 시장경제 90%, 혼합경제 6%, 계획경제 4%라는 응답률이 나왔다. 객관적으로 북한주민들이 체감하는 북한 경제는 계획경제에서 거의 멀어지고 있음을 의미한다. 또한 시장경제의 주역과 시장 행위자들의 역할분담이 설문조사결과에서 명백히 갈린다. 서로의 생존과 경제적 이익을 위해 충돌과 담합, 배제는 필수임을 보여준다.

본 논문에서 제기하는 북한의 억압적인 관료적 시장경제는 여타 사회주의 국가들의 체제전환기 경제개혁과정에서 발생하는 일반적인 통념과는 다른 특징을 지니고 있다. 즉 체제전환기 경제개혁과정에서 보여주었던 2차 경제, 지하경제, 독점, 부패 등의 개념적 범위가 적용되는 수단과 방식에서의 분명한 차이점이 있다. 즉 특유의 정치체제에서 경제난과 물자부족, 시장의 확산, 정부의 정책과 시장의 괴리, 지속적인 통제와 자원의 불균형이 만들어 낸 북한판 시장경제이다.

1990년대 초 시작된 선군정치는 시장에 대한 SCCP 통제와 SCCP · 국영기업 · 시장의 상호투입을 위한 명분을 실어준다. 이 과정에 개인주의와 황금만능주의, 3대 세습과 공포정치의 이중패턴 속에서 북한 관료들은 형식적인 계획경제의 틀에서 벗어나 시장의 주요 행위자로 합류하였다.

초기 장마당에서 시작된 SCCP 통제는 '비사회주의 현상(이하 비사척결)' 명목으로 시작되었다. 이른바 '비사'는 1990년대 사회적 상황과 규정에 따라 내용적 변화가 이루어지는 매우 포괄적인 형태이다.[141] 비사행위와 그에 따른 통제는 시장의 확산과 밀접한 연계를 가지고 있다. 그것은 북한사회와 북한시장이 변화하면서 비사의 규모와 형태도 변화했을 뿐만 아니라, 그 행위자들도 동반 확장됐기 때문이다. 따라서 비사행위의 범위가 확장될수록 담합과 부패의 형태도 확대되고 시장에 대한 통제는 더 강화되는 것이다.

지속적인 SCCP 통제가 국영기업 · 시장에 투입되면서 뇌물형태의 형

---

141) 최대석 · 박희진, 「비사회주의적 행위유형으로 본 북한사회 변화」, 『통일 문제연구』 23권 2호, 2011, 75쪽.

태도 발전하였다. 90년대에는 식량, 기름, 부식물, 쌀이나 콩과 같이 일반적으로 소규모 농산품 위주였다면, 점차 고급 담배(보루), 쌀(100kg 단위) 등으로 확대되었다. 공식시장 이후에는 달러나 위안화와 같은 금전거래로 확대되었고 김정은 시대에 들어서는 주택, 부동산까지도 뇌물로 거래된다.

> 도보위부장이나 구역보위부장, 정치부장, 도 보안국장이나 이런 위치에 있는 사람들, 그리고 당위원회 책임비서, 구역 당 책임비서나 조직비서, 그리고 중국을 통해 무역을 해서 돈을 많이 번 사람들, 그러니까 부자들이 집을 선물할 정도면 이런 수준은 되어야 합니다.[142]

시장에 대한 통제가 강화될수록 관료행위자들의 권력은 강화되고, 이러한 권력은 곧 시장의 희소자원 배분에 결정적인 영향을 미친다. 이들 주요 행위자들은 선군정치와 선군경제건설노선을 내세워 국영기업과 시장 사이에서 북한 시장경제의 확산·억제·유지역할을 하고 있다. 통제수단을 내세운 공식적인 당·군·정 관료들의 담합이나 부정부패, 암거래시장에서의 무질서한 이익경쟁은 곧 경제적 이익으로 이어진다. 이러한 수단으로 그들은 특권적 '외화벌이'를 한다. 새로운 당국의 정책과 그에 따른 SCCP 통제 기구들의 투입이 주기적으로 북한시장의 환율과 물가상승으로 이어지는 중요한 이유이다. 그럼에도 불구하고 이들은 체제수호와 경제적 이익, 안전과 생존이라는 권력의 3대 기능으로 인해 여전히 북한 정치체제의 주요 수호자들이다. 또한 SCCP와 국영기업, 시장의 다양한 행위자 네트워크는 보다 조직적이면서도

---

142) 『자유아시아방송』 2017.3.30.

강압적이다. 이들 주요 관료 행위자들은 경제적 이익과 경제활동의 SCCP 통제 측면에서 일명 '보호권'을 내세워 수직·수평적 연결망을 형성하고 있다. 비합법적인 경제활동, 감독과 처벌, 기득권 쟁탈, 자원 확보, 불법 외환거래, 범죄 은폐 등 다양한 목적을 이루기 위해서 필요한 것은 담합과 배제다. 무수하게 연결된 보호권 네트워크는 권력의 상·중·하를 가리지 않는다. 이권을 둘러싼 '보호'와 '배제'가 생존의 유일한 수단이기 때문이다. 이러한 네트워크의 중심에 '권력과 통제'가 있다. 하나를 주고 둘을 받던가, 둘을 주고 하나를 받는다.

관료들 사이에서도 권력과 기득권에 따라 담합과 배제가 이루어진다. 이해관계에 따라 이익집단연합과 반대집단연합 사이에서 갈등과 영위(營爲)가 일상화될 수밖에 없다. 따라서 시장의 확장성에 따른 주요 동력은 권력담합, 경제적 이해관계, 연합을 통한 이익추구이다. 경제정책의 변동과정에는 바로 이러한 정치적·경제적·정책적 이익집단들의 이해관계가 동반된다. 특히 정치적·정책적 이익집단들의 이해관계로 인해 다양한 이익집단들과 수혜자들 사이에서 일정한 담합이나 부정부패가 만연하게 되고 관료집단들의 서열에 따라 경제정책의 변동이나 유지가 가능하다.

화폐개혁을 전후로 5년간(2007~2011) 전국에 공식적으로 투입된 SCCP 조직유형 및 대상, 범위를 살펴보면 다음과 같다.

〈표 8〉 화폐개혁 전후로 투입된 SCCP 조직유형(2007~2011)

시기		SCCP 조직	지역	내용
2007	1	보위성	전국	숙박검열, 도로 검열, 국경연선 초소
	3	국방위원회·검찰소·보안서 합동	청진	기관기업소 선철장사, 강재시장, 원자재 판매
	5	중앙당 조직부	전국 도·시	중국산 초상화액틀

	5	중앙검찰소	전국 도·시	보위부, 재판소, 도·시·군당 간부들
	5	기동순찰대·규찰대	전국 시장	쌀시장
	8	중앙당·검찰소· 보위부·보안서 합동	전국 시·군	무역·외화벌이 회사, 장사, 무직, 개인의사, 약장사
	9	중앙당	국경지역	마약, 인신매매, DVD, 차판 및 도매장사
	9	중앙당	주요 도시	가택수색, 도로 및 골목 장사행위 단속
	10	중앙당 비사	혜산시	밀수, 핸드폰, 차판 장사. 간부/주민대상
	10	중앙당 비사	전국시장	화장품 매점 철거
	10	중앙당·보안서·검찰소 합동	전국 시장	쌀시장 단속
	11	보안성	전국 시장	화장품, 쌀, 약 매점 철거
	11	중앙검찰소	전국 무역회사	재정검열 및 해외무역거래
	11	중앙당	평양	모든 가정, 장사행위
2008	1	중앙당	국경지역	비사, 가택수색, 보행자 몸수색
	1	중앙당·보위사령부 합동	전국	기관기업소, 무역회사, 개인회사
	3	도·군 검찰소 합동	평북도	협동농장 쌀시장
	4	국방위원회	전국	산림검열
	4	보위성·보안성· 보위사령부 합동	전국 기관기업소	개인투자 사업장
	5	중앙당 행정부	신의주	세관, 무역기관, 무역업자. 상인
	6	중앙당·보위성 합동	국경연선 시·군	도강, 밀수, 외화벌이, 마약, DVD
	6	중앙당·중앙검찰소 합동	순천시멘트 연합기업소	시멘트시장
	6	도검찰소	경성군	경성도자기 해외 판매
	7	중앙당·보위성· 총정치국 합동	평양시	컴퓨터, 녹화기, 한국 CD, 무직 장사
	7	국방위원회	국경지역	간부 부정부패, 주민 밀수/밀매, 휴대폰
	8	국방위원회	무산	시장 돈주들, 가택수색, 달러, 핸드폰
	8	중앙당·국방위원회 합동	신의주	무역상인, 회교, 밀수업자, 핸드폰 휴대자, 외부장사군
	9	도검찰소	희천시	공장기업소 자재설비 시장판매, 유통
	10	6.18 검열 당·보위성·보안성 합동	개천철도국 청진철도국	비사회주의

	10	중앙당 · 중앙검찰소 합동	평양시	3천 달러 이상 주택에서 사는 사람들, 수입 대 지출
	10	중앙당 · 도 · 시 · 군 도시경영감독대	전국	도시경영
	10	중앙당 조직지도부	전국	당조직재정비 및 비사회주의
	11	중앙당 조직부	청진시	조직생활, 장사행위
2009	1	중앙당 경제정책 검열부	전국 무역회사	중국 무역거래 현황
	1	중앙당 · 시당 · 보안서 · 검찰소 · 청년동맹 합동	해주시	한국 드라마
	2	중앙당 · 중앙검찰소 합동	전국 공장기업소	전기 판매, 원자재 장사
	2	보위성 전파탐지국	국경도시들	전파탐지, 도강, 밀수, 숙박검열
	2	평안북도 검찰소	평안북도	전기 장사, 전기교차검열
	2	도(시)군당 · 보안서 · 검찰소 · 재판소 합동	각 도	도별 교차 전기검열, 전기장사
	4	총정치국 · 보위사령부 합동	각 도 · 시	공장기업소, 외화벌이, 차판장사
	5	중앙당 · 중앙검찰소	공장기업소	외화벌이, 시장행위
	7	중앙검찰소	도 · 시	원자재 장사, 차판장사
	10	보안성 · 도 보안국	도 교차검열	공장기업소, 개인 밀주, 식품제조업
2010	1	내각 · 전국 시 · 군당 검열위원회 · 검찰소 합동	전국 공장기업소	보유물자 및 식량 반납
	3	보위성 전파탐지국 · 보위성 정치대학 · 보안성 정치대학	국경지역	밀수, 불법월경, 중국산 휴대전화
	7	중앙당 · 보위성 · 보안성 · 체신성 합동	전국	녹화기, 라디오 등 전자제품
	10	보안성	전국	기관기업소 및 개인 차량운송업
	11	보안성	철도연선 국경연선	핸드폰 사용자, 마약, 밀수, 보안원, 열차원 비리
	11	당 · 보위부 · 보안서 · 국경연합지휘부 합동	국경연선	기업소 지배인 · 당비서 · 보안 · 검찰 · 행정간부
	11	보위성 · 보안성 · 검찰소 · 재판서	전국	불순녹화물, 마약, 핸드폰, 외화, 밀수
	12	보위성 · 보위사령부 · 중앙당 합동	전국	비법월경자, 외부인원. 탈북방조 등

	7	최고검찰소 · 내각 정치국 · 국방위원회 합동	무역회사, 해외대표부	무역거래현황 및 재정, 식량수입지시 집행정형
2011	8	폭풍군단	군, 보위부, 보안서 간부 및 주민	북 · 중무역, 밀수, 마약 및 인신매매, 장사
	8	중앙당	국경연선	불법장사. 북중무역, DVD
	9	중앙당 · 호위사령부 합동	성 · 중앙기관	불법 장사행위 및 개인 비리
	11	중앙당 조직지도부	무역성, 해외대표부	식량수입지시 집행정형

자료: 이 표는 아래의 자료들을 종합적으로 검토하여 작성함
『자유아시아방송』 · 『좋은 벗들』 · 『아시아프레스』 · 『통일한국』 · 『데일리NK』 · 『북한개혁방송』.

다양한 형태로 투입되는 SCCP 통제조직의 활동기간은 짧게는 두 달, 길게는 1년 이상이고 대부분 중복 교차된다. 간부들이나 주민들 모두 2중 · 3중의 검열통제 속에서 서로를 감시하고 통제할 수밖에 없는 구조다. SCCP 통제 관료들은 이러한 지속적인 검열과 단속기간에 엄청난 재화(財貨)와 외화를 벌어들인다. 이들마저 국가공급이 고갈되고 턱없이 부족한 월급으로 온 가족의 생계를 책임질 수 없기 때문에 국가권력을 이용한 '자력갱생'의 상행위를 불법으로 생각하지 않는다. 결국 관료적 시장은 확대되고 권력내부의 이중성이 조성될 수밖에 없는 것이다.

북한 관료적 시장경제의 특징을 살펴보면 다음과 같다. ①경제활동에 대한 물리적 SCCP 통제는 정치 · 제도적인 수단에 의해 합법화된다. ②SCCP 수단과 제도의 결합은 경제적 이익과 '보호'를 목표로 하는 SCCP와 시장 행위자들의 담합과 배제의 치열한 경쟁을 동반한다. 관료적 시장경제의 주요 행위자들은 계획과 생산, 가격 결정권과 상품의 유통, 배분에 이르기까지 막대한 권한을 가지고 있으며 경제정책 결정 과정에 직접 참여한다. 따라서 관료적 시장경제에서는 경제적 이익을

목표로 하는 이익집단 연합이 발생하며 따라서 반대 집단연합의 숙청도 빈번하다. 즉 권력에 의한 희소자원배분의 쏠림현상으로 주요 관료엘리트들은 권력과 이익경쟁의 양극단에서 갈등하게 되고 '충성경쟁'의 피해자와 수혜자들을 배출하는 원인이 되기도 한다. ③관료적 시장경제에서 주요 행위자들은 권력과 제도를 바탕으로 각종 부정부패와 범죄에 노출되어 있으며 이러한 무질서는 사회적·제도적 관계 속에서 은폐되거나 병리(病理)현상의 근원이 되기도 한다.

그렇다면 현재 당국의 경제정책과 시장의 현실적 괴리가 발생하는 원인은 무엇인가? SCCP는 어떻게 어떠한 방식으로 이루어지는가? SCCP·국영기업·시장의 시장네트워크는 어떻게 이루어지며 이 과정에 관료적 시장경제는 어떻게 발생하는가? 선군정치 1기와 2기에서 관료적 시장경제의 차이점은 무엇인가?

제3부

관료적 시장경제의 등장
(선군정치 1기)

여기서는 선군정치와 SCCP 통제·국영기업·시장이 융합되는 과정에서의 북한 관료적 시장경제의 등장 메커니즘(선군정치 1기)을 분석한다. 먼저 선군정치와 비공식 시장의 출현, 그리고 병존, 그 의미를 살펴본다. 이를 바탕으로 선군정치 1기에서의 관료적 시장경제 등장과정을 분석한다. 각 시기에 따른 당국의 정책과 시장의 변동, 그에 따른 정부의 통제 메커니즘을 통해 SCCP·국영기업·시장이 서로 어떻게 결합하는가를 분석하는 과정이다. 마지막으로 이러한 선군정치 1기 관료적 시장경제의 현실적 작동구조를 대기업(연합기업소)-중소기업(지방산업공장)-시장상인별로 구분된 대표적인 사례들을 통해 알아본다.

제1장 선군정치의 출현과 시장의 병존

1. 선군정치의 의미와 평가

1995년 1월 1일 김정일은 평양 근교에 위치한 다박솔 여성중대를 방문하는 것으로 새해를 시작했다. 북한은 이 날을 선군정치의 시작으로 주장하고 있다.[143] 그러나 실제로 북한에서 선군정치, 선군사상, 선군시대와 같은 용어들이 공식매체들을 통해 언급된 것은 1997년 12월 12일이다.[144] 이후 1999년 6월 16일자 『로동신문』과 『근로자』 공동사설 「우리당의 선군정치는 필승불패이다」를 통해 선군정치를 설명하기 시작했다.

선군정치를 선택한 이유를 북한은 다음과 같이 주장하고 있다.[145] 첫째: 김일성 사망에 따른 중압감과 위기의식, 둘째: 사회주의권 붕괴 등 엄혹한 정세 하에서의 정권수호, 셋째: 제국주의의 개혁 개편 유도 전술 극복, 넷째: 생사를 판가름하는 극한 상황에서 강력한 정치적 힘

---

143) 『연합뉴스』 2014.8.17.

144) 진희관, 「북한에서 '선군'의 등장과 선군사상이 갖는 함의에 관한 연구」, 『국제정치논총』 제48집 1호, 2008.

145) 송상원, 『불멸의 향도－총검을 들고』(총서), 평양 : 문학예술출판사, 2002, 43~44쪽.

의 필요이다. 북한설명에 따르면, 선군정치란 "군사선행의 원칙에서 혁명과 건설에서 나서는 모든 문제를 풀어나가며 군대를 혁명의 기둥으로 내세워 사회주의 위업 전반을 밀고 나가는 정치"이다.[146] 단순하게 북한사회 전반에 군대가 앞장서는 정치문화시스템이라고 평하기도 한다.[147]

선군정치는 많은 학자들의 관심을 받으며 지배이데올로기로서의 특징과 선군정치와 경제개혁의 변화 가능성에 대한 다양한 연구들을 배출시켰다.[148] 그중 주체사상과 선군정치의 비교에서 선군사상의 우위를 강조하고 있는 논문들이 대다수다.

양무진은 지배이데올로기로서의 선군사상이 미국의 대북 적대시정책에 의한 체제위기감에서 출발한 것으로 보고 있다. 따라서 북미관계 개선, 남북관계 진전, 6자회담 관련국들의 협력이 확대된다면 점진적이고 단계적인 중국형으로 나아가다가 지배이데올로기도 점차 '실리사회주의'로 대체될 가능성을 지적한다. 여기에 북한이 정치군사강국에 이어 경제강국 건설을 집중적으로 강조함으로서 주민생활 향상에 깊은 관심을 가지고 있다고 역설한다. 따라서 선군사상의 지배이데올로기가 사상성·투쟁성에서 벗어나 점차 경제발전을 위한 이데올로기

---

146) 김철우,『김정일장군의 선군정치』, 평양: 평양출판사, 2000, 27쪽.
147) 신은희,「북의 선군정치를 어떻게 이해할 것인가-문화적 해석을 중심으로」,『남북문화예술연구』1호, 2007.
148) 정병화,「강성대국 건설, 체제전환을 위한 체제개혁의 시도인가? 체제유지를 위한 또 다른 이데올로기인가?-선군정치를 중심으로」,『시민사회와 NGO』제10권 제1호, 2012a;「관성적 권력으로서의 '선군정치'」,『대한정치학회보』20집 2호, 2012b; 이창헌,「김정일 시대 '선군정치'의 대외적 함의」,『정치정보연구』9권 1호, 2006; 장명봉,「북한의 2009년 헌법 개정과 선군정치의 제도적 공고화」,『헌법학연구』제16권 제1호, 2010; 박용환,「선군정치 3대 혁명 역량에 관한 연구」,『군사논단』제82호, 2015; 김진환,「조선로동당의 '선군정치'와 북한사회」,『국제고려학회논문집』제3권 3호, 2001.

로 변화할 가능성을 보여주는 것이라고 평가한다.[149] 이 경우는 북한
이 정상일 경우에 가능하다.

이러한 견해와 반대로 선군정치의 등장배경을 갈등(당내, 당정, 중
앙과 지방), 경제 권역화와 부패 등을 해소하고자 하는 김정일의 '정치
경제적 전략'으로 보는 견해도 있다.[150] 그러나 선군사상에 대한 여러
가지 논의에도 불구하고 주체사상을 계승했다고 하는 선군사상의 이
론적 타당성은 증명되지 못하고 있다.

북한에서 주체사상은 세기와 더불어 '영원불변(永遠不變)' 최고의 정
치이념인 동시에 정치 도덕적 상징으로 인식되어왔다. 수령숭배와 세
뇌관습이 주체사상을 바탕으로 하고 있음에도 불구하고 선군정치는
빠르게 북한에서 주체사상의 흔적을 지워버렸다. 북한의 정의에 따르
면, 주체사상은 "한마디로 말하여 혁명과 건설의 주인은 인민대중이며
혁명과 건설을 추동하는 힘도 인민대중에게 있다는 것, 다시 말하면
자기 운명의 주인은 자기 자신이며 자기 운명을 개척하는 힘도 자기
자신에게 있다는 사상"으로 규정된다.[151] 이에 선군사상은 '혁명군대를
주력군으로 하여 혁명의 주체를 강화하며 혁명군대의 주도적 역할에
의거하여 혁명투쟁과 건설사업을 떠밀고 나가야 한다는 사상'이다.[152]
혁명의 주력군은 '어떤 투쟁이나 혁명에 참가하는 주되는 역량'을 말한
다.[153] 따라서 '선군정치는 군사를 제일국사로 내세우고 인민군대를

---

149) 양무진, 「주체사상과 선군사상: 지배이데올로기의 변화 가능성」, 『한국과 국
    제정치』 제24권 제3호, 2008.
150) 권오국·문인철, 「북한 경제 재생산구조의 전개와 정치변화: 선군정치경제
    의 시원을 중심으로」, 『북한학연구』 제7권 제2호, 2011, 155쪽.
151) 평양, 『위대한 수령 김일성동지 혁명력사』, 평양: 고등교육도서출판사, 2013,
    26쪽.
152) 『로동신문』 2013.11.23.
153) 강습제강, 「위대한 령도자 김정일동지의 선군정치는 주체혁명위업완성의

핵심주력으로 조국과 혁명, 사회주의를 보위하고 전반적 사회주의 건설을 힘있게 다그쳐 나가는 사회주의 기본정치방식'이라는 것이다.[154] 1995년 10월 20일 『조선중앙방송』 논설에서는 "군대는 곧 당이고 국가이며 인민"이며 인민군대의 위력에 의거하여 혁명과 건설을 해나가야 한다고 강조했다.[155] 여기에서 선군정치와 선군사상이 가리키는 혁명의 주력군은 군대이다. 즉 군대가 곧 당이고 인민이다.

선군정치 이전 혁명의 주력군은 인민대중이었다. 따라서 당은 혁명의 주력군인 인민대중을 이끈다. 그래서 당 깃발에는 혁명의 주력군, 즉 인민대중을 대표하는 망치와 낫, 붓이 새겨져 있다. 주체사상을 지도이념으로 하는 조선로동당의 마크는 망치와 낫, 붓이다. 망치는 혁명의 영도계급인 노동자를, 낫은 농민을, 붓은 근로 인텔리를 뜻한다. 따라서 엄격한 의미에서 조선로동당의 주력군은 망치와 낫, 붓으로 상징되는 노동자, 농민, 근로 인텔리이다. 선군정치의 주력군으로서 군대는 일정기간(군사복무기간)에 한해서만 주력군으로 된다. 다만 북한이 선군정치의 주력군에 군대를 제외한 노동자, 농민, 근로 인텔리도 포함시킬 수 있는 여지는 있다. 그것은 '전민무장화' 군사노선에 따른 민간무력으로서의 노동자, 농민, 근로인텔리다. 2009년 4월 9일 헌법수정을 통해 북한은 처음으로 선군사상과 군인을 별도로 강조한다. 1998년 사회주의 헌법과 그 이전 헌법에서 북한은 '주체사상을 자기 활동의 지도적 지침'으로, 주권개념에서도 '로동자, 농민, 근로인테리와 모든 근로인민에게'를 명시했다(조선민주주의인민공화국 사회주의 헌법 1998, 제3조, 제4조). 이렇듯 당시 선군사상과 선군정치를 조선로동당의 정치

강위력한 보검이다(당원 및 근로자용)」, 평양: 조선로동당출판사, 2005, 16쪽.
154) 『로동신문』 2013.10.13.
155) 『조선중앙방송』 1995.10.20.

사상과 지도이념으로 간주하고 있는 북한이 주체사상에서 선군사상으로의 계승이 지니고 있는 상당한 모순을 북한주민들에게 설득시키기에 무리가 있다. 결국 선군사상 · 선군정치는 본연의 의도와는 달리 북한 시장화 속에서 불편한 동거를 할 수밖에 없는 처지다.

2012년 헌법수정을 통해 북한은 '주체사상, 선군사상을 자기활동의 지침', '로동자, 농민, 군인, 근로인테리'로 명시했다(조선민주주의인민공화국 사회주의 헌법 2012, 제3조, 제4조). 이로서 선군정치를 계승한 김정은 시대가 출범했다. 2018년 3월 25일~28일 김정은의 방중 이후부터 북한은 "조선로동당 중앙위원회 위원장이시며 조선민주주의 인민공화국 국무위원장이신 우리당과 군대의 최고령도자이신…"라고 호칭을 변경했다. 김정일 시대에는 "우리당과 우리 인민의 위대한 령도자이신…"식의 '우리 당과 우리 인민의'라는 접두사가 고유어로 등장했었다. 선군사상의 중요성을 특별히 강조하는 대목이다.

위기관리담론으로서의 선군사상은 군국주의의적 성격이 강하다. 김정일 · 김정은 시대 선군사상은 오히려 정치 · 경제 · 군사 · 문화 등 모든 분야에서의 군 중심의 희생정신과 복종을 강요하는 독점적 이데올로기로서의 특징을 지닌다. 선군정치의 출현을 가능하게 했던 요인으로서는 주체사상의 종교화와 유훈통치, 붉은기 사상 등으로 평가되기도 한다.[156] 그러나 선군정치가 수행하는 보다 중요한 기능은 경제난 속에서 북한사회의 질서수복을 위한 자극적인 수단들을 동원하는 것이었다. 이러한 선군정치는 대내적으로 동구권 사회주의 붕괴와 김일성의 사망, 경제난으로 저하된 사회통제기능을 보완함으로서 군이 국방건설과 경제건설, 사회질서 유지의 주축으로 기능할 것을 요구한다.

---

156) 신은희, 「북의 선군정치를 어떻게 이해할 것인가─문화적 해석을 중심으로」, 『남북문화예술연구』 1호, 2007, 160~163쪽.

대외적으로는 군을 대외정책의 일선에 끌어들임으로서 대미·대일관계를 담당하던 관료조직의 역할을 대신하게 된다.[157] 선군정치의 출현은 체제불안정 요소를 사전에 예방하고 국내외 위기와 갈등을 차단하기 위한 처방적 조치다. 하지만 선군전략은 북한의 의도와 달리 기형적인 시장화를 촉진시키는 특유의 기제로 작동했다.

2. 선군정치의 구분, 시장의 병존

이대근은 김정일 통치시기에 선군정치를 '선군정치 1기'(1995~1998), 선군정치 2기(그 이후)로 나누고 정책변화의 측면에서 고찰한 바 있다.[158] 필자는 북한 선군정치를 1기(김정일 시대, 1995~2011)와 2기(김정은 시대, 2012~현재)로 구분한다. 선군정치 1기는 다시 전기(1995~2001)와 후기(2002~2011)로 나눈다. 선군정치 1기를 전기와 후기로 다시 구분하는 것은 각 시기별 당국과 시장의 정책적·현실적 대응은 서로 달랐기 때문이다. 즉 전기는 비공식시장에 대한 억제정책이 당국의 주요 목표였고 관료적 시장경제의 단초가 제공되던 시기이다. 후기는 새 경제조치와 공식시장의 허용으로 인한 관료적 시장경제의 등장 과정이다.

북한 관료적 시장경제는 선군정치 1기(후기)에서 공식 등장하였고, 2기에서 확대되었다. 관료적 시장경제로의 진입단계와 특징을 도식화하면 다음과 같다.

---

157) 이창헌, 「김정일 시대 '선군정치'의 대외적 함의」, 『정치정보연구』 9권 1호, 2006.

158) 이태근, 「당·군 관계와 선군정치」, 『북한 군사문제의 재조명』, 파주: 한울, 2006, 167~220쪽.

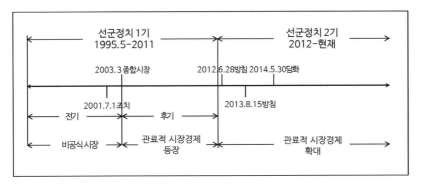

〈그림 5〉 선군정치와 관료적 시장경제의 등장 및 확대시기

1) 선군정치 1기(1995~2011)

(1) 전기(1995~2001)

1990년대 초 동구권 사회주의 붕괴는 북한 경제의 하락, 극심한 식량난으로 북한체제와 주민들에게 최고의 위기를 가져왔다. 배고픔과 식량난으로 직장인들은 장마당으로 뛰쳐나왔다. 확산되는 장마당의 무질서가 비공식 시장을 출현시켰다.

1992년 초 김정일은 장마당 질서통제를 인민보안성에 위임하였다. 이에 따라 인민보안성이 기동순찰대, 규찰대를 비롯한 통제기구들을 새로 설립됐다. 곧 이어 중앙당 비사회주의 그루빠가 조직되는 등 통제 기제들이 하나 둘 모습을 드러내기 시작한다. 생존을 위한 장마당 행위와 일탈, 그것을 억제하려는 당국의 통제 사이에 밀고 당기는 게임이 시작된 것이다.

이렇게 김정일 시대를 대표하는 선군정치 1기는 김일성 사망, 극심한 식량난, 경제체제의 마비로 인한 사회적 위기감, 국제사회 고립이라는 다양한 위기의식으로부터 출발했다. 이 시기 '강성대국론'을 주창했던 북한으로서는 국방은 물론 정치·경제 등 사회전반에서 군의 선구자적 역할을 기대했다. 고난의 행군과 함께 선군정치는 강성대국건설을 목표로 무질서한 시장의 통제 및 경제회생의 수단이다.

김정일은 '국방공업의 우선적 발전과 경업과 농업의 동시 발전'이라는 경제정책을 제시하면서 1960년대 '중공업의 우선적으로 발전시키고 경공업과 농업을 동시에 발전'시킬 데 대한 김일성의 경제정책노선을 모방했다. 이 시기 북한 경제는 미미하게나마 계획경제의 틀 속에서 태생적인 한계를 보이고 있었다. 여기에 장마당의 확대는 국영기업의 경영난을 가속화하는 기제로 작동했고, 사회질서의 혼란을 가중시켰다. 생존을 위한 무질서한 경제활동이 각종 형태의 불법시장을 출현시켰고,[159] 이를 억제하기 위한 통제기구들이 속속 자취를 드러냈다.

기업들의 경우 자재 및 자금 확보, 생산 및 생산품의 유통에 이르기까지 모든 과정들이 국가에 의한 계획적인 활동에서 벗어나 생존을 위한 자의적인 활동으로 전개되었다. 자생적인 또는 self-helping과 같은 기업 경영활동이 보이지 않는 손에 의해 '계획 수행'의 형식으로 대체됐다. 투자시장과 투자주체의 확대, 유통영역에서의 시장화, 상품 가격의 시장화가 군과 공안의 대대적인 감독과 통제 수단에 맞서 선군정치의 이데올로기 속에 서서히 녹아들기 시작한다.

중국의 경우 이러한 경제난과 사회변화에 따른 정부의 대응은 1978년 경제개혁에 중점을 두고 국가의 점진적인 시장개혁 의지에 따라 위에서부터 진행되었다.[160] 하지만 북한 경제난과 사회변화에 따른 정부

---

159) 오경섭, 『북한 시장의 형성과 발전－시장화특성과 정치적 결과를 중심으로』, 서울: 세종연구소, 2013, 1~46쪽.

160) 鄭春芳, 「中國市場經濟體制改革的理論與實證分析」, 中國人民大學, 『北京』 100872, 石家莊學院學報 7(1), 2005.

의 대응은 통제와 억제, 선군정치와 같은 정치적인 대응이었다. 그것은 시장의 확대가 사회질서의 혼란을 가중시키고 체제 불안정으로 이어질 수 있다는 우려감에서다.

당국은 군과 공안을 사회질서유지 제1선에 내세웠다. 북한당국에 있어 1998년은 시장과 사회적 무질서의 확산에 대한 두려움이 최절정에 달했던 시기다. 자본주의 시장경제의 반인민성과 자본주의 생활양식의 침투를 배격하는 선전물들도 본격적으로 게시하기 시작했다.[161] 중앙당 비사회주의 구루빠(6.4 그루빠)[162], 보위사령부, 국가안전보위성, 인민보안성, 중앙검찰소 등 다양한 검열통제기구들의 기능과 역할을 확대 · 제도화하고 기업과 시장은 물론 전 사회적 영역에서 통제와 처벌을 강화하였다. 이에 따라 통제기구들과 관료들의 경제적 이익에 따른 결탁, 기업들의 비공식 시장침투가 정부의 의도와는 달리 빠르게 자본주의 시장을 겨냥했다.

2000년대에 들러 북한시장은 이미 통제 관료들과 시장 세력들이 비공식적으로 결탁하여 생존하는 자발적 시스템을 형성하고 있었다. 그럼에도 선군정치와 불법시장의 공존은 다가올 북한 경제체제의 변화를 예고하는 수순에만 머물러 있었다.

---

161) 「시장경제의 취약성 – '산업공동화'현상」, 『로동신문』 1997.12.21; 「금융위기를 몰아 온 시장개방」, 『로동신문』 1998.1.6; 「시장경제도입은 파국의 길」, 『로동신문』 1998.3.1; 「자본주의 시장경제의 필연적 산물 – 금융위기」, 『로동신문』 1999.8.1; 「자본주의 생활양식은 무서운 마약」, 『로동신문』 2001.11.28; 「자본주의 시장경제의 반동성을 가리울 수 없다」, 『로동신문』 1998.06.11; 「시장경제가 몰아 온 비참한 현실」, 『로동신문』 1998.8.14; 「심각한 정치경제적 위기를 몰아오는 자본주의 시장경제」, 『로동신문』 2001.11.6; 「자본주의 시장경제의 반인민성」, 『로동신문』 2002.2.20.

162) 6월 4일 방침에 의해 만들어진 검열조직이라는 의미에서 '6.4구루빠'로 호칭된다. 북한에서 5대 권력기관들에 파견되는 검열조직들은 대부분 이러한 숫자로 명명된다.

(2) 후기(2002~2011)

2002년 북한은 7.1 새로운 경제관리개선조치를 통해 물가와 임금의 대폭적인 인상, 경제 관리의 분권화, 기업경영의 자율권 확대, 농업분야의 개선, 외화바꾼돈표의 폐지 등을 새로운 경제정책으로 채택한다.[163] 또한 2003년 3월 종합시장정책을 발표하면서 북한에서 처음으로 시장을 허용했다. 이것은 비공식적인 시장의 가격결정, 경제 관리의 자발적 분권화, 기업들의 비공식적 시장경영, 농업분야에서의 자발적 처분행위 등이 공식 수면위로 떠오르는 계기가 되었다.

국영기업들과 시장은 성·중앙기관, 기관기업소들과 군·공안 관료들에 의해 분권화되고 다양한 시장 세력들의 공식적인 활동무대가 되었다. 군부 외화벌이와 특수 기관의 외화벌이가 북한의 주요 공장기업소들을 점유하면서 기업 내부자와 외부자들의 경영개입(투자, 생산, 분배, 판매 등)이 공식적으로 더 활발해졌다. 연합기업소에서는 군사대표들의 역할이 강화되고 심지어 성·중앙기관들에도 군사대표들이 막중한 권력과 영향력을 행사했다. 또한 에너지난으로 시작된 주요 공장기업소들의 운영하락과 계획경제가 지니고 있는 기업경영의 한계는 자발적인 기업과 시장의 공생관계를 확대시키는 결과를 초래했다.

공장기업소와 결탁한 다양한 형태의 불법시장들도 생겨났다. 1990년대 말 이후 시작된 중소형 발전소 건설들과 주요 건설대상들은 석탄, 철강, 시멘트, 광물 등 주요 산업들을 중심으로 다양한 형태의 시장들을 배출시켰다. 전문적인 업종을 대상으로 하는 다양한 형태의 시장들도 폭발적으로 증가하기 시작한다. 결과적으로 불법적인 관료권력·시장의 네트워크가 공식화되기 시작했다.

---

163) 이찬우, 「최근 경제정책의 특성과 문제점」, 『북한경제 백서』, 서울: 대외 경제정책연구원, 2003, 282쪽.

당국은 과도한 시장의 확산을 억제하기 위해 내각, 상업성, 각 도·
시·군·구역 당 및 행정조직들과 상업부서들을 동원하여 시장 질서를
바로잡기 위한 통제 및 규정들을 연속적으로 투입한다. 기업과 시장운
영을 선군정치, 선군시대의 요구에 맞게 개선할 데 대한 집중공세를
펴고 처벌과 몰수, 처형과 같은 공포적인 통제를 지속적으로 강구했다.
2004년 8월 13일자『로동신문』에서는 군의 절대적인 개입의 정당성으
로 선군정치의 중요성을 다시 한 번 부각시켰다.[164] 그만큼 북한 내부
의 정치·경제·사회 환경은 빠르게 변화하고 있었다. 하지만 시장은
그들 관료들과 결탁하여 더 큰 규모로 시장을 확대해나간다. 관료들과
주민들은 각자 생존방식을 터득하면서 차츰 시장 질서에 편입되기 시
작하였다. 관료들은 국가권력을 이용하여 살아나가는 방식을 터득해
야 했다. 주민들은 날로 강화되는 단속과 통제, 검열, 처벌, 몰수, 처형
위험에 대응하는 방식을 터득해야 했다. 이 과정에 통제하는 자와 통
제받는 자 사이에 생존을 위한 충돌과 담합, 배제는 경제적 이익을 목
표로 다양한 방식으로 이루어졌다. 서로가 생존을 위해, 이익을 위해
뇌물을 주고받아야 한다. 그 뇌물(보호)의 수단과 범위들도 시기별로
점차 바뀌어갔다. 초기에는 의식주와 관련된 식량, 생활필수품과 같은
일반적인 뇌물에서 시작되어 점차 고가의 물품 혹은 금전뇌물로 그 형
태도 바뀌어갔다. 상위층 관료들은 자신들의 권력을 이용하여 불법행
위를 보호하거나 외화벌이 기관들의 편의를 도모하고 이권경쟁의 편
의성을 봐주는 방식으로 경제활동에 개입했다. 중간 관료들은 직접적
으로 공장기업소들과 시장과 연계하여 통제와 보호를 명목으로 경제

---

164) "자본주의가 발달하고 시대가 바뀌면서 노동계급이 인테리화 되어가는 반면
군대가 치열한 반제계급투쟁의 제일선에서 주도적인 역할을 하고 있다"(이
수석, 「선군사상의 대대적 운동전개로 체제 유지 몰두」, 『북한』 396호, 2004).

활동에 개입한다. 하층관료들은 중상위층관료들의 권력을 함께 이용하여 주민들에 대한 통제와 보호를 목적으로 경제활동에 개입한다. 대기업(연합기업소), 중소기업(지방산업공장) 등 모든 공장기업소들의 운영 메커니즘은 다양한 통제 권력들과 시장 세력들의 상호관계 속에서 이루어지기 때문이다.

당국의 새로운 경제정책과 통제정책들이 발표되고 시행될 때마다 물가와 환율이 급등하고 그에 따른 뇌물의 수위도 급등한다. 여기에 뇌물이 성행하고 독립적인 SCCP 통제기능이 부실해지자 당국은 다양한 SCCP 연합통제기구들과 복합적인 통제기제들을 경제활동 영역에 파견하기 시작한다. 하지만 SCCP 통제 관료들도 다시 자신들의 통제영역에서 새로운 담합을 이루어낸다. 그들마저도 국가의 공급체계(식량, 피복 등)의 마비, 가족생계와 앞날에 대한 두려움에서 자유롭지 못하기 때문이다. 선군정치는 이들에게도 '자력갱생'의 생존목표를 강요했다. 결국 공식시장의 확산과 5대 권력기관들의 지속적인 SCCP 투입, 그리고 이들 SCCP 수단의 공식적인 경제활동참여, 집단군까지도 공식적으로 경제활동에 참여하면서 관료적 시장경제의 등장은 필연적인 것이었다.

북한 당국이 종합시장 현실화 방침을 제시하면서 보조적 공간으로서의 시장 성격을 강조했지만, 결과는 판이하게 달랐다. 다시 당국은 2000년대 중반에 들어 시장에 대한 강력한 억제정책을 편다. 하지만 기업과 시장의 대응은 7.1조치 때와 동일한 방식으로 이루어진다. 물가와 환율상승, 외화벌이 기관의 확산, 재정악화 등으로 이어지고 결국 2009년의 화폐개혁에 이르게 된다. 화폐개혁의 실패로 SCCP 통제는 최고조에 이르렀다. 그럼에도 불구하고 화폐개혁 이후 여러 차례의 파동을 거치면서 기업과 시장, 통제 권력은 더 견고하게 결합하게 된다. 북한 경제는 이미 비가역적인 관료적 시장경제를 맞게 된 것이다.

2) 선군정치 2기(2012~현재)

선군정치 2기는 김정은의 공식적인 후계자 지위가 확보되었던 2012년부터이다. 김정은은 2012년 4월 조선로동당 제1비서로 추대되면서 유일한 후계자임을 공식화했다. 선군정치 2기에서 시장경제의 확산은 돌이킬 수 없는 제도로 고착되기 시작하였다. 이에 따른 물리적 기구들과 제도들의 확장도 눈에 띄게 나타났다. 시장의 확산으로 인한 체제 불안요소들을 제거하기 위해 기존의 물리적 기구들을 보다 확장시켰고 주요 군부 및 경제 관료들에 대한 척결도 수시로 감행했다.

선군정치 2기에서 공포정치는 국내외 정치경제적 모순과 대립에 따른 억제정책으로 나타났다. 정치적으로는 핵·경제발전 병진(並進)을 선군경제건설노선으로 내세워 핵보유국을 목표로 내걸었다. 이를 통해 국내외 정치 및 경제적 위기를 타개하기 위한 모순정책을 펼쳤다. 경제적으로는 자본주의 문화와 관료적 시장의 확산, 그리고 이에 따른 부패확산과 대립에 따른 억제정책이다.

선군정치에서 2기에서의 변화는 다음과 같다.

첫째, 통제기구들의 확대와 시장에 대한 통제정책은 관료적 시장경제의 확대를 가속화했다. 신흥 재벌들의 출현, 재벌관료들과 시장 세력들의 공모결탁, 비공식 소유권의 확대, 국영기업의 비공식적 민간소유, 군의 시장경제활동 참여 확대와 기강해이가 가시화됐다. 관료들과 주민들 사이의 행위자-네트워크는 수평적 관계로 더욱 공고하게 발전하기 시작했다. 각자의 위치에서 다양한 방법으로 생존도구들을 '발명'하기 시작한 것이다. 이에 따라 소유와 분배에 있어서도 혁혁한 차이를 보이기 시작했다. 건설업, 부동산업, 임대업, 제조업, 도매·소매업, 운수업 등 광범위한 범위에서 비공식적인 소상공인 사업체들이 늘어났다. 통제 관료들의 공공연한 묵인 및 직접적인 참여하에 자발적인 '비공식 사유화', '비공식 민영화' 단계로까지 확산되기 시작한다. 부동산과 소유권의 규제에 있어서도 합법, 불법의 경계를 뛰어넘기 시작했다. 이에 따라 금융시장, 부동산시장, 자원시장 등 다양한 시장들에서 개인 소유가 확대되고 신흥 재벌들이 끊임없이 속출되었다.

여기에 공장과 도시의 시장화가 농촌의 인구축소, 생산성 저하를 고착시켰다. 농촌의 노동력과 생산력은 도시 시장으로 흘러들어가면서 당국의 가장 큰 고민거리로 자리매김했다. 이에 따라 농촌에서 도시 시장으로 흘러들어간 농장원들과 농촌 연고자들까지 모조리 찾아내어 강제로 농촌에 배치할 데 대한 김정은 비공개 지시문(2016)까지 보안 기관에 하달됐다. 시(군, 구역) 보안기관들에서는 전국 당 및 인민정권 기관들과 협력하여 농촌출신 제대군인들과 농촌출신 자녀들, 그 가족들과 친척들을 대상으로 장악통제사업을 하였다.[165]

뿐만 아니라 선군경제건설노선을 내세운 군의 집단적인 경제활동 참여가 비공식적인 영역에서 공식적인 영역으로 확대됐다. 여명거리 건설, 만경대유희장 건설, 과학자 거리 건설 등과 같은 평양시 수도건설과 화력발전소, 마천령 스키장, 백두산청년발전소와 같은 국가의 주요대상건설을 위한 자재, 설비, 자금 등 원천 확보가 집단군 전투부대들에도 노골적으로 부과됐기 때문이다. 또한 근 20년간에 걸치는 군 보급품 하락으로 '자력갱생'이 강조되면서 집단군 자체 내에서 외화벌

---

165) 평양, 「농촌에서 비법적으로 빠져나간 농장원들과 농촌연고자들을 모두 찾아 농촌에 배치할 데 대한 당의 방침을 철저히 집행할 데 대하여(각 도(철도 포함) 인민보안국, 군수중앙기관, 수도건설보안국 앞)」, 『인민보안 성사업포치안 제0-189호』, 평양: 인민보안성, 2016. 10. 13.

이가 성행하면서 공식적인 상행위가 군의 기강을 하락의 원인이 됐다. 선군정치 초기 군의 외화벌이는 주로 인민무력성 산하 외화벌이 회사들을 통해 이루어졌다면, 선군정치 1기(후기) 및 2기에 들어서는 집단군 정규부대들의 군 간부들과 병사들도 시장의 당당한 행위자로 공식화됐다. 군부대 보급품을 시장에 빼돌리고, 군 병영 내에 매점과 창고를 차려놓고 장사를 했다. 또한 병사들을 훈련에서 면제시키는 대신 현금 및 물자과제를 주고 적게는 한 달, 많게는 1년 이상 장사에 내몬다. 그 이익금을 연대 간부들이 사취하는 등 다양한 형태의 상행위가 가시화되었다.[166] 보급품의 부족, 각종 과제, 시장행위 급증으로 집단군 연대, 대대, 중대급 지휘관들마저 근무 및 훈련태만이 일상화되었다. 또 그에 따른 불만, 생활난이 급증하면서 시장에서 주민들에 대한 강도, 살인, 폭행 행위들도 심심치 않게 등장했다.[167]

둘째, SCCP 통제 권력에 대한 주민저항이 나타나기 시작했다는 것이다. 지속적인 2중 3중의 SCCP 통제는 주민반발로 이어지고 상인들과 보안원들 사이에 집단 폭행과 싸움이 시장에서 빈번하게 일어난다. 이에 당 주관 검찰 및 보안원 및 기관들에 대한 검열을 통해 '주민 달래기'에도 나서는 형편이다.[168]

김정일 시대 어찌됐든 장사는 비법이라는 생각이 있어서 장

---

166) 북한군자료, 「제*군단 련대장, 련대 정치위원 직급별 당 생활총화 보고문」, 제*군단, 2012.
167) 북한군자료, 「제*군단에서 인민들을 때려죽이는 엄중한 정치적 사고들이 련이어 발생하고 있는 자료와 대책」, *군단사령부 정치부 대책안, 2013; 「1.4분기 기간에 부대 안에서 나타난 정치적 사고를 비롯한 각종 사고와 비행, 군중 규률 위반 현상에서 교훈을 바로 찾을 데 대하여」, *군단 정치회의 보고서, 2013.
168) 『데일리NK』 2015.9.12.

사 통제에 대한 불만이 있어도 집단적으로 반발하는 경우는 드
물었다. … 이제 주민들은 자력갱생의 실천으로 장사를 받아들
이고 있기 때문에 보안원의 단속에 대한 반발은 더욱 잦아질 것
이다. … 최근 함흥의 한 시장에서 단속 보안원들과 장마당 상
인들 사이의 싸움이 벌어져 상인들과 보안원들이 다쳐 병원으로
실려 가는 일이 있었다. … 얼마 전 청진시장 한 가운데서 60대
장사꾼과 시장담당 보안원 사이에 옥신각신 싸움이 벌어졌다.
'국가에서 주는 게 뭐가 있냐, 배급은커녕 로임까지 안줘, 둘 중
하나만 줘도 이 노릇 안 해,'라며 장사꾼이 거세게 항의했다.[169]

현재 북한사회는 권력과 자본의 결합으로 거대한 암거래시장이 형
성되었고, 이러한 암거래 시장이 관료적 시장경제를 움직인다. 따라서
거대한 관료적 시장경제의 메커니즘이 제도적으로는 억압적인 성격을
띠고 있음에도 불구하고 결국 관료적 시장경제의 확산을 가져오게 되
는 것이다.

169) 『데일리NK』 2015.7.7.

제2장 관료적 시장경제의 형성과 등장

1. 비공식 시장의 형성과 선군정치의 결합

1) 비공식·공식 시장의 개념과 범주

북한에서 초기 시장행위는 통칭 '장마당'이라고 불리는 골목이나 길거리 등 공식적으로 허가하지 않은 장소에서 이루어졌다.[170] 1990년대 이러한 장마당들은 '메뚜기 장사', '골목시장', '시멘트 시장', '강재시장', '가공품 시장', '모래시장', '석탄시장', '제약시장', '주택시장', '부동산 시장' 등과 같이 자발적인 비공식 시장의 형태로 일정한 지역이나 장소, 상행위의 목적과 특징에 따라 형성되기 시작했다. 또한 일정한 장소나 지역을 단위로 이루어지지 않고 특정 품목의 절취나 거래 혹은 판매를 통한 특종 장사행위들도 비공식 시장에 포함된다. 주로 금, 은, 동, 아연, 보석 등 귀금속과 공장기업소 설비·자재·생산물의 절취·착복, 판매·유통, 마약생산·판매와 같은 불법적 거래를 통한 시장들이다. 이러한 형태의 비공식 시장들은 김일성 사후에 본격적으로 형성된 것이다.

---

170) 홍민, 『북한 전국 시장정보: 공식시장 현황을 중심으로』, 서울: 통일연구원, 2016, 11쪽.

'과정으로서의 불법적 상행위'로 평가되는 비공식시장은 주로 둘 이상의 행위결합으로 이루어진다. 더욱이 특수한 유형의 불법시장은 투자대비 순이익의 크기가 막대하기 때문에 북한의 경우 관료나 엘리트들의 통제·경제 권력과 권한에 의해 보호받는 경우가 더 많다. 논문에서 비공식 시장에 대한 개념과 범주를 기존의 연구자들처럼 일반적인 주민들을 대상으로 하는 '장마당으로서의 비공식 시장'으로 한정시키지 않고 '과정으로서의 불법적 시장'으로까지 확대하는 이유가 여기에 있다. 비공식 시장이든 공식 시장이든 시장에서 이루어지는 모든 이익활동의 과정과 결과는 사실상 경제활동의 한 부분이다.

여기에 비공식 경제의 개념화에 대한 기존 견해를 살펴볼 필요가 있다. 김석진은 비공식 경제를 '관료기구의 통제에서 벗어나 법률과 제도의 틀 바깥에 있는 경제'라고 한다. 이에 따라 북한의 경우 공식적인 법률과 제도는 사회주의 계획경제이므로 여기에서 벗어나는 부분을 비공식 경제로 정의한다.[171] 즉 사경제와 시장 내 자급자족의 특성을 갖는 부분을 비공식 시장이라고 한다. 좁은 의미에서는 '비공식 부문', 넓은 의미에서 '비공식 경제'라고 정의하기도 한다. 그것은 북한의 경우 국영기업이 계획을 위해 시장을 활용하고, 개인 기업가들과 관료들이 국영기업의 명의와 자산, 조직을 이용해 사익추구활동을 할 수 있기 때문이다.[172]

좁은 의미에서든 넓은 의미에서든 기업과 시장의 상호작용으로 이루어지는 경제행위와 메커니즘은 시장행위의 한 부분이다. 따라서 본 논문에서는 두 부분을 통합하여 넓은 의미에서 비공식 시장경제로 본

---

171) 김석진·양문수, 『북한 비공식 경제 성장요인 연구』, 서울: 통일연구원, 2014, 25쪽.
172) 위의 책, 25~26쪽.

다. 공장기업소 내외에서 비공식 시장을 통한 이익창출과 확대재생산은 비록 불법적인 형태라 하더라도 비공식 시장에서의 경제활동, 즉 비공식 시장경제 부분이다. 본 논문에 적용되는 비공식 시장은 허가되지 않은 장소에서의 일반적인 상행위뿐만 아니라 정부 관료들과 주민들의 결탁으로 이루어지는 특수한 형태의 비공식 시장들까지 포함하는 광범위한 개념이다. 또한 비공식 시장경제는 이러한 비공식 시장에서의 상행위, 또는 유기적으로 연결되어 있는 비공식 경제영역을 모두 포함한다.

공식 시장은 종합시장을 비롯하여 당국이 상행위를 허가한 공식 장소 및 당국의 허용기준에 따른 시장행위를 의미한다.[173] 북한은 2003년 종합시장의 현실화를 통해 공식 시장을 허용하지만, 여전히 공식 시장과 비공식 시장이 공존하게 된다.

2) 비공식 시장의 형성과 통제메커니즘

(1) 비공식 시장과 경제분권화

① 비공식시장의 형성

북한에서 비공식 시장의 가장 일반적 형태는 1970년대 시작되었다. 즉 북한이 사회주의 배급제(1957년 시작, 일반공급 · 중앙공급)에 문제가 발생하기 시작한 1976년부터다.

1974년 후계승계를 공식화하면서 1976년 김정일은 '애국미(절약미)' 헌납운동을 제기한다. 애국미 헌납운동은 월 30일 기준 배급량 중 4일분을 '전쟁준비를 위한 절약미'로 책정하고 국가에 헌납하도록 한 운동

---

173) 홍민 외, 『북한 전국 시장정보: 공식시장 현황을 중심으로』, 서울: 통일연구원, 2016, 11쪽.

이다.[174] 처음 자발적 헌납에서 시작된 이 운동은 불과 몇 달 후 '강제 헌납'으로 바뀌었다. 식량배급소에서 통일적으로 4일분 식량을 공제(控除)하면서부터다. 1년 후에는 다시 월 8일분 식량공제로 바뀐다. 이어 식량난이 시작되고 평양시를 비롯한 도시의 일부 주민들은 의류 및 경공업제품들을 가지고 농촌지역에서 물물교환을 시작했다. 이 시기가 아직 잘 알려지지 않은 북한에서의 이른바 '절약미 시대'이다.[175] 이 시기 '전쟁준비'로 강요된 사실상의 '절약미 시대'는 김정일 후계승계와 업적과 관련된다. 김정일은 평양시 수도건설과 혁명사적지·혁명전적지 건설, 별장·초대소 건설 등을 통해 특유의 후계업적을 쌓는다. 절약미 헌납운동은 이러한 건설에 동원되는 '속도전청년돌격대', '군인돌격대', '당원 돌격대' 등 각종 건설 집단들의 식량문제를 해결하기 위해 고안해 낸 것이다. 즉 김일성에 대한 충성심을 바탕으로 '만년대계의 대 기념비적 창조물'을 건설한다는 것이 바로 절약미 헌납운동의 본질이다.[176] 절약미 시대가 시작되면서 수요와 공급의 차이를 활용한 비공식 경제활동이 농민시장이 아닌 지역의 경계에서 시작되었다.

1980년대 중반에 이르러 월 1회 농민시장 운영이 제도화되면서 농민들이 자체로 생산한 농산물들을 농민시장을 통해 판매할 수 있었다. 1980년대 말에 이르러서는 월 1회 농민시장이 월 10일 단위로 늘어났다. 이와 함께 농산물들뿐만 아니라 8.3인민소비품생산을 통해 생산된 여러 경공업제품들도 판매하도록 국가가 허용했다. 이어 시작된 동구

---

174) 당시 기준 1일 식량 배급량은 탁아소·유치원·부양 여성들과 56세 이상 300g, 소학교 학생 400g, 중학교 학생 500g, 대학생 600g, 군인 800g 등이다. 그 중 4일분의 식량을 전쟁예비물자로 헌납하도록 강요하면서 북한의 식량난은 사실상 시작됐다. 월 15일 간격(상순/하순)으로 두 번에 나누어 공급하는 데, 월 배급량의 4일분 식량을 국가에 헌납해야 한다.

175) 북한이탈주민 증언, 2002년 탈북.

176) 북한이탈주민 증언, 2015년 탈북.

권 붕괴와 1990년대 경제위기로 주민들의 경제활동 거점은 점차 직장에서 시장으로 옮겨가기 시작했다. 생존을 위한 자발적인 비공식 시장이 점점 확대되고 공장과 광산, 탄광, 대학과 연구소, 도시와 농촌, 정부기관과 군수공장에서의 일탈행위가 일상화되었다.

> 회령시에서는 탄광기계공장이 있었는데 매우 규모가 큰 곳이었다. 그런데 자재가 공급되지 않고, 식량사정이 악화되다보니 공장이 돌아가지 않았다. 노동자의 20% 정도만 출근했던 것으로 알고 있다, 나머지는 식량을 구하러 다니거나 장사를 한다. 보통 식량을 구하러 간다고 휴가신청을 내지만 무단으로 결근해도 식량을 구하러 간 것으로 알고 그냥 넘어간다.[177]

연합기업소를 중심으로 하는 지방산업 공장기업소들에서 생산 및 운영하락으로 주요 생산설비들의 부품 및 생산물들이 불법 거래되고 불법시장으로 흘러들어갔다. 지방산업 공장들은 이미 속수무책으로 외화벌이 기관들에 흡수되거나 공장 간부들이 직접 나서 아예 공식적으로 설비들을 팔아치웠다. 이미 가동을 멈춘 공장기업소들에서는 기계 설비들과 부속들을 아무렇지도 않게 또 다른 공장기업소에 팔아 이윤을 챙긴다. 이 주머니에서 저 주머니에로 원자재들이 옮겨가기 시작했고, 그 가운데서 막대한 이득을 챙긴 이들이 하루아침에 사라지기도 했다.

수많은 아사자가 발생하고 온갖 범죄와 무질서, 무직자들이 늘어나면서 일명 '비사회주의'적 행위들이 전국을 휩쓸었다. 극심한 경제난으로 다양한 불법 시장의 출현했다. 나진경제무역지대를 비롯한 국경지

---

177) 김성철, 「북한의 지방공업: 계획지표 채우고 남는 것은 개인이 가졌다」, 『통일한국』, 1999, 53쪽.

역들에서는 외국상품과 문화유입 등으로 인한 사회적 일탈행위가 국가의 통제를 벗어나고 있었다. 월 1일 농민시장은 사라지고 혀형색색의 시장들이 북한 주민들을 이끌었다. 특별히 지정된 장소도 없이 주민이 있는 곳이라면 그 어디든 시장이다. 지역의 담당 보안원들이 총동원되어 장사행위, 직장 무단결근, 불법거래, 주민이동 등을 집중적으로 단속해도 막무가내다. 상품을 압류하고 몰수해도 주민들에게 더 물러설 길은 없었다. 돈이 될 수 있다고 생각되는 물건들은 무엇이든 시장으로 들고 나왔다. 국경지역의 중국 상품들이 장마당을 점유하기 시작했고 그에 따른 짝퉁 제품들도 동시에 쏟아져 나왔다.

1990년대 중반에 이르러 무질서한 비공식 시장의 확산으로 첫 호황을 누린 지역은 국경지역의 밀무역과 불법 거래다. 국경지역에서는 이미 중국 상품뿐만 아니라 국내 다양한 외화원천들이 손쉽게 거래되고 있었다. 가장 먼저 국경지역에서 동(銅) 거래가 시작되면서 북한 전 지역에서는 불법 동시장이 생겨났다. 수많은 사람들이 동을 찾아 나섰고, 공장기업소는 물론 도시와 농촌, 주택가들에서 동이 포함된 기계, 설비, 전선줄까지 하루아침에 사라졌다.

사회경제적 무질서와 범죄가 다양한 분야에 걸쳐 더욱 점진적으로 확대되었다. 번쩍이는 아이디어가 회오리바람을 일으키면 특수기관은 물론 일반주민들에 이르기까지 불법이든 합법이든 장사원천을 찾아 들썩거렸다. 국경지역에서 '동'하고 외치면 동시장이, '아연'하고 외치면 아연시장이, '골동품'하고 외치면 골동품시장이 출렁거렸다. 골동품 수집을 위해 평안도와 황해도 일대를 중심으로 조상들의 무덤이 파헤쳐지고, 문화재 도굴에 이르기까지 특수한 형태의 시장도 매일같이 생겨났다. 급기야 1994년 4월 최고인민회의 제7차 회의를 계기로 '문화유물보호법'이 채택되고 문화유물의 도굴과 유통·판매에 대한 강력한 통제에 당국이 나섰다. 그럼에도 불구하고 오히려 문화재도굴 및 거래 시장은 몇 년간에 걸쳐 외화벌이 업자들과 간부들에게 호황기를 가져다주었다. 유색금속시장이나 문화재시장은 엄청난 이익이 거래되는 특수한 시장으로서 오히려 특수권력기관의 관료들과 엘리트들의 보호를 받기 때문이다.[178] 특수기관 외화벌이 관료들은 권력과 권한을 이용하여 비공식 시장에 뛰어들었고 일반 주민들과 상인들은 맨 주먹과 돈으로 비공식 시장을 정조준(正照準)했다.

짝퉁 문화재, 위조화폐 등 돈벌이를 위한 온갖 종류의 사기와 범죄도 권력기관을 중심으로 하는 비공식 시장에서 이루어졌다. 정찰총국, 국가보위부 산하 외화벌이 간부들과 같이 주로 특수·권력기관에 소속된 인물들의 경우 더 공개적으로 위조화폐, 위조달러를 시장에 유통시킨다.[179] 아예 자력갱생과 특수기관 권력을 빌미로 이중장부와 같은 외화관리 대체수단들이 외화벌이의 보편적인 행태로 유행됐다. 상시 혹은 수시로 진행되는 검열과 통제로 처형되거나 처벌받는 사람들이 늘어도 오히려 더 많은 관료들이 불법외화벌이 홍수에 빠져들었다. 비공식 시장은 이제 주민들과 함께 국가권력을 내세운 특권권력들의 비공식적인 활동무대가 되었다.

② 경제 분권화와 기업의 비공식 시장 침투

1995년에 들어 외화난, 경제난, 원자재부족, 생활난 등과 같이 계획경제의 침체로 인한 대안은 부분별 자립성을 강조하는 경제 분권화조

---

178) 북한이탈주민 증언, 2014년 탈북.
179) 당시 위조달러시장은 주로 특수기관 외화벌이 수단의 하나이다. 시중 달러를 9:1 혹은 8:2 비율로 교환하는 방법으로 상인들을 유혹하거나, 또는 도매상품의 비용지불과정에서 불법 상거래의 한 형태로 거래되기도 했다. 북한이탈주민 증언, 2011년 탈북.

치로 나타났다. 연합기업소체제와 독립채산제와 같이 독립성을 강조하면서도 통일적 지도를 꾀하려는 시도가 그것이다. 기업의 자율성과 성·중앙기관의 통일적 지도를 통해 무질서한 기업의 경영난과 경제난을 회복하기 위한 대안이다.

김정일은 독립채산제, 2중 독립채산제, 반독립체산제와 같은 특단의 조치를 통해 경제 단위별 자립성을 강조했다. 독립체산제는 국가의 중앙집권적인 지도와 통제 밑에서 기업소가 상대적 독자성을 가지고 경영활동을 해나가면서 생산에 지출된 비용을 자체로 보장하고 국가의 지표계획을 보장하라는 경제 관리 운영방법이다.[180] 2중 독립채산제는 연합기업소들이 국가의 통일적인 지도 밑에 아래 기업소들을 유일적으로 지도 관리한다. 관리운영에서도 아래 기업소들이 상대적 독자성을 가지고 독립채산제를 운영하도록 하는 체계이다.[181] 그런데 연합기업소들 마저 에너지난, 자금난, 원자재 부족, 노동력 상실 등의 경영난으로 비공식 시장에서 불법이든 합법이든 새로운 투자자들을 끌어들이기에 더 바쁘다.

가장 중요한 위기는 에너지난이다. 대안의 사업체계가 마비되고 기업경영의 자율성을 강조하게 된 배경에도 일차적으로 에너지난이 있었다. 중앙의 계획화에 따른 자재공급이 중단되면서 생산과 공급에서 차질을 빚게 되고 생산저하로 인한 경제적 손실을 감당해야 했다. 산하 공장기업소들은 줄줄이 도산될 위험에 처했다. 공장설비의 절취·유용·노후화가 겹치면서 노동력의 대거 직장 이탈로 이어지고 기업의

---

180) 김정일, 「경제관리운영방법」, 『김정일선집』 제8권, 평양: 조선로동당출판사, 1995, 348쪽.
181) 김일성종합대학, 『주체정치경제학』, 평양: 김일성종합대학출판사, 2004, 329쪽.

비공식 시장 침투가 자발적으로 이루어졌다.[182] 계획경제의 비정상화가 생산의 비정상화를 낳고 생산의 비정상화가 경영의 비정상화를 낳았다. 이제 공장 지배인들은 생산에 필요한 자재와 노후화된 설비들의 수리·보강에 필요한 부품들마저 외부의 능력을 빌려야만 했다. 물물교환이나 화폐거래 형태들도 다양하다. 비공식 시장에는 벌써 원자재와 각종 기계설비, 부품 생산과 경영에 필요한 모든 것들이 취합되고 있었다. 독립채산제로 지배인들은 원자재확보와 생산 및 유통, 생산물의 판매에 이르기까지 모든 문제들을 자체로 풀어나가야 한다. 독립채산제라고 하지만, 계획경제에 얽매여 비공식 시장과의 연계도 쉽지 않다. 예컨대, 기업소 자재 상사들은 형식상 중앙의 계획통제의 테두리에 묶여 있으면서 독립채산제의 원칙에 따라 자체로 원료와 자재들을 구입해야 한다. 그것도 '최소한의 지출'과 '최대한의 자재확보'로 상시 감시대상이어서 쉽지 않다.[183]

여기에 공장의 주요 의사결정권자들과 지속되는 마찰은 피할 수 없는 가장 큰 어려움이다. 자재상사 사장, 무역과장, 당비서, 그리고 군사대표[184]와 공장기업소 보안서[185]와 같이 기업경영에서 주요 결정권자들의 이해관계가 충돌하는 것은 당연한 것이다. 결국 관리와 감독의

---

182) 양문수, 『북한경제의 시장화: 양태·성격·메커니즘·합의』, 서울: 한울, 2010, 22~28쪽.

183) 림광업, 「자재상사 독립채산제의 본질과 특성」, 『경제연구』1호, 평양: 과학백과사전출판사, 2001.

184) 군사대표는 연합기업소를 비롯한 1급, 2급 기업소들에서 군수물자 확보와 생산물에 대한 감독과 통제를 위해 발족된 편제이다. 군사대표는 지배인보다 더 막중한 권한을 가지고 있으며 생산물의 유통과 판매에 이르기까지 전반적인 통제를 맡고 있다.

185) 공장·기업소보안서는 보안서 서장. 각 직장 보안원, 반탐 지도원, 공업지도원, 경비지도원, 후방지도원으로 구성되어 있다(전현준, 『북한의 사회통제기구 고찰: 인민보안성을 중심으로』, 서울: 통일연구원, 2003, 38쪽).

측면에서 지배인들은 결코 자유로울 수 없다. 이에 따라 불법 시장네 트워크를 통해 유입되는 원자재들의 통제권한도 분리되어 있어 더더 욱 경영에 어려움을 겪는다. 저마다 나름대로 외부기관의 능력을 빌려 원자재를 끌어들이고 기회비용을 얻는다. 또한 감독통제기관들과의 협업 하에 비공식 시장 활동의 권한을 부여받기도 했다.

여타 다른 분야들에서도 경제 분권화로 인한 비공식 시장의 침투가 시작되었다. 국가과학원은 반독립채산제로 바뀌면서 백송무역회사를 조직하여 자체 외화벌이에 나섰다. 과학원의 모든 연구사들과 종업원 들에게 8.3제품 생산과제가 의무적으로 부과되는 등 연구소단위로 외 화벌이 분위기가 조성되기 시작했다.[186] 연구 과제를 뒤로 한 채 불법 시장으로 뛰어드는 연구사들과 간부들도 늘어났다.[187]

농업분야에서는 농업연합기업소의 시범적 도입이 1994년 말에 이미 시작되었다. 농업연합기업소를 통한 농업생산지휘의 통일적인 지도와 통제를 모색하려는 시도이다. 우선 평안남도 숙천군 협동농장을 군 농 업연합기업소로 전환하고 군안의 농업을 하나의 생산단위, 하나의 경 영단위로 만들어 경영활동의 책임성과 역할을 강화하려고 시도하였 다.[188] 평양시 만경대구역 협동농장도 국영농장으로 전환하고 생산조 직과 지휘의 통일성을 통해 농업생산의 질을 높이는 데 주목했다. 1995 년에 들어서는 경제체제전환국들의 생산수단의 사유화추세를 우려하 면서 농업연합기업소의 정당성을 '2중 독립채산제'라는 수단으로 대체 하기도 했다.[189] 농업연합기업소 2중 독립채산제는 독립채산제를 농

---

186) 김주성, 「백송무역회사 실체와 외화벌이」, 『북한』 통권 544호, 2017.
187) 참여경험.
188) 「주간북한동향」 1994.12.9.
189) 「주간북한동향」 제216호(1995.1.15).

장, 기업소적으로도 하고 그 위의 연합기업소에서도 하는 것을 의미한다. 즉 2중 독립채산제는 군 협동농장경영위원회를 농업연합기업소로 전환함으로서 산하 농장, 기업소의 독립채산제 운영과 농업연합기업소의 독립채산제를 통한 이중 독립채산제의 실시를 목표로 한다.[190] 2중 독립채산제를 통해 군 협동농장경영위원회에 자율성을 주고 '자력갱생'의 식량생산을 유도하려 한 것이다. 농촌경영에서 이중 독립채산제의 운영은 농촌 기업들과 협동농장들의 상대적 독자성을 통해 사실상 생산과 계획에 대한 분담 및 통제를 강화하기 위한 데 목적이 있었다.

당시 여러 차례의 자연재해와 거의 십년간 방치된 토지산성화, 비료 부족 등이 생산성 하락을 이끌었다. 여기에 군량미로 대부분의 식량이 강제 납품되면서 농민들의 생활난은 극도에 달하였다. 군당, 군 인민위원회, 군행정경제위원회, 군보안서, 군 검찰, 양정사업소, 등 식량생산을 지도해야 할 관리감독기관의 관료들도 식량공급중단과 생활난으로 연간 식량착복에만 바빴다. 농촌에서는 아사자가 발생하고 밤이면 미처 여물지도 않은 벼이삭들이 무더기로 잘려나갔다. 하룻밤 사이 몇십 톤의 벼와 옥수수밭들이 초토화되기도 한다. 전국 비공식 쌀시장도 생겨났다. 그러자 이번에는 농촌지역을 통과하는 도로와 열차의 곳곳에 규찰대와 식량감시초소들이 생기고 식량이동이 대대적으로 통제되기 시작했다. 그럼에도 농촌의 식량브로커들은 통제 관료들과 협력하여 더 큰 쌀시장을 개방한다.

농촌에서는 2중 독립채산제의 실시와 함께 농촌 노동력 부족 및 일탈현상을 막기 위해 도시 근로자들의 '농촌이주'를 적극적으로 유도·권장했다. 농촌지원전투,[191] 제대군인들의 농촌 집단배치, 중학교 졸

---

190) 량세훈, 「2중 독립채산제는 농업 련합기업소의 합리적인 관리운영방법」, 『경제연구』 4월, 평양: 과학백과사전출판사, 1997, 1쪽.

업생들의 농촌 집단배치 등 다양한 수단과 방법을 내세워 농촌을 지원
하두록 했다. 강제이주 및 SCCP 기제를 활용한 적극적인 농촌 인력보
충이 가속화되었다. 그럼에도 농촌인구의 도시에로의 일탈은 지속적
으로 증가하면서 도시 불법거주로까지 확산되는 과정에 이른다.[192] 농
촌에 앞서 도시 시장화가 먼저 시작됐기 때문이다.

지방산업 공장들의 경우도 마찬가지로 독립채산제가 불러온 '자력갱
생'의 부작용이 속속 나타났다. 공장기업소들의 계열식 생산 공정들은
마비되고 기업의 순이익을 쫓아 생산 품목을 아예 바꿔나갔다. 국가계
획과 무관하게 시장의 수요에 맞는 시장제품들을 확보하기 위해서는
필수적이다. 8.3인민소비품 생산을 핑계로 새로운 시장제품들을 선보
이거나, 그나마 일부 남아있는 공장 설비들과 생산물들을 시장에 빼돌
려 확대재생산에 유리한 현금화에 몰입하기 시작했다.

북한은 계획경제의 침체로 기업 관리에서 나타나고 있는 생산 품목
의 자율성과 이윤본위주의를 사회주의 경제 붕괴원인으로 주목한다.
오히려 사람들에게 이기주의를 조장시키고 '기업자치'를 전제로 기업
소들 사이의 경제거래를 상품화폐관계로 전환시킨다는 것이다.[193] 국
가계획위원회 역할이 하락하고 변화된 환경에 맞게 기관기업소 관료
들은 제 살기에 더 바쁘다.[194] 경제일군들의 이윤본위주의가 속속 나

191) 「주간북한동향」 제230호(1995.5.23); 제231호(1995.5.26).
192) 거주와 이동의 자유가 제한되어 있는 북한에서 불법거주는 또 하나의 단속
과 통제 대상이 된다. 따라서 수시로 가택수색이나 정기 검열을 통해 불법
거주자들을 색출해내는 통제 또한 인민보안성의 몫이다.
193) 박경옥, 「리윤 본위를 배격하고 경제 관리에 가치법칙을 옳게 리용하는 데
서 나서는 중요한 문제」, 『경제연구』 2호, 평양: 과학백과사전출판사, 1996,
1~4쪽.
194) 김정일, 「경제 사업을 개선하는데서 나서는 몇 가지 문제에 대하여」, 『김정
일선집』 제18권, 평양: 조선로동당출판사, 1996, 367~369쪽.

타나면서 당 일군들의 행정경제 및 경영통제가 가시화되고 경제적 욕구로 인한 당권 약화가 도마에 오르기도 했다.[195]

분권화가 기업 자치를 강조하면서 주민들의 생활조건 보장제도도 국가책임제에서 공장기업소 책임제로 이관됐다. 이에 따라 식량, 연유(燃油) 등 생활필수품들을 공장기업소가 책임지고 종업원들에게 공급하도록 했다. 1998년 들어「주민연료법」제정을 통해 기관기업소, 단체들이 자체로 주민들의 연료공급(석탄, 석유, 가스, 땔나무 등) 체계를 세우고 보장하도록 규제함으로서 국가의 의무적 보장체계를 해체했다. 중앙기관은 기관, 기업소, 단체들에 생산기지만 할당해주고 자체로 생산하여 공급하도록 하는 분권화체계를 도입했다. 저열탄, 초무열탄, 버럭탄 생산기지는 석탄공업성이, 연재탄 생산기지는 국가계획위원회와 중앙상업지도기관, 지방정권기관이 정해주도록 되어 있다.[196] 국토성은 농촌지역의 땔나무 임지를 정해준다. 지방정권기관과 기관, 기업소, 단체는 자체실정에 맞게 탄광, 땔나무림 같은 연료생산기지를 꾸리고 자체로 연료를 생산하여 주민들에게 공급하도록 하였다.

이러한 조치들은 오히려 암시장에서 조직화되고 있던 다양한 형태의 비공식 연료시장에 기업이 직접 침투할 수 있는 합법적인 기회를 제공했다. 기관, 기업소, 단체들이 국가의 정책을 빌미로 비공식 연료시장에 공식적으로 뛰어들게 된 것이다. 기업과 단체들은 국가에서 할당된, 그리고 자체 연료생산기지들에서 생산된 생산물의 일부는 연료시장으로 유통시켜 관련 생산자들과 간부들이 이득을 취한다.

이렇게 비공식 시장의 형성은 국영기업의 시장침투를 용인했고, 특

---

195) 김정일,「혁명과 건설의 모든 분야에서 사회주의 원칙을 철저히 지킬 데 대하여」,『김정일선집』제19권, 평양: 조선로동당출판사, 1997, 205~206쪽.
196)「조선민주주의인민공화국 주민연료법」, 1998.

히 경제 분권화는 국영기업의 비공식 시장 침투를 용인하게 된 중요한 수단이 되었다. 국영기업과 비공식 시장은 점차 통제와 저항의 중심의 놓이게 되었다. 돈 있는 사람은 돈으로, 권력과 권한을 가진 사람들은 권력과 권한으로, 빈곤층은 빈곤층대로, 크고 작은 불법·합법시장의 주역들로 북한 사회를 변화시켜 나갔다.

경제침체로 자체로 살아나갈 데 대한 '자력갱생'의 구호가 군에서도 외화벌이 관료들의 부정부패와 착복(着服)을 유도하는 수단으로 변질되어 갔다. 군 전투준비와 군인 생활에 필요한 외화를 벌어들인다는 핑계로 국내외 외화벌이 원천들을 확보하고 벌어들인 외화를 절반이상 군 간부들이 착복함으로서 국가보위부와 군 검찰에 회부되는 등의 사건들이 비일비재했다.197)

시장은 생산과 소비, 판매와 유통의 꾀어진 사슬 속에서 사람들의 욕망과 욕구를 실현하는 최소한의 체계를 갖추어야만 형성될 수 있다. 그것이 관습에 의한 것이든, 아니면 생존 욕구와 욕망에 의한 새로운 개념의 시장이라 할지라도 시장체계의 사슬관계는 유기적이다. 시장의 사슬관계는 어떤 형태로든 시장 행위자들 간에 자체적인 관찰과 재생산을 통해 서로 연계되어 있는 관계망의 구조이다.198) 즉 시장에서 행위자들은 서로 연결되어 재생산구조를 만들어나간다. 이 과정에서 서로 다른 시장을 연결해주는 제3의 시장의 존재, 즉 브로커 시장의 존재는 두 시장 간의 경쟁을 창출하고 그 경쟁에서 또 다른 이득을 얻는 존재가 된다.199)

---

197) 1995년 6군단 간부들 40여 명이 마약 등 각종 형태의 불법 장사를 통해 엄청난 외화를 착복하고 군 검찰과 보위부에 회부됐다(『동아일보』 1995.10.14).

198) Harrison C. White, "Where Do Markets Come From?", *American Journal of Sociology* 87(3), 1981, pp.517~520.

199) 이재열, 『경제의 사회학: 미시-거시 연계분석의 이론과 방법』, 서울: 사회비

물리적 통제와 처벌이 항시적으로 도사리고 있는 특수한 제도적 환경에서도 비공식 시장이 특이한 형태의 불법시장들을 배출하거나 움직일 수 있는 힘은 특수한 관료권력에서 나온다. 또한 그러한 관료들과 연결된 행위자들이 브로커 시장의 또 다른 수혜자가 되는 것이다. 이러한 관계망은 또 다른 관계망을 통해 다른 형태의 특수시장의 재생산을 가능하게 한다. 북한 비공식 시장이 지역이나 산업구조의 특성에 따라 각종 형태의 특수한 비공식 시장들을 배출하게 된 동기도 바로 그 특수한 행위자 연결망에 있다. 또한 비공식 시장네트워크를 억제하거나 유지하는 동력도 관료들의 특수한 권한이 경제적 이익과 결합하는 과정에서 발생한다. 이른바 '포고문', '공개처형'과 같은 공포적인 수단들을 통해 불법 시장을 통제하려 해도 그 시장은 더욱 몸체를 불려 나간다.

③ 기업의 비공식 시장 침투 사례

■ 사례 1 대기업의 비공식 시장 침투(순천시멘트연합기업소 사례)

연 300만 톤 능력의 순천시멘트연합기업소는 1990년대 중반에 이르러 설비의 노후화와 주원료의 부족, 수송난, 전력부족 등으로 연 생산 100만 톤에서 점차 떨어져 2001년에 이르러서는 연 10만 톤에도 이르지 못했다.[200] 동 기업소는 석회석광산과 2.8직동 청년탄광을 끼고 시멘드혼합분쇄기(4,900KW급 대형 Tube Mill, 140톤/h), 원료분쇄기(3,600KW급 TIRAX-UNiDAN, 240톤/h 3기), 소성로(폭 5.5m×높이 89m, 3000톤/D), 냉

평사, 1996, 233쪽.
200) 참여경험.

각기(폭 2.0m×높이 23.3m, Unax Cooler), 포장기(50톤/h×15기)를 갖추고 있다.[201] 그럼에도 불구하고 시멘트 생산의 하락을 추동한 근본적인 원인은 주원료의 부족과 설비의 노후화, 전력부족이다. 여기에 수송난 까지 겹치면서 사실상 기업경영은 계획위원회나 소속 상급기관인 건재공업성 통제로부터 점차 멀어져갔다.

설비의 노후화는 가장 중요한 시멘트 생산설비들인 분쇄기, 혼합기, 소성로, 냉각기, 포장기들에서 시작되었고 생산하락을 이끌었다. 보통 대형 원료분쇄기는 3대 중 잦은 고장에 대비하여 1대는 예비로 비축해 두는 것이 원칙이다. 1990년대 초부터 원료분쇄기 1대만 겨우 가동하고 있고 1대 수리기간은 보통 1달 이상이 걸렸다. 포장기 15기도 겨우 5~6기 정도만 가동되고 있어 거의 90% 이상이 비포장상태로 출하된다. 여기에 포장지마저 제2경제위원회가 독점하고 있어 공장수요를 보장하기에는 역부족이다.[202] 석회석광산을 계열광산으로 독점하고 있어도 석회석 보장이 쉽지 않다. 모두가 전력난, 수송난, 인력난(직장 이탈), 설비 노후화 등에서 비롯된다. 다른 원자재들도 마찬가지 실정이다.

계획경제의 침체와 부작용에서 시작된 전력난과 화차부족, 그리고 철도성 관료들의 '화차벌이' 때문에 수송계획들은 미루어지거나 아예 보장되지 못하고 있었다. 기업소에 공급돼야 할 석탄도 대부분 외화벌이 기관에 먼저 판매되거나 공급되다보니 계획에 의한 공급은 기대할 수 없다. 자체로 필요한 석탄을 구입해야 한다.

전력난으로 인한 생산중단 및 주요 설비들의 잦은 고장은 모든 기업소 지배인들의 또 다른 어려움이다. 매일 아침 군사대표, 무역과장, 판매과장과 함께 시멘트 출하계획을 놓고 한바탕 홍역을 치르고 나면 공

---

201) 김경원 외, 『북한의 산업』, 서울: KDI산업은행, 2015, 503~504쪽.
202) 북한이탈주민 증언, 2015년 탈북.

장 지배인은 어김없이 전력공업성으로 차를 달린다. 1W의 전력이라도 더 받으려고 전력상을 불티나게 찾아다녀도 매한가지다. 전력부족도 문제지만 낮은 전압으로 기계 설비들이 망가지는 현상들은 비일비재 했다. 이처럼 시멘트 생산 및 출하의 모든 공정들에 동시에 문제가 발생하면서 공장의 주요 경영 관료들은 외부로부터 자발적으로 유입되는 새로운 원천들을 마다할 수 없다. 원료에서 설비에 이르기까지 주요 생산 공정들에 필요한 원천과 수단들은 비공식 시장을 거쳐 타 기관이나 외화벌이업자들에게 분담되기 시작했다. 그것도 공장의 주요 간부들과 결탁하지 않고서는 물물거래가 성사될 수 없다. 전략산업들의 대부분이 동시다발적으로 이러한 비정상적 생태계를 맞이했다.

■ 사례 2. 중소기업 비공식 시장 침투(건설사업소 사례)

주요 공장기업소들의 비공식 시장 침투도 자력갱생으로 시작되었다. 공장기업소들에서 형식적인 계획경제의 부분은 해당 공장기업소 계획을 승인하거나 할당하는 데만 머물기 시작했다. 그 계획을 집행하는 데 필요한 모든 자재와 자금은 공장 지배인이 자체적으로 해결해야 한다. 역시 자력갱생이다. 생산하락이나 종업원들의 일탈에 대비하려면 지배인은 어쩔 수 없이 '비사회주의 왕초'가 되어야만 한다.

위에서 보장된 자재를 받은 적이 한 번도 없다. 하나부터 열까지 공장 자체로 해결해야 한다. 특히 지배인이 나서서 구해야 한다. 지배인이 얼마나 뛰는가에 따라 계획성과가 결정된다. 예를 들어 철선이 필요하면 이것이 있는 곳을 찾아가서 지배인을 만나 철선을 얼마 달라고 한다. 그 대신 너희 공장에서 필요한

무엇을 주겠다. 그래서 서로 교환한다. 이렇게 모든 것이 개별 사업으로 이루어진다.[203]

지배인은 '비사회주의 왕초'이다. 공장을 살려야 하고, 더 중요한 것은 종업원들의 배급을 마련하기 위해서는 어쩔 수 없는 일이다. 우리 공장에도 갱생(사륜 구동차), 롱구방(승합차)가 있었는데 갱생을 팔아치웠다. 팔수 있는 건 다 팔았다. 국가로부터 받을 수 있는 계획 분은 한정되어 있고 그나마도 미처 보장되지 않아 자체로 건설자재들과 설비들을 구입해야 하는 처지에서 지배인의 권한으로 자동차와 같은 수송기재들도 불법시장을 통해 팔수밖에 없었다. 특히 자재부족으로 탄광건설이 중단되면서 돈이 될 수 있다고 생각되는 물건들은 뭐든지 다 팔았다. 그것으로 다시 시멘트와 강재를 사서 주택건설을 통해 확대재생산을 꾀하였다. 특히 은행의 무현금 거래보다는 현금거래가 일상화되고 있는 상황에서 시장의 유통흐름에 따라가기 위해서는 어쩔 수 없이 지배인이라도 불법거래를 자행하는 수밖에 없다.[204]

대부분의 중소기업들에서 건설사업소와 동일한 방식으로 비공식 시장네트워크가 이루어진다. 그나마 계획경제의 틀에 겨우 묶여있는 자재들을 공급받기도 쉽지 않다. 공급계획을 집행해야 할 공장들이 생산하락과 공장관료들의 줄타기 때문에 뇌물과 인맥은 필수다. 지배인이라 해도 타 공장 지배인에게 뇌물을 줘야 하고 부지배인은 물론 군사대표에 이르기까지 뇌물을 줘야만 계획 분 자재를 받을 수 있다.

203) 서남일, 「계획은 없다. 흥정을 잘해야 공장이 산다」, 『통일한국』 150, 1996, 86쪽.
204) 북한이탈주민 증언, 2010년 탈북.

〈그림 6〉 중소기업의 비공식 시장 네트워크(건설사업소)

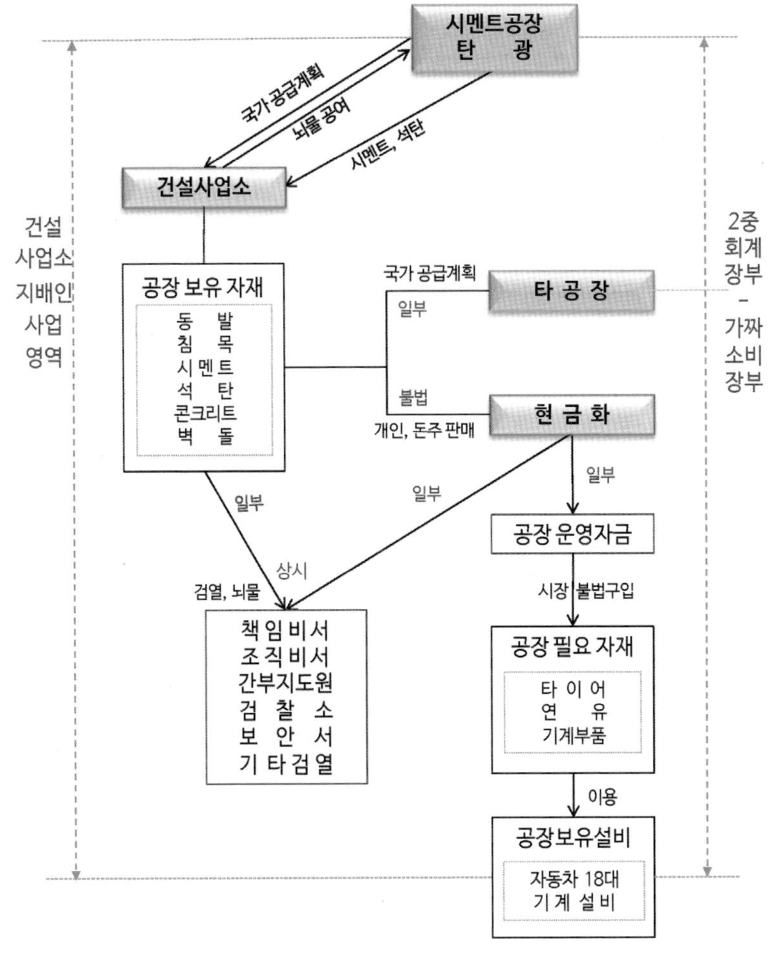

자료: 북한이탈주민 증언(전 북한 건설사업소 지배인) 자료를 토대로 작성함.

겨우 뇌물공여로 자재문제가 해결되면, 이번에는 비사회주의 검열, 검찰소 검열, 조직부 검열 등 형형색색의 검열과 통제들이 올가미를 조인다. 국영기업 지배인들도 무역회사들처럼 2중 장부를 이용했다.

국가보고 장부와 개인 장부 그것이다. 불법적으로 이루어지는 경제거래, 그에 따른 자재, 자금의 수량 및 자금을 맞추려면 부득불 2중 장부를 사용한다. 무역업자들에게는 특히 2중 장부를 작성하는 것이 관행이다.[205)]

(2) 비공식 시장에 대한 당국의 대응

① 새로운 통제기구들의 출현

과거 주민들의 충성유도, 노동기강, 사회적 일탈방지는 당의 직접적인 지도 밑에 조직생활을 통해 통제되었다. 1990년대 이후 비공식 경제활동이 활발해지면서 주민들에 대한 통제는 중앙당과 함께 인민보안성이 전담했다.[206)] 특히 김정일은 동구라파 사회주의 국가들의 붕괴원인을 사회 안전 기관들의 독재기능이 약화된 데 있다고 지적하면서 사회통제기구들의 확산 필요성을 제기했다.

> 사회주의를 건설하던 일부 나라들에서 최근에 일어난 사태는 계급투쟁에서 중요한 역할을 하는 사회 안전기관이 제구실을 못하면 사회주의 국가의 독재기능이 마비되고 사회주의를 말아먹게 된다는 것을 잘 보여주고 있습니다.[207)]

김정일의 지시에 따라 1992년 인민보안성은 사회통제를 강화하기 위한 여러 통제기구들을 설립하고 전역에 투입하였다. 인민보안성 감

---

205) 『데일리NK』 2010.9.20.
206) 최대석·장인숙, 『북한의 시장화와 정치사회 균열』, 서울: 선인, 2015, 33쪽.
207) 김정일, 「사회주의는 우리 인민의 생명이다」, 『김정일선집』 제17권, 평양: 조선로동당 출판사, 1992, 195쪽.

찰국 산하에 특수기동순찰대[208]가 조직되고, 각 도·시·군 단위로 도 보안국, 시보안서, 군보안서에 직속 기동순찰대가 조직됐다. 인민보안 성 산하 각 도·시·군·구역 보안서에는 '노동자규찰대'[209]가 조직되 고 노동단련대(6개월 강제 노동소)가 세워졌다. 노동자규찰대는 '사회 질서 유지'라는 명목 하에 보안원들과 동일한 권한을 부여받는다. 오히 려 그들은 보안원들보다 통제에 더 적극적이다. 그들은 자신들의 권한 을 이용하여 거래불가 품목을 단속하여 개인적으로 착복하기가 십상 이다.

1992년 6월 4일 김정일의 방침으로 조직된 당중앙위원회 비사회주의 검열 그루빠는 간부들과 주민들에 대한 사상·정신·경제·문화적 이 탈행위들을 검열하고 단속·통제 및 처벌하는 것을 목적으로 하고 있 었다.[210] 6.4그루빠의 공식 활동에도 불구하고 비사회주의적 현상들은 갈수록 확산되고 다양한 검열과 단속은 형식에만 불과했다. 1996년에

---

208) 기동순찰대는 도, 시, 군(구역)에 따라 그 규모가 다르지만 최소한 군(구역) 의 경우 순찰대 대장 1명(대위), 순찰대 지도원 4~5명(중위~대위), 20~30명 정도의 순찰대원으로 구성되어 있었다. 기동순찰대는 철도연선을 제외한 모 든 북한 지역들에서 각종 범죄, 부패, 장사. 불법여행, 마약, 문화재유통, 공 장 설비들과 귀금속들의 유통 및 판매, 노숙자 및 성매매 등을 단속하고 감 시하는 임무를 수행한다.

209) 노동자규찰대; 공장기업소 노동자들 중 일부 인력을 차출하여 직장이탈자, 장사행위, 각종 범죄 등 비사회주의현상들에 대한 감시 및 단속을 위해 조직 된 임시조직이다. 해당 지역 안전부 감찰과에 소속되어 있다. 노동자규찰대 는 주민 일상생활에 대한 감시·단속뿐만 아니라 안전부 산하에 설치된 노 동단련대에서 주민들의 강제노동을 책임지고 관리하는 역할을 맡고 있다. 대원들로서는 전국의 1급기업소, 리들에서 공장기업소 근무자들 중 특수부 대 출신의 30대 제대군인(당원)들을 10여 명씩 선발하여 운영하고 있다.

210) 당시 비사(비사회주의 검열 그루빠, 약칭 6.4 그루빠)그룹은 중앙당을 중심 으로 최고 검찰소, 국가안전보위부, 사회안전성에서 차출된 검열원들로 구 성되었다. 이때의 사회안전성은 2000년 4월 인민보안성으로 개편되고 2010 년 4월 인민보안부로 다시 개편된다. 이후 2016년 6월 27일 최고인민회의 제 13기 제4차 전원회의에서는 인민보안부를 다시 인민보안성으로 개편한다. 이하 논문에서는 인민보안성으로 통일한다.

는 보위사령부가 민간인 대상 사회질서 수습에 나섰다. 보위사령부는 전국을 대상으로 검열과 통제, 처벌을 강화하고 공개처형을 포함한 다양한 방식의 척결사업에 진입하였다. 하지만 과도한 보위사령부의 권력과 통제는 다시 전국에 최고의 공포를 불러왔다. 김정일의 지시로 보위사령부의 활동은 중단되고 다시 인민보안성에 위임된다. 기업과 장마당의 비공식 경제활동은 보위사령부의 손에서 벗어나 다시 인민보안성 통제수중에 들어갔다. 기동순찰대에 기동타격대[211])까지 발족되면서 경제활동에 대한 통제는 다양한 방식으로 이루어지기 시작한다. 주민들의 경제활동 영역에서는 상시 기동타격대와 기동순찰대의 통제가 이루어졌다.[212])

90년대 이후 북한 주민들의 시장행위에 대한 단속과 처벌은 체제존속과 연결된 사회주의적 경제행위의 이탈로서 합법화되었다. 특히 이동의 자유가 제한되어 있는 북한 지역에서 초기 기동순찰대의 주요 감시대상은 불법 여행자 및 장사행위였다.

기동순찰대는 조직화되고 증강된 병력으로 시장에서 주민들에 대한 감시를 강화했다. 그들은 공장기업소, 시장, 주민지역은 물론 경제사회 활동이 가능한 모든 영역들에서 24시간 순찰감시 및 단속과 통제임무를 수행한다. 또한 시장에 나가 질서를 단속하고 상행위를 통제한

---

211) 기동타격대는 철도 보안국에 소속되어 있으며 공식명칭은 특별기동대이다. 철도보안국은 인민보안성 산하 직속 보안국으로서 철도관련 안전 분야를 담당하고 있다. 철도보안국은 지방별로 함흥, 청진, 혜산, 신의주, 사리원, 해주, 원산에 철도보안국과 철도 보안국 산하에 승차보안서(여객열차 승무보안서)를 두고 있다. 기동타격대는 철도 보안국 호안과에 소속되어 있으며 지방 철도 보안국에 소조를 두고 있다.(참여경험; 성준혁, 『북한 인민보안부에 관한 연구: 북한경찰의 통제 유형을 중심으로』, 경남대학교 박사학위논문, 2015, 35쪽).

212) 전현준, 『북한의 사회통제 기구 고찰: 인민보안성을 중심으로』, 서울: 통일연구원, 2003, 26쪽.

다.[213] 당시 북한에서 시장의 확산은 자본주의 문화 확산과 사회 부정의, 정신도적적인 이탈행위로 간주됐다. 나아가 체제 불안요인으로 작동할 수 있다는 의식으로부터 비공식적인 시장은 정치권력과 공안권력의 항시적인 감시와 통제의 대상이다. 이렇게 북한시장의 확산은 일차적으로 기동순찰대와 기동타격대에 의해 제동을 받고 있었다.

집결소는 북한 경제활동에서 빠질 수 없는 하나의 시장통제기구이다.[214] 1990년대 이후 대부분의 집결소 수용자들은 장사행위로 인한 검문검색과정에 체포된 사람들이다. 기동순찰대와 기동타격대의 단속과정에 체포되면 집결소로 이송된다. 철도연선에서 단속된 사람들은 기동타격대가 역전 보안소[215]를 거쳐 노동단련대나 집결소로 이관한다. 경제행위와 비사회주의적 요소들에 대한 처벌은 행정처벌법에 따라 무보수노동 및 노동교양, 형법에 따른 노동단련형 및 노동교화형을 통해 실시한다(조선민주주의인민공화국 형법, 제2절 제30조, 제31조, 1995). 무수한 통제기제들이 속속 출현하고 형법수정을 통해 통제와 처벌기준을 강화했지만 비공식 시장은 계속 늘어났다. 1995~1998년 사

---

213) 이규하, 「북한체제의 사회통제기능 연구－인민보안성의 통제기능을 중심으로」, 고려대학교 석사학위논문, 2006, 107쪽.

214) 집결소는 불법여행자, 부랑아, 사건 계류자 및 탈북자, 그리고 여객 및 화물열차와 철도선연선들에서 기동타격대의 검문·단속에 의해 적발된 자들을 임시로 수용하는 인민보안성 산하 집결소이다. 집결소는 각 도를 중심으로 지역별로 설치되어 있다. 주로 사리원, 안주, 고원, 청진, 혜산, 무산 등에 위치하고 있다. 집결소는 일차적으로 단속된 사람들을 대상으로 일정 기간 동안 강제노동을 거쳐 각 거주지 관할 보안서로 이송하는 역할을 수행한다(참여경험).

215) 역전 보안소는 소장, 비서, 감찰지도원과 일반 보안원으로 구성되어 있으며 해당 시(군, 구역)보안서에 소속되어 있다. 평양특별시를 비롯한 특별시의 경우 역전 보안서의 인원은 보통 30명 이상이며 15명씩 교대로 24시간 단속과 통제를 한다. 역전 보안소는 역전주변을 포함하여 각종 사고 및 범죄예방, 수사, 여행자들에 대한 검문·검색·주민동향 파악, 불법 출입국 단속, 장사활동에 대한 단속과 통제를 주 업무로 하고 있다(참여경험).

이 공개처형 및 구금인원만 해도 수천 명에 달할 정도로 통제에 따른 척결도 임사분란하게 이루어졌다.[216]

② 비공식 시장과 통제 메커니즘 결합

비공식 시장의 확산, 당국의 대응, 통제 기구 및 관료 행위자들의 증가, 처벌과 처형이 강화되는 가운데 오히려 통제관료·시장행위자들의 상호작용은 다양한 방식으로 이루어졌다. 통제와 저항의 메커니즘은 개별적 행위자들의 생존과 경제적 이익의 상호작용으로 조율되고 비공식 시장에서는 새로운 생존수단들이 개발되기 시작했다. 이러한 상호작용은 생산-유통-판매의 전 과정에서 필연적으로 자행됐다.

우선 다양한 형태의 불법·합법 장사 품목들의 도매·판매와 유통통로가 1차 타깃이다. 이 시기 비공식 시장을 움직이는 상품의 유입과 유통과정은 다양한 방식으로 이루어졌다. 시장이 확산되면서 사리원, 평성, 신의주, 함흥, 청진, 혜산, 무산, 나진-선봉이 중심 도매시장으로 떠올랐다. 신의주, 혜산, 무산, 나진-선봉 경제무역지대를 통해 중국산 경공업, 식품, 의약품들과 원자재들도 쏟아져 나왔다. 이에 따라 육로와 철도를 이용한 유통에도 본격 시동이 걸렸다.

운송업은 인간, 상품, 정보 등을 연결하고 실어 나르는 인체의 혈관과 같은 역할을 한다.[217] 북한에서 철도는 시장화 초기 국경도시와 내륙, 주요 대도시 사이를 연결하며 시장의 많은 물품을 조달하는 주요한 유통수단이었다. 따라서 비공식 시장과의 연결 통로를 차단하기 통

216) 이규하,「북한체제의 사회통제기능 연구－인민보안성의 통제기능을 중심으로」, 고려대학교 석사학위논문, 2006, 97쪽.

217) 홍민,『북한 시장화와 사회적 모빌리티: 공간구조·도시정치·계층변화』, 서울: 통일연구원, 2015, 141쪽.

제조치들이 조직적으로 이루어졌다. ①육로와 철도를 통한 상품의 유입과 유출과정의 차단 및 통제, ②다중 통제 시스템의 구축 및 활용, ③서로 독립적이며 상호보완적인 통제 메커니즘의 도입, ④국경지역으로의 주민이동과 정보의 교환통제 등이다.[218]

지역 분기점들에 설치된 10호 초소(국가안전보위성)와 전국의 모든 도·시·군·국경지역들에서 24시간 비상검열체제(인민보안성)가 작동했다. 장사행위가 성행하면서 단순한 여행증명서 검열에서 일체 소지품 검문으로 통제가 확대되었다. 지역단위로 도로통제는 주로 기동순찰대가 맡고 있다. 기동순찰대는 24시간 순찰과 잠복근무를 통해 장사행위와 각종 불법행위들을 단속하거나 처벌한다. 철도를 통한 이동통제는 상호보완적이면서도 복합적인 통제시스템을 통해 이루어진다. 철도연선, 철도역, 여객 및 화물열차를 통한 상인들의 이동, 장사행위, 상품의 유통 및 판매 등은 상시적인 SCCP 통제 대상이다.

첫 번째로 나선자유경제무역지대를 통한 상품공급원천의 차단이다. 1992년 설치된 나진자유경제무역지대는 북한 비공식 시장의 확산을 가져온 일등 공신이다. 비공식 시장에서 유통되고 있는 상품의 80% 이상이 자유경제무역지대에서 공급되기 때문이다. 지대상품들은 청진, 평성, 함흥, 신의주, 사리원 등의 주요 도매시장을 통해 전국 시장으로 도매된다. 군부는 물론 권력기관들의 주요 외화벌이 회사들에게도 지대는 주요 수출입산지다. 공장기업소의 중요한 자재, 설비들도 지대를 통해 거래된다. 때문에 여객열차나 화물열차들은 특별한 통제와 단속 대상이다. 두 번째로 큰 상품 공급지는 혜산, 신의주 등 주요 국경도시 시장들이다. 이 때문에 평양-혜산(제1열차), 혜산-평양(제2열차), 평양-

---

218) 길화식, 「김정일 시대 공안기관의 사회통제 강화와 한계」, 『북한학보』 제35 집 2호, 2010, 61쪽.

두만강(제7열차), 두만강-평양(제8열차) 열차들은 제1차 타깃이다. 이와 함께 가장 많은 상인들이 이용하는 열차이기도 하다. 그만큼 당시 노른자위로 각광받던 나진경제무역지대로의 출입과정은 거의 '전쟁 상황'을 방불케 한다. 열차운행과정에서 상인들과 통제 관료들의 복합적이고 치열한 생존경쟁이 가장 폭넓게 이루어지기 때문이다.

당시 이 지대에 대한 통제권은 국가보위부와 인민보안성에 위임됐다. 지대로 들어가기 위해서는 우선 인민보안성 감찰국 승인번호에 따라 발급된 특별 증명서가 있어야 한다. 중요한 국가 업무 외에 일반적인 출입국은 허용되지 않는다. 심지어 나진-선봉지역에서 살고 있는 친척들의 사망진단서를 제출한다 해도 출입증명서는 쉽게 발급되지 않는다. 여행증명서가 발급됐다 하더라도 들어가는 과정이 결코 순탄치 않다. 그것은 국경세관이 지대입구에 별도로 설치돼 있기 때문이다. 내륙에 설치된 별도의 국경 통행검사소와 세관이다. 내국인들을 대상으로 하는 통행검사소와 세관이 후창철도역(철도연선)과 무창리 도로(도로초소)에 신설됐다.[219] 이로서 나진-선봉은 국경속의 국경도시로 자리 잡았다.

지대로의 출입은 해외 출입국심사보다 더 엄격한 통제를 거친다. 나진철도역 두 정거장을 앞두고 후창철도역에서는 약 50분가량의 검문검색이 열차와 여객손님들을 대상으로 이루어진다. 후창 통행 및 세관검사소에는 보통 보위사령부 책임검사 1명, 국가보위부 통행검사 10~15명, 국가보위부 세관검사 15명 정도 상주한다. 후창철도역과 무창리 도로에 각각의 검사소를 설치하고 지대로의 출입국통제를 맡고 있다. 이 밖에도 약 20여 명의 국경경비대 군인들이 통행검사, 세관검사들과 함께 검열과 통제사업에 참여한다. 무창리 도로검사소는 1호,

---

219) 참여경험.

2호, 3호 초소로 나뉘어 3차에 걸쳐 통행검사와 세관검사를 한다. 증명서 검열, 몸수색, 소지품 검사에 이르기까지 보통 2~3시간에 걸치는 검열을 통과해야만 지대로 들어갈 수 있다. 앞서 이 지대를 중심으로 산속에는 고압 철조망이 설치되어 초기 철조망을 넘어 지대로 들어가려던 수많은 장사꾼들이 생명을 잃은 사례도 있다.

지대로의 출입 열차(평양-두만강 행)에서도 독특한 방식으로 통제가 진행된다.

〈그림 7〉 평양-두만강 행 구간별 통제 현황

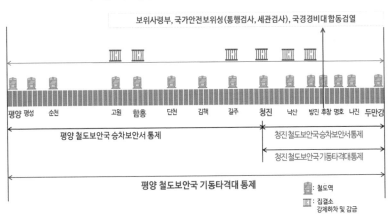

열차의 기본 승무원들은 승차보안원[220]과 열차승무원들이다. 이외 기동타격대까지 포함하면 열차 내 승객들에게는 전 구간이 아슬아슬한 검열과 단속의 연속과정이다. 평양~청진구간 열차검문은 평양 철도

---

220) 승차보안원은 열차 내 여행증명서와 소지품 단속 및 통제를 주 업무로 하는 열차 보안원(승무경찰)이다. 열차 보안원들과 열차원들은 1객차 1담당 원칙으로 담당한다. 책임 보안원 1명, 전무(책임 열차원)까지 포함하면 대략 30명의 승무원들이 열차 내 각종 검열을 담당하고 있다.

보안국 산하 승차보안서가 담당한다. 청진~두만강구간 열차검문은 청진 철도보안국 산하 청진 승차보안서가 담당한다. 이외에도 평양~두만강 구간에서 별도로 평양 철도보안국 산하 기동타격대가 3개의 소조로 나뉘어 왕복 검문검색을 진행한다. 청진~두만강 구간에서는 청진 철도보안국 산하 기동타격대가 검문검색을 지휘하고 있다. 기동타격대는 임의의 시간과 장소에서 승무 보안원들과 열차원, 검차원, 일반 승객들까지 포함하여 모든 철도역들과 철도연선 내에서 검문검색을 할 수 있다. 주로 대규모 상품유통과 증명서에 대한 검문검색을 통해 강제처벌과 강제구금 권한도 있다. 또한 승무 보안원들을 포함하여 열차 승무원들이 승객들이나 전문 유통업자들과 결탁하여 뇌물을 챙기거나 대규모 상품유통을 협조하는 행위들에 대해서도 통제한다.[221] 대량 상품유통의 전량 몰수 및 처벌권한을 가지고 있어 단속통제를 위해서는 임의의 철도역에 열차를 정차하거나 지체시킬 수도 있다. 열차 내에서 검문검색의 시작과 마감(단속자들에 대한 처리), 형식과 내용, 대상과

---

221) 초기 비공식 시장에서 가장 많은 비중을 차지했던 각종 경공업제품들과 식품, 의약품, 원자재들은 지대에서 공급되는 것들이었다. 대부분 평양-두만강 행 열차를 통해 유통된다. 열차승무원들은 검문검색이라는 수단을 이용하여 상인들과 담합하고, 전문 유통업자를 자처한다. 이들은 각 객차들의 칸막이나 천장, 벽 공간, 화장실까지 개조하여 열차 내부구조를 변경시킨다. 이렇게 개조된 비밀화물칸들은 기동타격대의 검문검색을 피하려는 목적도 있었지만 더 많은 짐들을 실어 나를 수 있는 공간을 확보하기 위해서이다. 뿐만 아니라 객실조차도 수많은 장삿짐들로 차고 넘쳐 사람들이 짐을 타고 넘거나 창문을 이용하여 바깥출입을 해야 하는 상황들은 이제 별로 놀라운 일이 아니다. 평양-두만강 행 1객차 기술상 수용인원은 85~102명 정도이지만, 실제로 승무원들과의 이러저러한 연줄로 실 승객인원은 200명에 거의 가깝다. 여기에 1객차 3명의 승무원(보안원, 열차원, 검차원, 방송원)들이 불법 개조된 짐칸들과 객실을 이용하여 실어 나르는 짐의 무게와 일반상인들과 승객들이 실어 나르는 짐들의 무게를 대략 합산한다 해도 그 무게는 어마어마한 양이다. 하나의 객차는 기술적 한계수치보다 거의 2~3배에 달하는 무게를 감당하면서 비교적 긴 구간을 운행한다. 열차의 탈선사고나 노후화가 가속화되는 원인이다(북한이탈주민 증언, 2012년 탈북, 『동아일보』, 2013. 5. 8).

절차도 상당히 복잡하고 다중적이다.

<표 9> 평양-두만강 행 구간별 검문검색 현황

구간 담당	검문 시작역	검문 마감역	강제 하차 및 구금	처리 방법
평양 승차보안서 (평양-청진)	평양	평성	강제 하차	역 보안서 이관
	순천	양덕	강제 하차	역 보안서 이관
	거차	고원	강제 하차 및 구금	고원 집결소
	함흥	단천	강제 하차 및 구금	고원 집결소
	단천	길주	강제 하차 및 구금	길주 집결소
	길주, 경성	청진	강제 하차 및 구금	청진 집결소
청진 승차보안서 (청진-두만강)	청진	청암	강제 하차 및 구금	청진 집결소
	관해	낙산	강제 하차	역 보안서 이관
	낙산	방진	강제 하차	역 보안서 이관
	나진	두만강	강제 하차	상품 압류

마침내 나진철도역에 도착하면 또 다른 통제집단이 대기상태다. 〈그림 8〉은 나진역을 포함하는 북한 철도역 통제 현황을 보여주고 있다.

<그림 8> 시장화 이후 북한 철도역 통제 현황

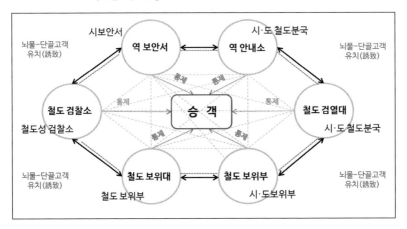

역구내에서는 역보안서, 철도보위부, 철도보위대, 철도검찰소, 철도

검열대, 철도안내소가 승객들의 여행과정을 검열·통제한다. 이러한 철도역 다중 통제 시스템도 1990년대 이후 구축되었다. 통제기구와 통제인력이 증가할수록 불법적 결탁관계는 더욱 가시화될 수밖에 없다. 모든 철도역, 철도연선들은 치열한 통제와 저항, 이익 창구가 된다. 따라서 역구내에서조차 이들이 행사할 수 있는 권한도 상당하다. 불법이든 합법이든 철도를 이용하기 위해서는 이들과의 친밀한 관계를 유지할 수밖에 없다. 결국 이 같은 통제기구들도 직접적으로 자신들의 고정이익수단을 보유하게 된 이유다. 이러한 통제 구조 속에서 당연히 상품의 가격결정구조는 원가+통제비용(뇌물)+이익의 3원 구조를 이룬다. 구간별 통제비용이 자발적으로 추가되기 때문이다. 도매상이나 소매상의 경우도 마찬가지다. 예컨대, 철도를 이용하는 중간 도매상의 경우 청진(수남시장)-평성(평성시장) 간 수익창출구조는 다음과 같다.

<그림 9> 중간도매상의 수익창출구조

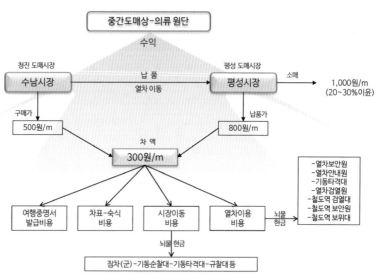

자료:『좋은 벗들』,『데일리 NK』,『자유아시아방송』, 북한이탈주민 증언을 토대로 작성함.

당시 도로 이용수단이 제한적인 상태에서 철도 이용은 북한 최고의 이동수단이었다. 그럼에도 상품의 유통량과 철도 이용객들이 증가하는 반면, 전력난으로 여객열차의 운행횟수는 줄어들었다. 반대로 통제는 강화되고 철도연선에 더 많은 통제기구와 인력들이 추가됨으로서 뇌물과 불법이 가장 활발하게 이루어졌다. 그리고 2000년대에 들어 철도성의 주요 기관들과 간부들조차도 가장 안전하고 막대한 돈벌이 수단으로 철도를 이용하게 된다. 권력기관 산하 무역회사들은 철도성 간부들의 권력을 이용하여 막대한 이득을 보고 있었다.

그리고 이 시기 권력기관들 사이의 서로 독립적이면서도 상호 침투적인 감시와 통제도 일상화됐다. 예건대, 국가보위성이 지니고 있는 특권 때문에 산하 외화벌이 간부들이나 지도원들이 결코 자유로운 것은 아니다. 국가보위부 신분증을 지니고 있어도 그들의 무역활동은 보위사령부나 인민보안성, 사법·검찰의 또 다른 타깃(Target)이다. 때문에 임의의 순간에 집결소나 구치소에 감금되어 곤욕을 치르는 경우가 많다. 이것은 권력기관들의 독립적인 위상과 권한이 오히려 권력기관들 사이 경계를 만들고 자신들의 권력과 권한을 이용하기 때문이다. 또한 정보교환의 비공개 시스템에도 문제가 있다. 어느 집결소에 국가보위부 지도원이 감금되어 있어도 특별한 경우를 제외하고는 그 정보를 해당 기관에 알려주지 않는다. 서로가 자신들의 권력을 보호하는 것이다.

지나치게 엄격한 감시와 통제가 다중 혹은 독립적인 어떠한 조직이나 체계에 의해 이루어진다면 그 체계 내에서의 담합이나 배제의 과정은 상당히 복잡하다. 즉 SCCP를 목적으로 하는 5대 권력기관들이 제각기 독립적인 권한과 권력을 가지고 있다고 할 때, 최소한 5중 통제는 보편적이다. 그렇기 때문에 개별적 권력기관 관료들의 권한과 우선순위에 따라 서로 주고받는 이익과 통제의 한계효용은 대상과 범위에 따라 제한적일 수밖에 없다. 한마디로 통제가 강화되고 통제조직들의 기능적 분화가 심화될수록 경제적 이익에 따른 생존 네트워크는 더욱 복합적이고 비공식적인 네트워크로 발전할 가능성이 크다.

이러한 통제 속에서 비공식 시장은 선군정치와 공존하면서 어떻게 시장을 변화시키는가? 또 비공식 시장과 선군정치의 결합은 어떤 부작용을 낳는가?

3) 비공식 시장과 선군정치 결합

(1) 군부의 비공식 시장 침투

정치·경제·군사·사회의 모든 분야에서 선군의 역할이 강조되면서 군의 비공식 시장 침투는 세 가지 범위에서 이루어졌다. 첫째; 불법 외화벌이 시장 침투, 둘째: 국영기업으로의 비공식 침투, 셋째, 자원시장 및 외화벌이 시장의 침투이다.

우선 불법 외화벌이 시장의 침투이다.

자력갱생과 선군정치는 군부권한과 권력을 대신하는 다양한 행위자들의 출현을 촉진시켰다. 1990년대 유명무명의 군부 외화벌이 회사들과 산하 기지들이 수많이 생겨나게 된 근본원인도 이러한 결과였다. 비공식 시장에서의 외화벌이는 군부 무역회사의 명의를 빌려야만 가능하다. 군부 외화벌이 관료들은 돈벌이를 이해 민간인들을 끌어들여 가짜 신분증을 마련해주고 회사나 관리소, 기지들을 만들도록 허용해준다. 회사는 회사를 낳고 또 그 회사들은 자원과 외화원천 획득에 유리한 지역들을 대상으로 흡수하기 시작했다. 한마디로 전 지역에서 '외화벌이 기지 새끼치기 운동'이 벌어진 것이다.

국가보위성도 국 단위의 외화벌이 회사들과 기지들을 용인하고 산하 기지, 공장들을 새끼치기 시작했다. 인민보안성도 마찬가지로 국 단위로 외화벌이 기지들을 승인하고 외화벌이를 허용했다. 또한 그들의 불법행위에 뒤를 봐주거나 보조적인 역할을 함으로서 이득을 취한다. 불법 유색금속시장, 보석시장, 문화재시장, 위조달러시장, 철강재시장, 시멘트시장, 국경지역에서의 밀수와 같은 불법 시장들은 리스크가 큰 반면 막대한 이득을 얻을 수 있다는 '장점'이 있다. 특수기관의 외화벌이 업자들은 수많은 상인들을 '채용'하고 불법 외화벌이 시장으로 끌어들였다. 하지만 SCCP 통제기능이 중복되어 있는 상황에서 공장기업소 경영 관료들뿐만 아니라 외화벌이 업자들, 무역회사 사장들은 SCCP 관료들의 주요 '타깃'이다. 따라서 이들이 경제활동에서의 '보호'를 위해서는 5대 권력기관의 중복 교차된 인맥을 필수로 한다.

> 상급 관료들은 하급관료들에게 수직으로 내려 먹이고 검찰은 검찰대로 뇌물, 경찰은 경찰대로 상납하는 뇌물을 받아 윗간부들이 먹고 산다. 이것은 기본 생존권이다. 그들도 서로 살아남기 위해서다. 생존권은 곧 경제권이다. 정부에서 정해놓은 국정가격으로 살 수 없기 때문에 할 수없이 자신의 권력을 이용하여 나름대로 생존네트워크를 구축하고 있다. 이러한 목적으로 접근하는 관료들에게 외화벌이 업자도, 시장의 큰 돈주도 모두 주 타격대상이다. 그래서 보통 1년을 넘기기 힘들다.[222]

초기 관료들의 이익행위는 주로 공공자원의 횡령, 민원사항과 관련된 수뢰, 후원 내지는 도움의 대가 정도였다. 외화벌이가 성행하면서

---

222) 북한이탈주민 증언, 2010년 탈북.

군부 권력도 비공식 시장에서 인적·물적 외화원천을 찾아 끊임없이 자신들이 영역을 넓혀나갔다. 결국 비공시 시장이 확산으로 제도적 통제기제들이 속속 출현하는 가운데 재빨리 시장개척에 성공한 주인공들은 군부와 권력기관의 외화벌이 업자들이었다.

다음으로 국영기업으로의 비공식 침투가 일상화된 것이다. 자력갱생이 군부를 포함하는 특권기관들의 인민경제로의 침투를 가능하게 하였다. 군수공장도 예외는 아니다. 제2경제위원회 소속 군수공장들과 연합기업소들과 중소기업공장들의 경영하락을 계기로 군부를 비롯한 권력기관들이 줄줄이 침투하기 시작한다. 군수경제든 인민경제든 당경제든 에너지난, 자재난은 예외 없다. 결국 권력기관 무역회사들과 외화벌이 업자들이 공장기업소의 주요 외화원천지들을 속속 장악하면서 특권경제의 일반경제로의 침투를 이끌었다. 군수공장들과 일반산업들이 상호 생산 및 경영에 자발적으로 접근하고 불법적인 물물교환을 통해 이른바 자발적 '브로커'로 자처한다. 서로의 자원과 능력을 교환함으로서 이득을 취하기 시작한다. 군수공장의 자재, 설비부속들이 연합기업소로 흘러들어가고 연합기업소의 자재, 설비들이 군수공장으로 팔려나간다. 때로는 군수공장 지배인이 타기관의 외화벌이 지도원과 결탁하여 공공연히 공장의 설비들을 빼돌린다. 기사장과 시장 상인이, 또는 무역과장과 지배인이 결탁하고 공장보안서장이 공모하여 이른바 '합법적인'불법거래의 이윤을 창출한다. 또 일반 노동자들은 공장보위대와 보안서, 보안원들의 보호 하에 주요 원자재 및 공장 설비들을 빼돌리고 이윤을 나눈다. 여기에 타기관의 외화벌이 및 장사꾼들까지 포함하면 한 공장이 비공식 시장과 연결된 시장네트워크는 상당하다. 주원료의 보장과 생산·판매 및 수송에 이르기까지 거의 모든 과정들이 특수기관이나 외화벌이업자들에게 조각조각 맡겨질 수밖에 없는 구조다. 물물교환과 금전거래를 통해 막대한 이득을 챙기는 개인과 조직들이 점점 늘어나는 한편, 지방 산업공장들은 아예 줄줄이 도산되고 있었다. 군수공업이나 중요 산업시설들에서 계획경제의 침체는 공장 관료들이나 해당 책임기관 간부들의 처벌이나 교체로 해결될 문제가 아니었다.

공장기업소와 함께 국가의 주요 대상건설들은 군부 비공식 시장의 주요 타깃이다. 국가건설을 빌미로 유동적인 자금과 자재들은 외화벌이 중요한 수단이기 때문이다. 발전소 건설에 보장해야 하는 원자재들과 설비들의 생산 및 유통, 판매, 평양시 수도건설과 도·시 주택건설, 발전소 건설과 같은 주요 대상건설들도 특수기관들과 특수기관을 빙자한 외화벌이 업자들의 보이지 않는 손을 거쳐야만 가능했다.

시장이 작동하는 시장외부의 제도적 환경에 따라 시장의 효율성은 달라진다.[223] 그러한 시장의 효율성은 시장에 대한 국가의 정책과 대내외적 조건과 환경, 시장의 주요 행위자들의 기능과 역할에 따라서도 달라진다. 특권권력이 비공식 시장에서 노리는 것은 또한 자원시장 및 외화벌이 시장들이다. 당, 인민무력성, 인민보안성, 국가보위성, 검찰소, 내각 등 특권 권력기관들이 산하 무역회사들을 설립하고 자원시장의 독점권을 놓고 서로 경쟁한다. 주요 자원들의 수출입 와꾸(허가권)을 놓고도 권력기관들이 경쟁한다. 그들은 자신들이 부여받은 허가권을 다시 산하 외화벌이 기관들에 대여하는 방식으로 타 경제권역의 외화벌이 원천과 업자들을 확보 및 고용한다. 이 과정에 수많은 권력기관의 관료들이 통제와 보호 및 경제적 이득의 경계를 오고 간다. 또 이러한 과정에서 불법 획득한 권력과 자본, 자원과 자재들은 또 다른 비

---

223) 정건화, 「북한의 노동체계에 대한 제도론적 접근」, 『동향과 전망』 62호, 2004, 107쪽.

공식 시장에 투입되면서 비공식 시장경제를 움직인다. 〈그림 10〉은 권력기관 무역회사들의 조직구성 및 통제현황이다.

〈그림 10〉 권력기관 무역회사 조직구성 및 통제현황

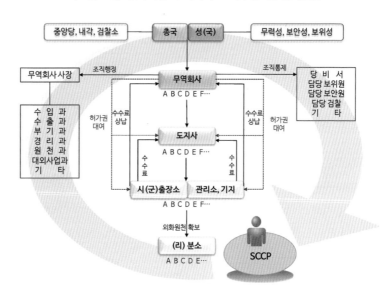

자료: 정은이,『북한 무역회사에 관한 연구: 북중 접경도시 '신의주'를 중심으로』, 서울: 통일부, 2012; 곽인옥,「(平壤)지역 무역회사와 시장에 대한 연구」, 경제학 공동학술대회 자료집, 2018; 북한이탈주민 증언들을 토대로 작성함.

무역회사, 지사, 기지 등 다양한 외화벌이 기관들이 도·시·군 단위로 구축하고 있는 자원시장과 가공업, 농수산업, 도·소매업들은 이렇게 비공식 시장에서 시작되었다. 이러한 비공식 시장들이 서로 연계하고 있는 능력과 권력의 상호의존도에 따라 충돌·담합·배제현상이 발생한다. 새로운 자원들을 구축하고 개발 및 판매하는 과정에서 새로운 형태의 비공식 시장들이 지속적으로 생성된다. 예컨대, 북·중 무역에서 가장 큰 비중을 차지하고 있는 석탄시장의 형성과정도 마찬가지다.

〈그림 11〉 불법·합법 석탄시장 네트워크 구조

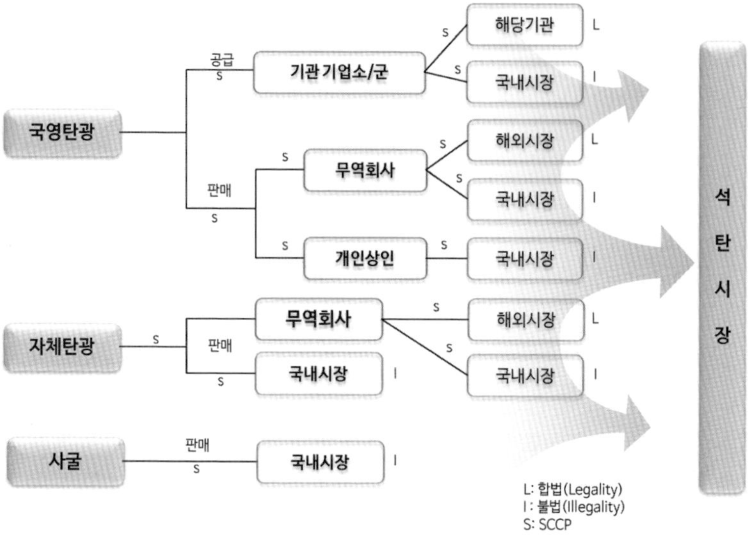

국영탄광
  공급 S → 기관 기업소/군
    S → 해당기관 L
    S → 국내시장 I
  판매 S
    S → 무역회사
      S → 해외시장 L
      S → 국내시장 I
    S → 개인상인
      S → 국내시장 I

자체탄광
  S 판매
    무역회사
      S → 해외시장 L
      S → 국내시장 I
    국내시장 I → 국내시장 I

사굴
  판매 S → 국내시장 I

석탄시장

L: 합법(Legality)
I: 불법(Illegality)
S: SCCP

자료: 강성현, 「북한의 민간 에너지 시장에 관한 연구」, 경남대학교 석사학위논문, 2016과 북한이탈주민들의 증언 자료를 토대로 작성함.

선군사상, 선군정치, 선군경제건설노선이 군의 비공식 시장침투를 정당화함으로서 군의 위상도 높아졌다. 군 연줄을 잡기 위해 행정 관료들과 주민들이 줄을 선다. 장마당과 도로에서, 그리고 열차에서도 군대만 있으면 쉽게 통제에서 벗어날 수 있기 때문이다. 선군의 위력이다. 선군정치로 군의 경제활동 참여는 물론 사회 무질서도 가시화됐다. 군부관료들의 경제적 이익, 사회질서 혼란도 우선시되면서 '군이 경제건설의 주역'으로서의 위치가 아닌 '경제이익의 주역'으로서 대체되었다.

거시구조의 영향력은 일정한 시간간격을 두고 개인에 영향을 미치며, 개인들의 행위에 따른 미시적 행위의 결과는 또 일정한 시간간격을 두고 거시구조를 변화시키는 요인으로 작동한다.224) 이러한 인과관계는 '공포정치'가 지배하고 있는 북한사회에서 오직 제한된 행위와 능력 사이에서만 기능한다.

비공식 시장에서 군을 중심으로 하는 5대 권력기관들의 통제와 처벌이 주민들의 큰 반발이 없이도 가능했던 이유는 선군정치와 선군을 강조하는 선전선동수단의 '지속적인 회유' 때문이기도 하다. 또한 절대복종과 순종을 강요했던 공포정치의 일환이기도 하다. 당시까지만 해도 주민들과 관료들은 새로운 생활환경에 서로 저항하면서도 순응해야만 하는 관습적인 의식에만 머물러있었다. 수차례의 검열과 통제, 단속이 비공식 시장의 전 과정에 다양한 방식으로 접근하고 있었다. 하지만 시간이 흐를수록 검열과 통제, 그리고 상품유통에 있어 고도로 다양화된 새로운 형식과 방법들이 재생산되거나 확산되기 시작한다.

새로운 환경에 대한 저항은 오직 생존네트워크를 구축하기 위한 다양한 형식의 인적 네트워크를 마련하는 데만 머물러 있었다. 덜 빼앗기고, 덜 통제받고, 더 쟁취하고, 더 받을 수 있는 경제적 환경(생존 환경)을 마련하기 위해 통제-보호의 인적 네트워크를 마련하는 데 더 사활적이다. 아주 연약한 연줄이라도 찾아야만 시장 활동의 자유를 보장받을 수 있었고 강력한 통제에서 조금은 자유로울 수 있었다.

군-시-도-중앙으로 이동할수록 권력의 세기가 더 커진다. 이것을 이용하려는 시장 세력들의 통제-보호네트워크는 5대 권력기관을 중심으로 자연스럽게 이루어졌다. 이러한 선군정치와 통제 권력의 비공식 시장 침투는 점차적으로 권력-보호-이익의 상호 네트워크를 만들어가면서 관료적 시장경제의 단초를 제공하게 된다.

---

224) 이재열,『경제의 사회학: 미시-거시 연계분석의 이론과 방법』, 서울: 사회비평사, 1996, 69쪽.

(2) 군부의 비공식 시장 침투 부작용

비공식 시장과 선군정치의 결합은 시작과 함께 부작용도 만만치 않았다. 선군정치, 선군경제건설로 수많은 군인들이 국가의 중요대상 건설과 해외 인력송출과 같은 외화벌이에 값싼 노동력으로 내몰렸다. 군사복무 10년간 실탄사격 한번 못하고 도로공사, 발전소건설, 주택건설 등 중요한 국가대상 건설들에서 그들은 '군인 건설자'로 불렸다. 안전관리도 열악한 작업환경에 내몰리고 영양실조로, 안전미사고로 군인사상자들이 늘어나도 이제 주민들은 별로 놀라워하지도 않는다.[225] 선군건설의 주력군이라는 이유로 당국은 군인들에게 '위훈'을 강조했다. 군인들을 최소비용으로 손쉽게 동원하는 최적의 수단은 '선군정치 · 선군시대 군인 건설자들'이다. 군인들은 열악한 환경에서 '노략질'을 통해 최적의 생존수단을 구축하지 않으면 안 된다.

> 고된 노동현장에서 배고픈 군인들에게 부과된 작업량을 수행하기 위해 군인들은 지나가는 민간인 차들도 강제로 끌어다 쓰고, 개인 주택가들에 개별적 혹은 집단적으로 달려들어 집짐승과 식량 등 닥치는 대로 노략질한다. 지나가는 연인들을 보면 시기를 하고, 군인들 사이에서도 병영이탈과 생존싸움으로 빈번히 싸움이 발생한다.[226]

심지어 민간 간부들이 군인들의 행위에 대해 불만을 가지거나 이의를 제기하면 즉시 해임 및 처벌조치가 취해진다. 어느 한 협동농장의 관리위원장은 "군대들이 노략질해가기 때문에 부락주민들이 애를 먹

---

225) 한철수, 「총격전과 약탈을 자행하며 김정일 개인사병으로 전락한 인민군대」, 『북한』 통권 437호, 2008, 36쪽.
226) 위의 글.

고 있다"고 제기했다가 해임됐다.[227]

　군인들의 경제활동 참여가 노골적이고 폭력적인 형태로 나타나면서 주민들의 불안이 가중되기 시작했다. 군부대 부대장들은 민간 및 국가 건설장들에 영양실조 군인들을 송출하고 이득을 취하기도 한다. 군수품 보급부족과 식량부족으로 영양실조 군인들이 늘어나면서 건설현장 책임자들과 '계약하고 군인 인력송출을 한다. 건설현장 책임자는 군인 노동력들을 공급받는 대신, 영양실조 군인들의 식량과 피복, 군부대에 필요한 물자들과 현금지원을 한다. 군부대 지휘관은 상급 부대 지휘관에게 뇌물과 연유, 식량, 피복과 같은 필요한 생활필수품 및 물자들을 대신 상납하고 민간인들과의 거래조건을 보장받는다.

〈그림 12〉 군부대 군인 건설인력 송출 현황(아파트 건설 사례)

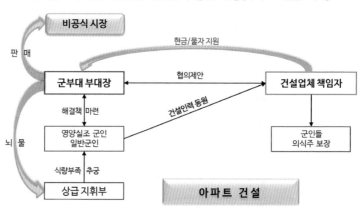

　선군시대는 군부의 사회경제적 침투를 이른바 선군 군사문화로 명명하기도 한다. 선군 군사문화는 사상정신적인 통제 및 선전수단으로

---

227) 위의 글, 36쪽.

서의 기능과 군에 의한 사회경제적 질서통제를 바탕으로 하고 있다.[228] 선군문화로 정치와 경제, 사회에서 군의 역할과 중요성이 강조되면서 시장영역에서 군인 경제활동이 합법화되었다.

지방과 도시에 무질서하게 마련된 시장과 거리에는 언제나 군인들이 진을 치고 있었다. 여객열차와 상품이 이동하는 물목에도 어김없이 군인들이 있다. 군인들의 도둑질이 일상화되고 민가나 공공장소, 기관 기업소를 '습격'하는 사례들은 조직적으로 이루어지기도 한다. '영예군인'[229]들은 주요 도시의 도매시장들과 열차들을 장악하고 소규모 '영예 군인 부대'를 만들어 집단장사를 했다. 이시기에 들어 시장 곳곳에는 특별히 영예군인들이 넘쳐났다. 발전소 및 주요 대상 건설현장들에서 수많은 군인 사상자들이 발생했기 때문이다. 에너지난을 해결한다고 시작된 안변청년발전소(금강산발전소), 금야강발전소, 태천발전소, 덕천발전소, 선군발전소, 희천발전소 등 수많은 발전소들과 물길공사들에 공병국과 조선인민경비대 7총국, 8총국 군인들이 동원했다. 그리고 오직 '충성심' 하나에만 의지하여 손과 곡괭이로 엄청난 발전소건설들을 건설해야 하는 열악한 작업환경이 수많은 영예군인들을 배출했다. 그리고 그들은 다시 생존을 위해 시장을 점거했다.

나와 같이 입대한 동창들 100명 중 5명밖에 군에 남지 않았다. 더러는 공사도중 죽고, 불구자가 되고, 감정제대(의병제대 또는 일시 귀가조치)되어 집에 갔다.[230]

---

228) 김동엽, 「북한 군사문화 기원의 재구성」, 『한반도포커스』 제37호, 2016, 39~47쪽.
229) 영예군인: 군사복무과정에 사고나 부상으로 제대된 군인, 1990년대 대부분의 영예군인들은 발전소건설을 비롯한 주요 건설과정에서 발생하는 경우가 대다수다.

군인출신 장애인들에게 복지시스템조차 제대로 구축돼 있지 않다. 실제로 7,1조치 이후 북한당국이 지정한 특류 영예군인의 사회보장 보조금이 월 1,400원에 쌀 1kg도 살 수 없다. 지팡이를 들고 불편한 몸을 이끌며 장삿길에 나선 '영예군인 부대'에게 남은 것은 오직 사회에 대한 불만과 생존욕구로 인한 폭력적인 강인함이다. 열차나 도로위에서, 혹은 시장에서 영예군인들은 일반주민들과 달리 여행증명서 자체가 필요 없었다. 장애인 지팡이와 견장 없는 군복이 그대로 통행증명서였고 자릿세였다. 이들이 보여주는 폭력적인 장사행위들은 선군시대에 바쳐진 장애군인의 대가로 본다. 시장에서나 도로, 열차에서 자주 발생하는 영예군인들의 폭행과 폭언은 지나치게 폭력적인 것이어서 일반주민들이나 통제 관료들에게조차 상당히 위협적인 존재로 인식되기도 한다. 열차 내에서 영예군인들과 열차 보안원들이 총구를 마주하고 패싸움까지 벌이는 것도 다반사다. 영예군인 '장사부대'는 갈수록 늘어나고 있으며, 시장을 위협하는 위협적이고 폭력적인 존재로도 인식된다.[231]

이질적인 선군문화의 확산은 대학가에도 어김없이 찾아왔다. 김일성종합대학 학생들마저 생활고로 인한 절도와 폭행이 빈번하다. 학생 간부들이 학생들에게 돈과 담배를 요구하는 것이 합법화될 정도다. 더욱이 제대군인 학생들이 대학을 망쳐놓았다고 호소하는 등 다른 대학들도 사정은 마찬가지였다.[232]

공장기업소들에서는 물물교환을 할 수 있는 권한을 군부 외화벌이 기관들이 독차지하고 지방산업 공장들을 아예 흡수하거나 외화벌이

230) 『데일리NK』 2006.4.24.
231) 『자유아시아방송』 2014.7.22; 2014.8.26; 2015.7.28; 2016.8.16; 『매일경제』 2011. 5.24.
232) 황장엽, 『나는 역사의 진리를 보았다』, 서울: 한울, 1999, 290~291쪽.

원천기지로 이전시켰다. 민간 상인들과 돈주들은 군부나 권력기관의 명의를 대여하거나 협력해야만 공장기업소로의 침투가 가능해졌다. 결국 통제의 수단이나 경제활동의 수단에 있어 군부의 영향력이 가장 크게 작동했다. 민간시장은 군부 통제기관들에 의해 찬탈당하거나 상시적인 처벌대상이 됐다. 그리고 자원배분과 쏠림 현상이 극대화됐다.

비공식 시장경제에 대한 통제수단과 권력기관 행위자들이 증가하면서 경제활동의 모든 영역에서 뇌물은 일상화되고 '무의식적인 관례'가 만들어지기 시작했다. 1990년대 SCCP 통제가 이루어지는 곳에서는 어김없이 고급담배와 고급 상품들이 뇌물공여(賂物供與) 수단으로 등장하였다. 2000년대 들어 이러한 수단은 점차 화폐로 바뀌어 갔고 2002년 7.1경제조치를 전후로 점차 외화가 더 완벽한 보호수단으로 등장하게 된다. 이시기 들어 외화는 권력형 네트워크를 만들어나가는 가장 유일한 수단이다. 이 과정에 권력과 이익의 수직적 보호네트워크는 점차 수직·수평적 네트워크로 발전되어 갔다.

사회경제적 목적과 이율배분의 원칙에 따라 형성되는 사회구성원들의 연결망은 직접적인 방식뿐 아니라 간접적인 방식으로도 연결되며[233] 다중 연결망을 통한 집단적 네트워크의 형식을 이룬다. 특히 통제와 처벌에 항시적으로 노출되어 있기 때문에 관료들의 권력과 권한은 주민들과의 직간접적인 다중 연결망을 통해 은밀하게 접근한다. 여기에 통제와 처벌이 가져다주는 피해를 최소화하기 위한 치열한 생존투쟁은 관료들의 정신적·심리적 용해과정을 거친다.

경제적 이익분배와 안전 피라미드를 형성하기까지 동원되는 도구와 수단들도 다양하다. 희소자원의 분배와 외화자원의 확보, 상품의 유통

---

233) 이재열, 『경제의 사회학: 미시-거시 연계분석의 이론과 방법』, 서울: 사회비평사, 1996, 56~57쪽.

경로와 판매시장을 개척하고 장악하기까지 수많은 시장 세력들이 피라미드를 형성하게 된다.[234] 그 피라미드는 다시 수평적으로 연결되어 북한 경제를 움직이는 보이지 않는 힘이 된다.

2. 관료적 시장경제의 등장

1) 새 경제정책과 국영기업 · 시장의 대응

2002년 7.1조치에서 2003년 3월 종합시장 정책, 2009년 12월 화폐개혁에 이르는 동안 국영기업과 종합시장, 통제기구들 사이의 상호작용은 충돌 · 담합 · 배제에 따른 관료적 시장경제의 등장을 가능하게 한 주된 원인이다.

(1) 7.1 조치와 종합시장 현실화

① 7.1 새 경제관리조치

2002년 7.1조치가 발표되면서 북한에서 시장메커니즘의 부분적인 도입이 시도됐다. 이중구조화 전략에 따른 국가 경제정책의 새로운 전환이다. 즉 전략부문(군수공업 및 생산수단부문)에서는 계획경제의 틀을 유지한 채, 비전략부문(소비재부문)은 시장에 위탁하는 방식의 경제전략이다.

7.1 경제관리조치의 구체적인 내용을 요약하면 다음과 같다. ①국영기업소, 협동농장 등 각 경제기관 단위들의 경제활동에서 경영 분권의

---

234) 최봉대,「북한의 시장 활성화와 시장세력 형성문제를 어떻게 봐야 하나」,『한반도포커스』제14호, 2011, 12~15쪽.

부분 허용, ②번 수입을 기준으로 하는 경영지표의 변경, ③시장 가격 수준으로 국정가격의 현실화, ④협동농장 분조 축소(20명 내외에서 7~8명으로 축소), ⑤공산품·식량거래를 공식 허용하는 종합시장의 도입(2003년), 기업소간 원자재 거래를 허용하는 사회주의 물자교류시장 도입(2002년), 수입 물자들의 시장거래를 허용하는 수입물자교류시장 도입(2004년), ⑥물질적 인센티브제 도입 등이다.[235]

7.1경제조치와 관련하여 군부대 강연 자료에서는 국가가격이 농민시장 가격보다 낮은 데로부터 장사행위가 성행했다고 규정하고 있다.

> 농민시장에 가보면 쌀을 비롯한 식료품으로부터 공업품에 이르기까지 생활에 필요한 거의 모든 상품들이 다 있다. 지어 차 부속품들과 국가적인 주요 원자재들까지고 많이 거래되고 있다. 그 대부분이 눅은 가격공간을 리용하여 국가물자들을 뭉텅이로 빼내어 비싸게 팔고 있는 것들이다. 그래서 생산은 국가가 하는데 상품이나 돈은 거의 다 개인의 손에 들어간다. 다시 말해서 개인들이 국가 돈주머니를 털어낼 수 있는 공간이 조성되었다. 솔직히 말하여 지금 국가에는 돈이 없지만 개인들에게는 국가의 2년 분 예산이 넘는 돈이 깔려 있다.
>
> 이제부터는 그 누구를 막론하고 모두 자기가 탄 생활비를 가지고 생활하게 된다. 절대로 공짜, 평균주의가 없다. 누구나 다 자기가 번 돈으로 쌀을 제 값으로 사먹게 된다.[236]

강연 자료와 달리 이미 주민들은 자신이 번 돈으로 생활을 영위하고 있

235) 통일부, 『북한의 이해』, 서울: 통일부, 2017, 166쪽.
236) 군부대 강연자료, 「가격과 생활비를 전반적으로 다시 제정한 국가적 조치에 대한 리해를 바로 가질 데 대하여」, 평양: 조선인민군출판사, 2002.7, 2쪽.

었다. 국가의 공급에 의한 공짜, 평균주의가 사라진지도 10여 년이 되었다, 여기에 시장에 대한 국가의 의존도가 높아졌다. 당·군·내각 등 모든 부문에서 재정은 이미 다양한 형태의 시장잉여에 의존하고 있었기 때문이다. 당국은 한발 뒤로 물러나 시장의 존재를 인정할 수밖에 없었다.[237]

새 경제조치에서는 모든 가격을 종전보다 평균 25배로 올리고 식량가격을 모든 가격제정의 출발점으로 한다고 하였다. 이에 따라 최소 25배에서 최대 40배까지 국정가격이 상승했다. 현금가치도 높아지면서 '전'단위가 사라지고 '원'만 남았다. 군인생활비도 평균 18배 수준으로 인상했다. 보조금 시행규칙도 달라지면서 국가가 책정한 월급으로 얼마든지 먹고 살 수 있다고도 선전했다. 그런데 7.1조치가 발표되자마자 식량가격은 급격하게 급등하기 시작한다.

〈표 10〉 7.1경제조치 이후 식량가격 변동추이

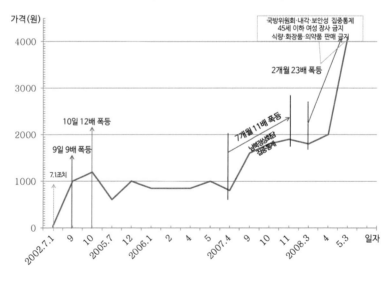

237) 양문수, 「7·1조치 이후: 북한 개혁개방의 현주소」, 『한반도 포커스』 제14호, 2011, 3쪽.

국가가 새로 정한 식량가격은 40원, 7.1조치가 발표되면서 시장의 식량가격은 10일 사이 12배(1,200원)로 급등하였다. 군인의 경우 소장월급 6,670원으로 쌀 3kg밖에 살 수 없다. 국정가격으로 쌀을 공급하려해도 배급소에 쌀이 없다. 수정 보충된『로동보수규정집』[238)에 공개된 '사회보험 및 사회보장에 의한 연금과 보조금 기준표'에 따르더라도 사회보장 및 보험 대상자들은 쌀 1kg도 살 수 없다.

〈표 11〉 사회보험 및 사회보장에 의한 연금과 보조금 지급 기준표

(단위: 원)

지급대상	연금/보조금	지급대상	연금/보조금
간병인	350	90세 이상 장수자	500
3태자 1인	300	영예군인 특류	1,400
4태자 1인	400	영예군인 1류	900
3명이상 자녀 1인	200	영예군인 2류	550
노동자 · 사무원 장례보조금	800	영예군인 3류	400
공로연금 1부류	1,000	영예전상자 1류	600
공로연금 2부류	950	영예전상자 2류	450
공로연금 3부류	850	영예전상자 3류	300
연금	700	공상자 1류	500
노동능력 상실자	400	공상자 2류	350
특류 영예군인 보호자	450	공상자 3류	200
애국열사 유가족 1인	800	특류 영예군인 간호자	850
사회주의 애국주의 희생층 유가족 1인	700	부모없는 아이들을 키우는 세대 1인	200
미 부양 가족세대 1인	600	영예군인 1급, 영예전상자, 공상자 간호사	650

7.1조치에 대한 집행과정은 '경제 관리에서 실리보장'이라는 명분하에 시작되었다. 정책결정자들은 7.1조치를 '실리 사회주의'를 위한 가장 확실한 방법이라고 강조했다.[239) '실리 사회주의'는 국가의 계획적

---

238) 로동성지시 제43호, 2002.

239) 박재영,「현 시기 경제 사업에서 실리보장의 중요성」,『경제연구』4호, 평양:

인 지도아래 하부단위의 창발성을 보장하고, 수익과 비용의 평가체계를 통해 이익을 보장해야 한다는 것이다. 또한 개인적 차원이 아닌 집단주의 차원의 이윤창출을 목표로 한다고 지적한다.[240]

기업경영에서 경제적 실리를 보장하기 위해서는 계획화의 4대 요소 (노력, 설비, 자재, 자금)들을 합리적으로 분배하고 이용해야 한다고 한다.[241] 4대 요소에 대한 합리적 분배 및 이용은 당시 기업들의 노력과 설비, 자재와 자금의 유통경로들이 분산되어 있는 현황을 특별히 강조한 것이다. 즉 비공식 시장과 연결된 다양한 네트워크들이 계획화에서 벗어나 자발적인 경영시스템을 갖추기 시작한데 우려한 것이다. 공장기업소들에 필요한 로력, 설비, 자재, 자금들은 이때 벌써 개별적 투자 · 유통 · 판매시장들을 형성하면서 자발적 시장네트워크 틀에 묶여 있었다. 물론 특수기관, 외화벌이 기관들에 의해 장악되면서부터다. 7.1조치가 주장하는 기업경영의 분권화는 이미 시장권력의 네트워크에 포위되어 있었다.

이 시기 북한당국이 특별히 실리 사회주의를 특별히 강조[242]하게 된 배경에는 선군경제건설노선이라는 새로운 목표가 있었다. 2002년 9월 등장한 선군경제건설노선은 국방공업의 우선적 발전과 경공업 · 농업의 동시 발전노선을 의미한다.[243] 실리 사회주의와 선군경제건설을 통한 국방공업의 중요성을 강조하게 된 배경은 두 가지로 해석된다. 첫

과학백과사전출판사, 2001.

240) 「주간북한동향」 제619호, 2002.

241) 김영홍, 「계획화의 4대 요소를 합리적으로 분배 리용하는 것은 경제적 실리를 보장하기 위한 중요한 요구」, 『경제연구』 1호, 평양: 과학백과사전 출판사, 2003.

242) 관련 자료는 2001년 9월~12월 『로동신문』, 『민주조선』, 『조선신보』 참고.

243) 김성주, 「'선군시대 경제건설노선'의 형성과 변화과정 연구」, 『통일연구』 제16권 제2호, 2012, 133~143쪽.

째: 당시 북한 핵문제로 인한 국내외 경제·군사적변화이다. 2002년 12월 12일 발표하게 될 북한 핵동결해제선언을 앞두고 김정일은 선군경제건설노선으로 국방공업을 강조함으로서 핵실험의 명분을 국내외적으로 공식화하였다. 둘째: 자발적 시장경제의 출현이 가져다 준 계획경제 정책의 실패를 반박하려는 의도이다.[244) 국내외 혼란과 여론의 최소화, 새 경제 관리조치에 따른 부작용의 최소화를 위한 명분으로 실리 사회주의와 선군경제건설노선이 등장하게 된 것이다. 그리고 이를 뒷받침하는 선군사상은 다음해 2003년에 들어 '총대철학'으로 승화되었다.[245) 이렇게 되어 북한은 국내 자유 시장경제의 확산에 대한 '억제정책'과 '핵보유'라는 두 가지 목표를 향해 질주하기 시작하였다.

② 종합시장의 현실화

2003년 5월 5일 내각지시 제24호에 따라 농민시장이 종합시장으로 전환되었다. 보조적인 공간으로서의 시장 허용이다. 상업성 지시 제48호에 따라 도·시·군 시장의 규모 및 설립기준도 정해졌다. 시장의 면적과 매장 수는 주민 수에 따라 결정하도록 했다. 주민 수가 3만~4만 명 되는 시·군은 600석, 4만~5만 명 되는 시·군은 900석, 5만~7만 명 되는 시·군은 1,200석, 주민 수가 그 이상 되는 시·군에서 2,000석 정도의 규모이다(상업성지시 제48호 2003). 시장을 독립채산제로 운영하며 시장에서 농토산물과 식료품, 공업품(연유, 생고무를 비롯한 국가전략물자들과 생산수단 등 국가적으로 판매가 금지된 제품 제외)판매를

---

244) 차문석, 「선군시대 경제노선의 형성과 좌표─핵과의 연관성 및 '이중화' 전략」, 『국방정책연구』 76권 76호, 2007a, 184쪽.
245) 박용환, 「선군정치 3대 혁명 역량에 관한 연구」, 『군사논단』 제82호, 2015, 46~49쪽.

대상으로 한다. 시장에서는 국영기업소(무역회사, 외화벌이 사업소 제외), 협동단체, 개별적 주민들이 생산한 상품과 여유상품, 수입상품들을 팔고 사도록 규정하고 있다(제2조 1항). 국영기업소(무역회사, 외화벌이 사업소 제외), 협동단체들에서 생산한 제품들은 국영상점들에 넘겨 국정소매가격으로 판매하도록 규정하고 있다. 시장에서 판매하는 상품들은 시장가격보다 낮은 가격으로 판매하도록 유도함으로서 점차 시장가격을 낮추도록 하는데 중심을 두고 있다(제2조 7항). 종합시장에서 무역회사와 외화벌이 사업소들의 거래를 제한하면서도 국영상점들에는 무역회사가 상품을 보장해주도록 규정하였다(제3조 1항).

이러한 시장정책들 역시 현실성이 결여되어 있었다. 그것은 공식 시장 이전에 나진, 혜산, 신의주, 무산 등 국경지역들과 무역회사, 외화벌이 기관들에서 공급되는 상품들이 이미 시장을 장악하고 있었기 때문이다. 당국이 발표한 시장정책은 예전 농민시장정책과 별반 차이가 없었다. 결국 시장에 통제기관들만 난무하고 시장의 물가가 급등하는 것은 당연한 일이다.

상업성지시 제48호 제3조 1항에 따라 평양시 인민위원회 상업국은 평양시안의 백화점들과 상점망들에 무역회사들을 맞세워주거나 임대를 추진하도록 했다. 그런데 백화점 수입상품의 한도가 낮게 책정되면서 백화점 간부들과 판매원들이 오히려 백화점 상품들을 시장으로 유통시켰다.[246]

종합시장의 현실화는 모든 시장들에서 물가상승과 무질서를 가져왔다. 다시 정부는 여러 차례 규제를 통해 시장화의 억제정책을 꺼내들었다. 시장에서의 품목별 규제를 통해 물가의 상한선을 제시하고 금지

246) 북한이탈주민 증언, 2015년 탈북.

품목을 설정하는 등의 조취를 취했다. 겨우 1년 만에 상업성 지시 제41
호를 통해 인구수에 따른 시장설립규정을 삭제하고 '지대적 특성을 고
려하여'라는 문구를 포함시켰다. 시장에는 무역회사들의 매대(매점)를
설치할 수 없으며 시장에서 외화유통을 할 수 없다고 밝혔다. 시장에
서 팔수 없는 물건들도 항목별로 세분화하여 지정했다.[247]

<표 12> 시장거래 금지 품목

번호	금지 품목
1	군품, 연유, 생고무, 귀금속, 유색금속
2	기계 설비를 비롯한 생산수단, 자재, 부속품, 공구, 지구
3	각종 출판물
4	전자매체, 주파수를 고정시키지 않은 반도체라디오가 달린 일용품
5	각종 의약품(고려약품 포함), 인삼
6	훈장과 메달
7	가짜상품, 다른 나라에서 들어 온 중고옷
8	우리 인민의 기호와 사상 감정에 맞지 않거나 부정적 영향을 줄 수 있는 상표와 그림을 붙인 상품(남조선 상표가 붙은 상품 포함)
9	국제기구에서 들어 온 협조 물자
10	전열제품
기타	시장에서 팔거나 살수 없는 물건의 품종은 상업성이 내각의 승인을 받아 정한다.

자료: 상업성 지시 제41호 제3조 11조를 참고로 작성함.

시장통제와 관리는 시장관리소가 맡아 진행하고(상업성지시 제41호
2004) 별도로 종합시장에 시장 보안서를 설치하도록 했다. 시장 보안
소는 금지품목과 시장 상인들의 연령제한 관련 통제, 각종 범죄 등 전
반적인 시장관리의 행정적 업무를 담당했다. 금지 품목은 단속 즉시
회수하여 담당 보안원에게 넘겨야 한다. 해당 지역의 상업관리소와 시
장관리소가 정한 상품가격을 초과 판매하는 경우, 초과액을 회수 조치

247) 상업성지시 제41호 제3장 제11조, 2004.

한다(상업성지시 제41조 제5장 제34조). 국영기업소나 협동단체가 자기가 생산하지 않은 상품들과 개인들의 물건을 넘겨받아 판매할 때에는 시장판매허가증과 매대를 회수하도록 규정하였다. 하지만 시장은 통제 권력과의 공식적이고 합법적인 관계를 구축하면서 더 활발하게 그 색채를 바꾸어갔다.

(2) 국영기업·시장의 대응과 한계

① 국영기업과 시장의 대응

7.1조치와 종합시장의 현실화는 현실구조에 대치되는 정책제안으로서 시장 세력들에게는 매력적이지 못했다. 물가인상과 환율상승이 이어지고, 기업과 시장은 이미 새 조치에 맞서 전혀 다른 방식으로 도약하고 있었다.

공장기업소들의 자율성이 강조되면서 오히려 불법시장들을 합법적으로 공장 경영에 끌어들였다. 경제활동의 공식수단이 확보되면서 7.1조치 이후 '지배인은 비사회주의 왕초'라는 말도 사라졌다.[248] 7.1조치에 따라 국영기업소는 생산물의 30%를 시장 매대 5% 내에서 판매할 수 있도록 허용되었다. 이러한 규정은 국영기업의 공식 시장 진출을 가능하게 했고, 기업은 그보다 더 많은 이윤을 시장거래를 통해 창출할 수 있었다. 공식적인 수단을 통해 비공식 시장들을 공식 점유하는 것이다. 무현금 거래와 물물거래만 가능했던 7.1조치 이전에 비해 현금화가 진척되고 시장 네트워크가 활성화됐다〈그림 13〉.

이에 따라 공장 간부들은 자유재량권과 월권으로 국가계획외의 별도의 제품들을 생산하여 시장에 판매하고 그 수익으로 집단적 이익을

---

248) 북한이탈주민 증언, 2010년 탈북.

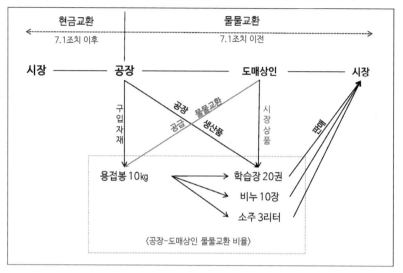

〈그림 13〉 7.1조치 이후 공장-시장 교환체계 변화(제지공장 사례)

자료: 『데일리 NK』, 북한 이탈주민 증언을 토대로 작성함.

챙기기도 한다. 예컨대, 자강도 희천기계공장은 국가계획 외에 자동차, 트랙터 부속품을 자체적으로 생산하여 시장에 공급한다. 그 수익의 일부는 노동자들에게 쌀 5kg을 공급하고 공장 간부들은 1인당 평균 월 200만 원의 수익을 챙기기도 했다.[249]

농촌에서도 큰 변화가 감지되었다. 비공식적으로 운용되고 심각한 통제의 대상이었던 쌀시장이 통제 관료들과 간부들에 의해 공식적으로 개방됐다. 식량생산이 하락해도 쌀시장의 도매상인들은 당, 군, 보위부, 보안서, 검찰간부들과 행정 관료들로까지 확산됐다. 관료들과 간부들은 통제권을 수단으로 연중 식량을 착복하는 것도 모자라 몇 십 톤씩 식량들을 착복한다. 그들은 주기적으로 도매상인들을 통해 쌀시장을 공약하는 권력형 돈주들이다.[250]

---

249) 『좋은 벗들』 2008.9.10.

제3부 관료적 시장경제의 등장(선군정치 1기) 189

평안남도에서 한 군당 조직비서는 군양정사업소 책임일군들과 정기
적으로 식량을 빼돌렸다. 여러 농장들에서 리당위원회나 담당보안원,
담당 보위원들을 통해서도 정기적으로 쌀을 상납하도록 하였다. 이 식
량들은 군보안서장이나 군당위원장 혹은 가족 친척들과 관련 인맥들
에게도 공급되고 도매상인들을 통해 시장으로 판매된다. 시장에서 환
전되어 다시 현금으로 주인에게 돌아온다. 군당 조직비서에게 가장 큰
재산은 결국 '협동농장'이었고, 조직비서라는 직책이다. 또한 군보안서
서장이나 군당책임비서와 같은 책임 관료들은 서로 결탁하여 안전과
이익을 챙긴다. 마르지 않는 '부의 시장'이다. 여기서 조직비서의 횡포
를 고발하면 가차 없이 타깃이 된다. 그만큼 경제적 이익을 가져다주
는 부의 네트워크는 견고한 것이다.[251] 그러니 식량생산 허위보고는
농촌 관료들에게 일상적인 현상이다. 식량허위보고로 검찰소 검열이
진행되고, 한 개 작업반만 해도 수십 톤의 차이가 발생해도 간부들은
속수무책이다. 오히려 "한두 해 겪는 문제도 아니고, 공화국 전반적으
로 퍼져 있는 문제를 어떻게 바로 잡을 수 있겠냐"며 "검열을 해봐야
뾰족한 해결방안은 없지 않겠느냐"고 한다.[252] 식량을 직접적으로 관
리하는 양정사업소나 군 간부들의 비리행위가 오히려 정부의 쌀시장
에 대한 통제를 약화시킨다.

---

250) 권력이 곧 힘이고 명예인 북한에서 간부들의 권력과 권한은 생계유지와 돈
    벌이의 유일한 수단이다. 특히 시장화에서 이들 권력은 법과 질서의 타락과
    국가와 시장의 불균형을 초래하는 근본원인이기도 하다. 북한에서 이러한
    간부들의 관료행위를 빗대어 이르는 말이 있다. 즉 '돈을 다루는 사람은 돈
    을 먹고 쌀을 다루는 사람은 쌀을 먹는다'이다. 그만큼 관료들의 권한과 권
    력은 그들만의 특수한 생존수단이다.
251) 북한이탈주민 증언, 2009년 탈북.
252) 『좋은 벗들』 2008.3.20.

돈 있는 사람들은 해당지역 양정사업소 책임자와 짜고 실제 배급받는 양보다 많은 양을 식량 생산지에서 가져온 다음 남은 쌀을 되팔아 이윤을 남긴다. 쌀을 공급해주는 쪽에서는 실제 수확량보다 적은 양을 정부에 보고하고 나머지를 판매하기 때문에 정부의 통제 밖에서 거래되는 쌀의 양이 늘었다.253)

시장상품의 생산-유통-판매과정에 대한 감시와 통제도 강화되었다. 시장에서의 2중 3중의 감시와 통제는 '통제와 보호'를 위한 시장 관료들과 시장 상인들의 네트워크를 자발적으로 이끌어 냈다. 한 상인이 구축하고 있는 통제-보호 다중 네트워크가 다른 상인이 구축하고 있는 통제-보호 다중 네트워크와도 연결되어 북한 전체시장의 구조를 대표한다〈그림 14〉.

〈그림 14〉 시장에서의 통제-보호 다중 네트워크

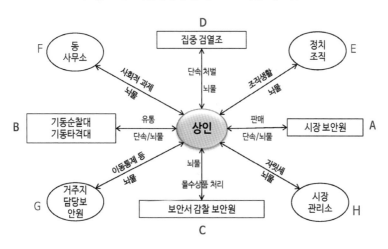

253) 『데일리NK』 2008.1.14.

상인 1이 구축하고 있는 A, B, C, D의 보호권 네트워크는 또 다른 상인 2, 상인 3 등이 구축해야 하는 보호권 네트워크와 중첩되거나, 필요에 따라 공유한다〈그림 15〉. 이렇게 무수히 연결된 보호권 네트워크가 북한 시장에만 존재하는 특수한 형태의 중층복합적인 시장 통제-보호 네트워크이다. 해당 시(군, 구역)의 기동순찰대 감시통제도 강화됐다. 기동순찰대와 기동타격대의 24시간 감시와 통제와 그에 따른 행정적ㆍ형사적 처벌도 강화되었다. 인민보안성은 사법검찰기관을 거치지 않고 직접 범죄자들을 처벌하도록 권한이 대폭 강화되고 그 위상도 높아졌다. 군인들도 인민보안성 단속대상에 포함됐다.[254]

〈그림 15〉 중층복합적인 상인들의 보호권 네트워크

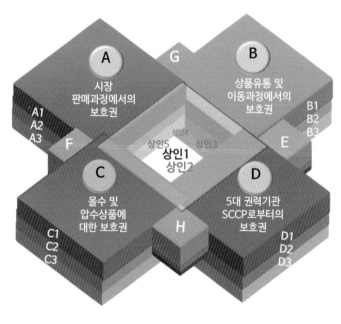

254) 『좋은 벗들』 2008.3.14.

지난 3월 16일 혜산시 인민보안서는 양강도 갑산군과 혜산시를 연결하는 도로에서 중국과 밀무역을 위해 파철 6톤을 운반 중이던 군인들을 현장에서 붙잡아 구속했다. 이들은 8총국 소속 군인들로 금, 식량, 연료 등을 중국에 내다 팔고 군수기자재를 구입해오는 임무를 갖고 있었다.… 이제는 과거와는 다르게 안전원(경찰)들이 군인들의 차량을 뒤지고 다닌다.[255]

공장·기업소에서의 자재·설비 및 생산·판매, 그리고 종업원들의 출퇴근 관리·감독 및 통제를 담당하고 있는 공장보안서와 보위대도 마찬가지다. 비사회주의 검열 조직은 당-군-보안기관의 밀접한 연계 속에서 공장기업소를 통제했다. 통제가 강화되는 데 따라 통제 권력과 주민들의 담합도 다양하게 이루어진다. 수직적 신분관계에서 수평적 신분관계로 변화하고 장기파트너, 단기파트너로 나뉘어 나름대로의 '고객'유치를 하는 것이다.[256] 서로의 이해관계를 고려하여 장기, 단기 파트너로 구성하되, 서로의 약점을 파악하고 경제적 실익을 따져가며 담합과 배제를 실천한다.

시장에서는 새로운 상품 공급원도 증가하였다. 통제 관료들은 물론 행정 관료들도 시장의 새로운 공급원이다〈그림 16〉.

255) 『데일리NK』 2008.4.2.
256) 곽명일, 「북한 보안원과 주민과의 관계연구－2009년 화폐개혁 진전부터 2015년까지를 중심으로」, 『현대북한연구』 제19권 1호, 2016, 44~86쪽.

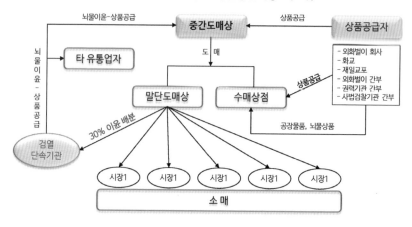

〈그림 16〉 관료-도매상의 상품공급시장 네트워크

자료: 북한이탈주민들의 증언을 토대로 필자 작성.

　뇌물과 착복으로 이뤄낸 경제적 이익은 도매상인들을 통해 다시 시장으로 유통된다. 그들은 나름대로의 특수한 권력과 수단으로 북한 경제에 '기여'하는 것이다. 불법적으로 거래된 상품이나 현금들이 관료들을 통해 합법적으로 시장에 다시 유통되는 네트워크다.

　결국 7.1조치와 종합시장의 현실화는 감시와 통제, 경영과 관리에 책임 있는 관료들의 시장진입을 더 확실하게 뒷받침해주었다. 7.1조치가 내세운 '공장기업의 자율성'은 생산물의 시장판매나 가격결정에서만 이루어지는 것이 아니다. 공장기업소의 생산 및 기계 설비들까지도 국내외에 자율적으로 팔아먹는 합법적인 수단으로 이용됐다. 지방 산업공장뿐 아니라 1급, 2급 공장기업소들에서도 빈번히 자행됐다. 물론 권력기관의 간부들과 결탁해야만 가능한 일이다. 예컨대, 순천시당 책임비서, 검찰소장, 보안서장, 연합기업소 무역과장, 군부 외화벌이 업자들과 같은 수많은 사람들이 순천비날론 연합기업소의 생산 및 기계 설비들을 중국에 팔아 막대한 이윤을 챙겼다. 동 기업소는 김일성의 지시로 450만m²의 면적에 약 100억을 투자하여 건설됐다. 하지만 90년대 들어 폐허로 변해버렸고 서해갑문(1980~86, 70억), 제13차 세계청년학생축전(1989, 46억), 류경호텔(1992)과 함께 북한의 실패한 4대 악재로 불린다.[257] 연합기업소 공장들은 정상가동 한 번 해보지 못하고 90년대 초 거의 해체수순에 이르렀다. 공장의 기계 설비들은 90년대 고난의 행군 시기 순천시 주민들과 외화벌이 업자들의 장사원천이 됐다. 폐허로 변한 기업소가 2004년부터 정식 폐기절차를 밟기 시작하자,[258] 권력기관 간부들과 외화벌이 업자들이 솔선 앞장서 공장의 기계 설비들을 빼돌렸다.[259] 현실성이 결여된 당국의 정책은 주요 권력기관 관료들과 시장의 변화무쌍(變化無雙)한 변화에 실패를 거듭할 뿐이다.

② 당국의 대응과 한계

7.1조치와 종합시장 정책이 실패하면서 당국과 시장의 충돌은 시장의 확산으로 끝났다. 걷잡을 수 없이 시장은 더욱 확산되고 2005년에 들어서는 시장제한 조치가 다시금 내려졌다. 10월 '식량 전매제',[260] 2006년 상설시장의 개장시간 및 판매 품목에 대한 제약 확대, 2006년 12월 17세 이상 남성들의 장마당 장사 금지, 2007년 10월 시장참여 연령대의 상향조정[261], 판매품목 및 가격 제한[262] 등이다. 또한 개인 경

---

257) 『뉴스타운』 2017.11.17; 『아시아경제』 2014.11.13.

258) 김경원 외, 『북한의 산업』, 서울: KDI산업은행, 2015, 630쪽.

259) 『데일리NK』 2007.11.30.

260) 임강택, 『북한경제의 시장화실태에 관한 연구』, 서울: 통일연구원, 2009, 115쪽.

261) 40대 이하 여성들은 장마당금지 및 직장 복귀 지시가 하달되면서 시장에 대한 통제가 강화됐다. 또한 '고용 연령에 이른 여성의 대부분이 시장에서 장사를 하고 있는 것은 자신의 본분을 버리고 초보적인 양심과 의리마저 버리는 일'이라고 비난했다(한영진, 「북한의 시장단속과 악화된 주민생활」, 『북한』 통권 433호, 2008).

작지 및 상행위 단속, 종합시장에서 장사연령, 품목들에 대한 제한조치 등을 통해 다방면적인 단속과 통제를 시도했다. 당 및 근로단체 조직들, 법 기관들에서는 긴밀히 협조하여 사상투쟁, 법적 제재를 강화하도록 지시했다.[263]

경제 관리에서 다시 실리와 선군정치가 다시금 강조되었다. 사회주의 경제제도를 고수하고 지키기 위해서는 선군이 사회주의 경제건설의 주체가 되어 경제건설을 확고히 틀어쥐어야 한다는 것이다.[264] 선군은 실리 사회주의를 보장할 수 있는 새 경제 관리 수단이라고 선전하면서 군의 시장개입은 더 활발해지기 시작한다. 전력, 석탄, 금속, 건재, 철도운수 등 주요 산업 및 운수시설들이 군과 공안을 중심으로 하는 5대 권력기관들의 수중에 공식적으로 포섭됐다. 기업경영의 분권화, 경영지표의 선택과 화폐유통 범위와 형식, 자원의 배분 등 이익구조와 관련된 주요 경제 권역들에서 행위자들이 다양해지기 시작했다. 수많은 외화벌이 기관들이 권력과 권한을 새롭게 창출하면서 공식적으로 틈새시장을 공약하기에 바빴던 것이다.

이에 따라 2000년대 중엽에는 특권기관을 포함한 외화벌이가 공식적인 활동무대가 되면서 원화가치는 하락하고 달러나 유로, 위안화로만 통용됐다.[265] 상품유통과정에서도 공장관료들이나 무역회사들은

262) 평양의 소식통들은 '평양시내 큰 시장입구에 거래불가 품목들을 적은 공고문을 붙이고 주민들이 이를 준수하도록 통제도 강화하고 있다'고 전했다. 장마당 매대에서 거래할 수 있는 품목은 최대 15개 이상을 초과할 수 없으며 수산물의 경우 10kg 이상 거래는 불허한다는 것이다(위의 글, 134쪽).

263) 김정일, 「현 시기 당사업과 경제 사업에서 중요하게 제기되는 몇 가지 문제에 대하여」, 『김정일선집』 22권, 평양: 조선로동당출판사, 2005, 205~206쪽.

264) 김광철, 「선군은 사회주의 경제제도의 확립과 공고발전을 위한 확고한 담보」, 『경제연구』 1호, 평양: 과학백과사전출판사, 2003.

265) 무현금거래와 화폐의 은행집중을 수차례에 걸쳐 강조했음에도 불구하고 시장 세력들은 수차례의 경험을 통해 화폐의 가치는 당연히 현금거래에 있다

공개적으로 무현금결제가 아닌 현금, 그것도 외화결제를 선호했다. 무현금결제가 사라지고 있었다. 심지어 유통과정에서 원유, 수송비, 수수료까지도 외화로 거래가 되기 시작했다. 2006년 당시까지만 해도 4곳에 달하던 평양시 주유소에서도 외화로만 원유거래가 이루어졌다. 휴대전화개통에도 달러나 외화만 공식적으로 사용가능해졌고, 시장에서의 물건 값은 불법 외화시장의 환율에 따라 결정됐다.[266] 또 그 환율은 무역은행이나 대성은행, 일심은행과 같은 주요 권력기관들의 비공식 은행창구를 통해 군부를 포함한 특권 권력기관의 외화벌이 수장들이나 그 대리인(돈주 혹은 시장상인)들에게 돌아간다. 다시 원자재, 생산, 금융시장들에 투자되려면 또 다른 보이지 않는 힘을 거쳐야 한다. 이미 외화 및 금융시장도 당국의 통제를 벗어나고 있었다.

2009년 12월 1일부터 9일간 진행된 화폐개혁은 그 끝의 시작이다. 하지만 화폐개혁은 구체적인 준비와 시장의 민감성을 고려하지 못한 채 실패작으로 끝나게 된다. 화폐개혁 실패의 책임은 고스란히 몇 명의 간부들에게 전가됐을 뿐이다.

7.1조치 때와 마찬가지로 화폐개혁이후 물가급등과 상품 사재기, 공식적 기업 · 통제 관료들의 비리와 주민들의 반발이 발생했다. 화폐개혁 시작 겨우 이틀 만에 열차운임이 10배로 뛰어올랐고, 식량가격은 한 달도 못되는 사이에 44배나 뛰어올랐다. 오히려 금융시장은 더 활기를 띠고 금융시장의 수단과 방법도 다양해졌다. 강력한 처벌과 처형

고 확신하고 있었다. 북한 은행의 열악한 운영 실태를 말해주는 증거이기도 하다(홍영의, 「현시기 무현금결제를 통한 통제를 강화하는데서 제기되는 몇 가지 문제」, 『김일성종합대학 학보(철학 · 경제)』 4호, 평양: 김일성종합대학 출판사, 2004; 「화폐자금을 은행에 집중시키는 것은 화폐류통을 원활히 하기 위한 중요한 담보」, 『김일성종합대학 학보(철학 · 경제)』 4호, 평양: 김일성종합대학출판사, 2006).

266) 북한이탈주민 증언, 2012년 탈북.

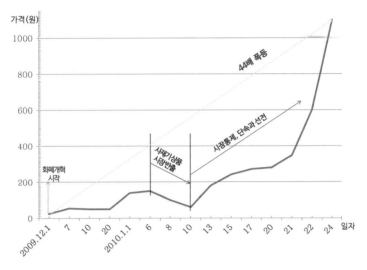

〈표 13〉 화폐개혁 이후 식량가격 변동추이

자료: 『데일리 NK』, 『통일한국』, 『좋은 벗들』, 『자유아시아방송』, 북한이탈주민들의 증언을 토대로 작성함.

에까지 이르는 엄격한 통제에도 금융시장은 빠르게 확산되어 갔다.

한쪽에선 총살하고 감옥에 가두어 넣기도 하는 데 외화돈(달러, 위안화) 거래는 계속되고 있다. 단속을 하면 할수록 점점 수법이 더 교묘해지고 있다.[267]

기업경영의 자율성과 시장 활동의 자율성은 특권권력의 보호가 없이는 절대적으로 불가능하다. 따라서 척결 혹은 통제의 대상이 되거나 보호 혹은 담합의 대상이 되기도 한다. 또한 그들 권력이 지니고 있는 특수성은 주요 권력자들의 이해관계에 따라 결정되는 경제정책으로서 시장의 이익과 배타적이다.

---

267) 『데일리NK』 2010.1.19.

북한 7.1조치와 종합시장에 대한 논쟁은 일부 학자들에게 북한 경제
정책의 혁신적인 변화로 평가되는 경향이 있다. 새 경제조치가 오히려
북한 주민들에게 더 큰 생활난을 가중시켰는데도 그러하다. 이러한 연
구들에서는 당국의 경제 전략과 시장 세력들의 이익에 따른 배타성이
대부분 고려되지 못하는 한계가 있다. 다만, 새 경제조치와 시장의 허
용은 합법이든 불법이든 공장 가동률과 고용의 증대효과를 가져왔다
는 긍정적인 측면도 있다. 관료들과 주민들의 생존 네트워크가 확산되
고 활발해지면서 국영기업과 시장은 더 협업하고 그에 따른 통제기능
도 대폭 강화되었다.

> 타격대는 여행자에 대한 증명서 검열과 짐 검열은 물론이고
> 열차승무원 칸과 승무 보안원 칸에 대한 수색을 진행하고 있다.
> 타격대가 열차에 오르면 열차의 제왕처럼 행세하던 열차보안원
> 도 차렷 자세로 지시를 따른다. 과거에도 북한당국이 열차승무
> 보안원들의 비리행위를 근절하기 위해 종착역에서 가방을 검사
> 하는 등의 조치를 취했지만, 종착역이 아닌 열차 운행도중에도
> 단속한다.…이전에는 보위부에서 담당했던 주민들에 대한 정치
> 적 동향까지 파악해 불순분자들을 사전에 막을 데 대한 것까
> 지…단속의 범위가 방대하다.[268]

선군정치 1기에서 제3단계(7.1조치. 종합시장정책, 화폐개혁) 경제정
책은 다음과 같은 부작용을 낳았다.
우선 통제와 시장에 대응하는 시장 및 관료 행위자들의 수단이 더
진화했다. 국가 관료들이 국가건설 혹은 지원을 명목으로 시장 상인들

---

268) 『데일리NK』 2010.11.8.

에게 부과하는 공식과제가 한도를 넘어서면서부터다. 정권기관이 직접 나서 시장의 자릿세를 부풀려서 징수하거나 건설지원 명목으로 엄청난 자금을 강제징수하기도 했다. 실제로 2011년 10월 함흥시 인민위원회에서는 함흥시 시장(회상구역, 사포구역) 상인들에게 평양시 건설자들의 물자지원명목으로 1인당 15만 원을 강제 징수했다. 양강도 혜산시장에서는 도당위원회 지시로 평양시 건설지원 명목으로 1인당 10만원씩 부과했다. 당시 시장관리소가 징수하는 시장 자릿세가 1인당 300~500원이라고 볼 때, 근 1년 자릿세에 해당된다. 식량으로 계산하면 무려 50kg정도이다.

다음으로 관료들의 부패비리와 범죄의 다양화가 이루어졌다. 일반 주민들보다 간부들의 불법행위와 범죄 행위는 더 심각한 수준이다. 특히 중앙당 비사 그루빠 검열과 보위부 검열과 같은 검열에 동원되는 간부들이 마약유통을 눈감아주거나 직접 판매에 개입한다. 밀수밀매업자들을 보호해주고 뇌물을 받는다.[269] 간부들의 비리 스케일도 커졌고 대응방식도 대담해졌다. 상위층 간부들일수록 범죄의 유형과 범위도 상당히 크다.

> 인민보안성 기동순찰대원들도 야간에 근무할 때 마약을 한다. 주민들은 예전에 만나면 인사가 담배를 권하는 것이었는데, 이제는 마약을 권하는 것이 보편화됐다. … 마약이 군인, 보안성 안전원들 할 것 없이 대중화되면서 단속기관 모르게 비밀리에 팔고 사는 것이 아니라 공공장소에서도 사거나 팔수 일을 정도다. 간부들도 출근 전 빙두(얼음)를 하는데, 우리라고 왜 못하나. 빙두를 하니 하늘이 노랗고 세상살이 걱정이 없고 기분만 좋더

---

269) 『좋은 벗들』 2008.9.10.

라. 답답한 이놈의 세상, 빙두에 의지해서 하루하루 살아간다.[270]

　강선제강소 지배인은 중국 측 기술자와 서로 짜고 생산량을
조작하는 방식으로 특수강을 몰래 빼돌려 팔아 … 지배인의 집
을 조사한 결과 마대자루에 담긴 미화 71kg이, 안전부장의 집에
서는 미화 30kg이 나왔다. 단속에 걸리자 지배인의 부인이 검열
그루빠 담당자에게 '만약 남편(지배인)을 풀어주면 강서구역 1년
분 식량을 모두 대겠다.'라고 말할 정도다.[271]

　김책제철연합기업소를 중심으로 폭넓게 전개된 청진 '선철시장'은
오랫동안 비공식 강재시장의 원천지였다. 국방위원회 검열결과 실제
로 제강소·제철소들에서 외부로 유출되는 석탄, 강재 등은 거의 40~
50%를 능가할 정도다.[272] 전국적으로 수많은 공장기업소, 단체, 무역
회사, 외화벌이 기관들이 연합기업소의 간부들과 보안원, 보위대, 노동
자들과 결탁하여 전국 강재시장을 움직인다. 몇 사람이 처형되거나 처
벌을 받는다고 해도 근원은 사라지지 않는다. 매번 교체되는 검열조직
성원들도 뇌물과 결탁으로 쉽게 빠져들기 때문이다. 주민들은 주민들
대로 지속되는 검열과 통제에 몸살을 앓고 있다. 주민들의 불법 활동
을 단속해야 할 정부 관료들이 오히려 뇌물 등을 받으며 비사회주의
현상 확산에 한 몫을 담당하고 있기 때문이다.

　국가가 비사회주의를 조장하고 있다. 가는 곳마다 뇌물을 요
구하고 있고 돈 있는 사람은 죄를 지어도 처벌을 안 받으니 너

---

270) 『데일리NK』 2011.3.18; 2011.6.23.

271) 『데일리NK』 2008.3.10.

272) 『좋은 벗들』 2007.3.16.

도나도 돈을 벌려고 한다. … 피라미드 형식으로 뇌물을 바치는 구조가 형성되어 있다. 중앙에서 당 자금 명목으로 지방 단체들에게 요구하면 지방 당, 군 간부들은 밀수꾼과 연계하여 자금을 마련한다. 보안기관, 기업소, 군을 막론하고 말단부터 중앙 조직까지 뇌물형 자금을 상납해야 하다 보니 비사현상에 눈감아주는 것은 일반화 된 현상이다.[273]

뭐라도 먹고 살려면 열심히 발바닥이 닳도록 뛰어다니면서 장사해도 될까 말까하는 판에 매일같이 단속에 검열만 해대니 살라는 건지, 말라는 건지 모르겠다.[274]

결국 관료 권력들의 부패유형과 그 사슬고리도 다양화되었다〈그림 17〉.

권력형부패는 통제권력형(SCCP 관료)과 행정권력형(행정·경제 관료)으로 구분된다. 생계형부패는 주로 하층 관료들이나 주민들의 경우에 해당된다. 관료들과 주민들이 권력형이든, 생계형이든 부패의 일반적인 행위자로 등장하는 이유도 역시 경제적 이익과 보호의 또 다른 생존 방식이다. 또한 사회제도의 불균형과 법적 통제의 이중성이 통제권력의 부패 수단에 의해 대체되기 때문에 이는 또 다른 경제적 이권을 취득할 수 있는 가장 효율적인 수단이다. 이것이 사회주의 국가의 부패원인에 따른 정치 제도적 문제점이다. 특히 북한에서 부패나 범죄는 쉽게 권력이나 뇌물, 돈에 의해 벗어날 수 있기 때문에 아무리 강력한 법적 통제가 이루어진다 하더라도 그것은 또 다른 중첩적인 권력네트워크에 의해 보호되는 경우가 더 많다.

---

273) 『데일리NK』 2011.6.21; 『좋은 벗들』 2007.10.4.
274) 위와 같음.

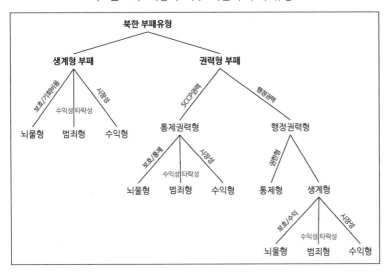

〈그림 17〉 시장화 이후 북한의 부패 유형

다음으로 지속적인 경제정책의 실패로 북한당국에 대한 주민들과 간부들의 불만도 노골화됐다. 무역일군들과 군부 간부들도 당국이 강제 부과하는 과제 때문에 몸살을 앓는다. 불복종하는 경우 곧바로 검열이나 처벌이 가해진다. 통제기관 관료들은 조심스럽게 시장에 접근하고 분노한 시장 상인들을 달래느라 시장 단속의 '고삐'를 조절하기도 한다.

요즘에는 단속하는 사람들이 심하게 나오면 따지고 멱살을 잡는다. '야, 나 어떻게 살라고 그러나? 네가 나를 먹여 살려줄 것인가?' 장마당에서 먹고 살던 사람들이 피땀으로 번 돈을 화폐교환 때문에 다 날렸는데 거부감을 갖지 않으면 거짓말이지…275)

---

275)『데일리NK』2011.6.14.

화폐개혁 이후 주민들의 사상이 180도 달라졌다. 내화거래가 사라질 만큼 체제를 믿지 못하고, 정부의 시책에 대한 거부감도 팽배해있다. 국가에서 이제 뭐라고 해도 믿지 않는다. 믿을 건 오직 시장뿐이다. … 평양에서는 시장단속을 나온 검열일군들도 한국물건을 파는 장사꾼들에게 '눈에 띄지 않게 상표를 떼고 예술적으로 팔아라.'고 말한다.[276]

마지막으로, 시장이 공식화되면서 청소년들도 시장에 뛰어들었다.

학교에서 요구하는 각종 사회적 지원품 때문에 장사를 하는 학생들도 늘고 있다. 학교 내에서는 시설물 보수, 각종 사회 건설 현장에 보내야 할 위문품 마련 등의 명목으로 학생들에게 돈을 걷는다. 심지어 시집가는 학급담임의 혼수마련을 위해서 돈을 걷는 경우도 있다. 아이들은 장사를 해서 이렇게 필요한 돈을 충당한다. 학교 다니는데 필요한 돈을 버는 일종의 '학비 마련 아르바이트'개념이다.[277]

2) 관료적 시장경제의 등장과 메커니즘

(1) 관료적 시장경제의 등장

7.1조치 이후 경제정책과 통제정책의 배타성은 권력-보호-이익의 관료적 시장경제가 수면위로 떠오르는 계기가 됐다. 인적·물적 네트워크가 강화되고 경제적 핵심이익을 사이에 두고 관료와 주민들의 유착은 점점 발전하게 된다. 2000년대 중반 이후에는 민간과 권력기관 및

---

276) 『데일리NK』 2011.11.30.
277) 『데일리NK』 2009.7.29.

관료들의 유착관계가 보다 긴밀해지면서 시장은 보다 진화하게 된다. 특히 2009년 이후에 통제기관은 물론 국가기관의 거의 모든 행위자들이 유착과 담합으로 시장경제 시스템에 합류하게 된다.[278] 점차적으로 북한 전역에서는 돈이 곧 권력이고 권력이 곧 돈이라는 인식과 그러한 인식에 기초한 다양한 수단들이 시장경제의 확산에 '기여'하였다.

다양한 시장에서 북한 관료적 시장경제의 활력소가 되어준 것은 역시 새로운 시장의 개척이다. 시장에 대한 욕망은 권력의 세기가 강할수록, 또 시장의 수요에 따른 공급의 형태가 다양해질수록 더 높아진다. 또 통제 권력과 시장 세력들 사이의 보호-이익의 욕구가 증가할수록 시장의 규모는 더 커진다. 특수기관 외화벌이도 해외시장보다는 국내시장에 더 집중되어 있어 국내 외화벌이 시장의 동태가 북한 경제에 미치는 영향력은 상당하다. 그것은 해외 수출입을 통한 국내시장의 상품공급과 수출 자원의 확충과정들은 국내 시장 세력들의 확대재생산과 자원배분과정을 거쳐 이루어지기 때문이다. 따라서 물리적 통제를 중심으로 한 자원의 권력배분은 시장 세력들의 상호작용의 결과이며 틈새시장을 노리는 또 다른 수단들이 새로운 형태의 시장을 만들어나가게 된다.

2000년대 중엽에 이르러 시장경제가 주요 경제이익의 활력소로 인정되면서 기업과 시장의 공생관계는 더 치밀하고 계획적인 수단에 의존하게 된다. 무현금거래, 독립채산제 등이 실리와 선군노선에 힘입어 시장의 진화를 적극적으로 유도했다.

연합기업소들을 중심으로 주요 산업 및 탄광들에서는 아예 원화나 무현금 거래도 아닌 외화로 생산물의 단가가 정해졌다. 생산-유통-판

---

278) 홍민,『북한 시장화와 사회적 모빌리티: 공간구조·도시정치·계층변화』, 서울: 통일연구원, 2015, 156쪽.

매과정에서 가격은 외화환율과 통제규모에 따라 결정된다. 이에 따라 사금융 시장도 빠르게 진화하기 시작했다. 개인 고리대금업자. 도·시·군을 연결하는 대부업체 그룹도 생기기 시작했다. 특권 회사들과 기관들은 기업 혹은 개인투자로 사금융 시장에 뛰어든다.[279]

실리가 강조되면서 연합기업소의 경우 국가계획위원회와 해당 성·중앙기관에 소속되어 명령과 지시에만 복종해야 했던 기존의 질서가 무력화되는 현상들이 공개적으로 나타났다. 상급기관의 관료들도 하급기관의 관료들에게 복종해야만 경제적 이득을 취할 수 있다. 수직적 복종관계가 경제적 이익 앞에서 무너지는 순간이다. 상시 SCCP 통제 관료들과 결탁해야만 하는 현장 관료들로서는 더더욱 권한이 강해질 수밖에 없다. 이러한 관계 속에서 자원의 분배순위는 응당 특수 권력 기관들에 우선적으로 차례지고 그와 결탁된 다른 시장 세력들이 그 뒤를 잇는다. 예컨대, 성진제강소 강재 생산계획은 그 강재를 생산하는 데 필요한 원자재를 군부 외화벌이 회사가 얼마만큼 보장하느냐에 따라 결정된다. 기업소 지배인과 해당 관료들은 군부의 압력이 두려워 원자재 물물교환 계획을 군부에 할당한다. 해당 군부 외화벌이 회사는 원자재를 공급하고 대신 강재를 받아 다른 기업소에 팔아 이득을 챙긴다. 이러한 선순환과정이 반복되면서 공장 관료들과 군부관료들은 돈독한 공생관계를 형성하게 된다. 만일 이 관계가 무너질 경우, 공장의 관료들은 더 혹독한 압력과 처벌을 받을 수 있다.

친필지시, 당의 방침, 지시, 국가 대상 건설로 지칭되는 주요 건설계획들과 그에 따른 생산 및 자재 보장계획도 주요 특권기관 때문에 틀어지는 경우가 수다하다. 예컨대, 백두산 청년발전소(선군발전소)를

---

279) 북한이탈주민 증언, 2014년 탈북.

건설하기 위한 노력, 자재, 수송은 김일성사회주의청년동맹과 철도성이 맡고 있다. 그런데 시멘트, 철근, 목재와 같은 주요 원자재들은 발전소 건설현장에 도착하기 이전에 벌써 1/3 이상이 팔려나간다. 선군발전소용 화차는 이미 국가보위부 외화벌이 업자에게 배정되고 화차부족으로 수송이 지연되기도 한다. 철도성 간부들과 결탁하여 화차(화물열차)수송으로 막대한 이득을 챙기는 군부 외화벌이 회사도 있다. 철도성 고위 관료들은 화차의 배차계획과 수송계획을 조정하면서까지 불법 거래를 통해 막대한 이득을 챙긴다. 물론 철도성 정치국이나 수송지휘국, 군사대표와 같이 화차배정 및 수송계획에 직접적인 권한이 있는 관료들과 연줄을 확보해야만 가능한 일이다. 모든 거래가 외화다. 심지어 최고 권력자의 전문 선물수송화차인 8호, 9호 화차도 외화벌이에 동원된다.[280]

한편, 국방공업을 위한 중공업 위주를 강조하는 선군경제건설노선은 권력기관 및 외화벌이 업자들의 이익창구로서 일등공신이다. 2000년대 중반 전략산업들에서 다시 실리와 선군시대 경제구조가 강조되면서 전략산업(전력생산, 석탄생산, 발전소건설, 수도건설 등)들에 집중공세가 이어졌다.[281] 이를 계기로 군부를 중심으로 하는 권력기관들의 전략산업 침투가 당연시되었다. 평양시 수도건설, 희천발전소 건설, 선군청년발전소 건설과 같은 주요 대상건설들이 다시 특수기관 외화

---

280) 국가안전보위성 11국 산하 외화벌이 사장은 몇 천 달러를 지불하면서 정기적으로 8, 9호 화차를 이용한다. 또 그 화차를 타 외화벌이 기관들에 수수료를 받고 팔기도 하면서 화차외화벌이를 한다. 그럼에도 불구하고 통제에서 쉽게 벗어날 수 있는 이유는 국가안전보위성이라는 특수권력 때문이다(참여경험).

281) 『로동신문』 2006.4.2; 2007.10.30; 『조선중앙통신』 2006.3.22; 백철남, 「선군시대 경제구조의 특징」, 『김일성종합대학 학보(철학·경제)』 3호, 평양: 김일성종합대학출판사, 2006.

벌이 관료들의 틈새시장으로 등장했다.

주요 산업복구 및 건설계획들에 다양한 시장 세력들이 뛰어들 수 있었던 것은 공식 경제부문의 특성과도 관련된다. 즉 공식 경제 부문이 가지고 있는 특징적인 문제점들이다.[282] 첫째: 공식 경제부문의 정책은 주로 소비재보다는 전략부문(중공업·군수공업)을 중시한다. 둘째: 소비자·생산자·계획자 사이에 직접적인 연계 고리가 없다. 셋째: 관료체계의 특징으로 상부와 하부의 원활한 소통이 어렵다. 이러한 문제점들이 주요 산업시설들에 대한 시장 세력들의 틈새시장이고 통제기관들의 시선이 집중될 수밖에 없는 거대한 공간이다.

주요 산업시설들을 중심으로 다양한 형태의 불법 시장들이 공식적으로 확산되기 시작한 것도 이때부터다. 제철소 주변에는 철근, 철판 등 강재시장이 생겨나고 시멘트공장 주변에는 시멘트 시장이 생겨났다. 탄광주변에서는 석탄시장이 활기를 띠고 수많은 외화벌이 업자들과 도매상인, 그리고 장사꾼들을 불러들였다. 당, 군, 공안 등 특수기관도 예외가 없다. 주민들과 상하층 관료엘리트들이 서로 이윤과 이윤을 쫓고 쫓으며 불법시장을 확산시켰다. 주요 산업시설들은 아예 특권기관들과 공장의 원료, 자재, 생산 공정들을 조각조각 나누어가지고 관리하거나 공장 내에서 하층기업들을 새로 만들어내기도 했다.[283]

평양시를 비롯한 전국의 곳곳에서 불법 '주택시장'들도 생겨나기 시작했다. 1990년대 비공식 시장에서는 개인적 차원의 소규모 주택시장이 선을 보였지만, 2000년대에 들어서는 기업의 명의를 빌려 돈주들이

282) Peter M. Ward, *Corruption, Development, and Inequality: Soft Touch or Hard Graft?* New York: Routledge, 1989.

283) 박영자 외, 『북한 기업의 운영실태 및 지배구조』, 서울: 통일연구원, 2016, 84~85쪽.

직접 건설에 투자하는 시장이 나타나기 시작했다. 이때까지만 해도 부동산시장에 대한 특별한 법제가 마련돼 있지 않아 부동산시장의 상인들은 기업 혹은 특수기관의 명의와 권력을 이용하여 불법적인 확대재생산에 참여했다. 개인소유가 법적으로 금지되어 있는 북한에서 기업의 명의를 도용한 주택건설과 기업투자가 확실히 증가하고 있었다. 기관 기업소들은 물론 학교, 병원, 농촌, 군부대 등 공공기관의 외피를 쓴 불법 주택시장들도 늘어났다. 또한 공장기업소, 혹은 상업망들을 불법 임대하거나 특수기관의 힘을 빌려 상점들과 식당들의 임대로까지 확산되자 부동산에 대한 통계 및 통제도 불가능한 상황에 도달하게 된다.[284]

2009년에 들어 북한 당국은 「부동산 관리법」 채택을 통해 이를 통제하려고 했다. 즉 최고인민회의 상임위원회에서 부동산관리법, 물자소비기준법, 종합설비수입법 등 경제부문의 법령들을 새로 채택함으로서 부동산 실태를 파악하고 등록 및 현황들을 정비할 필요성을 제기했다.[285] 하지만 이미 부동산 시장도 법질서가 아닌 돈과 권력에 의해 조종되는 것이 정례화 되어가고 있었다.

대외무역에 있어서도 강성총무역회사를 비롯한 산하 무역기관들이 석탄을 비롯한 광물 수출을 주도하고 있고, 5대 권력기관들이 이에 합류하고 있다. 중국이나 홍콩, 일본 등 해외출장으로 나오는 무역일꾼들은 민간인처럼 행세하지만 사실은 군인, 총참모부, 총정치국, 정찰총

---

284) 리동구, 「부동산가격과 사용료를 바로 제정 적용하는 것은 부동산의 효과적 리용을 보장하기 위한 중요한 요구」, 『김일성종합대학 학보(철학·경제)』 4호, 평양: 김일성종합대학출판사, 2006; 김광일, 「부동산에 대한 통계적 연구에서 제기되는 몇 가지 방법론적 문제」, 『김일성종합대학 학보(철학·경제)』 2호, 평양: 김일성종합대학출판사, 2007.

285) 「주간북한동향」 제974호, 2009.

국, 보위사령부, 인민보안성, 국가안전보위성 외화벌이 관계자들이다[286] 관료적 시장경제의 주역들은 외화벌이 과제들만 착실히 국가에 납부하게 되면 더 넓은 시장으로 뛰어들 수 있는 권력과 자유 재량권이 있다. 서군정치 영향으로 예전에는 신분상승을 위해 '군(軍)입)대후당(黨)입당'을 목표로 하던 젊은이들도 관료적 시장경제에 뛰어들었다.

> 당에 충실하던 사람들도 화폐개혁 이후 경제적 신분상승을 위해 입당이나 입대를 거부하는 추세다. 돈이면 다 해결되는 세상이 됐는데 간부면 뭐하고 당원이면 뭐하나.[287]

2009년 들어 국방위원회가 무질서와 치열한 경쟁으로 비대해지는 군부 외화벌이기관들을 통폐합하고 국방위원회 주도의 금융시스템 구축을 시도했다.[288] 장성택이 직접 주도한 것이다. 이를 위해 내각을 중심으로 경제관리를 개선하고 은행의 역할을 높이며 재정 관리와 기업의 재정전략에 대한 집중포화를 강조했다.

간부들의 외화보유가 늘어나면서 그에 맞게 생활양식에서의 변화도 생겼다. 마약과 호화사치생활은 중간계층으로 확산됐다. 군부 외화벌이 기지들에서는 마약생산이 노골적으로 이루어졌다. 종합시장들은 공장기업소, 특권 권력계층들과 연결되어 관료적 시장경제의 네트워크는 점점 고착되고 있었다.

---

286)『자유아시아방송』2011.5.19.

287)『데일리NK』2011.12.6.

288)『자유아시아방송』2010.2.2.

(2) 관료적 시장경제의 현실적 작동구조

시장이 확대되면서 연합기업소(대기업)들과 지방 산업공장(중소기업)들에서 계획경제의 동선들은 이미 특수한 관료적 시장네트워크에 포위되어 있다. 따라서 생산-판매-유통의 전 과정은 형식적인 계획경제의 외피를 쓰고 특수한 형태의 시장들을 생성해내고 확대하는 근원지이기도 하다. 전략부분도 마찬가지다. 예컨대, 연합기업소의 경우 원자재공급에서 생산-판매(공급)-유통에 이르는 전 과정은 연합기업소·성 중앙기관·5대 권력기관·당·군부 무역회사·외화벌이 관료들과 개인투자자들에 이르기까지 복합적인 이해관계가 맞물려 운용된다. 연합기업소 주변에는 타 대기업들과 중소기업들, 전국의 공식·비공식 시장들과 연계된 불법 원자재·생산시장들이 산재해있다. 이 시장들 역시 또 다른 성 중앙기관·5대 권력기관·무역회사·외화벌이 관료들과 개인투자자들에 의해 운용된다. 그리고 모든 동선들은 SCCP 통제기관들의 중층복합적인 통제-보호 속에서 이루어진다.

■ 사례 1. 대기업 관료적 시장경제 네트워크(순천시멘트연합기업소)

2000년대부터 순천시멘트연합기업소 석회선 원천은 인민무력성 25국 흥성무역회사가 전담하고 있다. 이들이 석회석광산의 부족한 설비 및 생산 장비들을 보장해주는 대가로 석회석광산의 경영권을 장악하고 있기 때문이다.[289] 순천시멘트공장을 비롯한 여러 시멘트공장들에 석회석을 전문적으로 보장해주는 석회석원천회사까지 설립했다. 그 대가로 시멘트를 받는다. 물물교환을 통해 받은 시멘트는 다시 전국의

---

289) 북한이탈주민 증언, 2012년 탈북.

건설현장들에 외화로 판매된다. 수송에 필요한 화차는 철도성 관료들을 통해 외화로 직접 거래된다. 원료의 생산에서 수송 및 판매에 이르기까지 완벽한 하나의 외화벌이 시스템을 구축하게 되는 것이다. 이러한 과정들이 불법적이면서도 독과점(獨寡占)적인 시장을 구축할 수 있는 요인은 오직 25국이 가지고 있는 특수한 권한과 권력이다.

시멘트 원료 납품과정에서도 공장 지배인이나 당비서, 군사대표, 무역과장, 자재상사 사장, 판매과장들 중 최소 한명의 인맥은 필수다. 무역과장과 지배인은 직접 시멘트 단가(외화)를 정하고 다양한 원자재품목들의 시멘트교환비율을 책정하기도 한다. 국가가 규정한 품질·규격·단가는 무시되고 생산량, 혹은 인맥에 따라 단가가 결정된다. 주요 원자재 납품업체들과의 원자재 대비 시멘트 교환비율, 그리고 출하도 마찬가지다. 상급기관에서 공식·비공식적으로 '지시'해도 시멘트 출하가 무시된다.[290]

시멘트 생산량이 부족하다거나 김정일의 친필지시분, 방침분, 명령분 등의 '구실'을 대면 그만이다. 대신 외화 혹은 주요 원자재들을 끌어들이는 특수 외화벌이 관료들과 투자자들에게는 시멘트 공급이 절대 끊이지 않는다. 그 대가로 공장 간부들은 엄청난 외화를 뇌물로 받기 때문이다. 이러다보니 이 공장 간부들에 의해 사사로이 빼돌려지는 시멘트도 수천 톤에 달한다.[291]

관료들과 개인들 못지않게 공장 보안소의 역할도 중요하다. 기업소 보안서는 공장기업소의 생산, 자재관리, 판매, 종업원들의 출퇴근 및 생활정형, 외부 유관기관들과의 거래관계 등을 종합적으로 통제한다.[292] 또한 보안서 산하에 공장기업소 보위대를 두고 공장기업소의

290) 북한이탈주민 증언, 2004년 탈북.
291) 「순천시멘트공장에 검열 중간 총화」, 『좋은 벗들』, 2008. 10. 15.

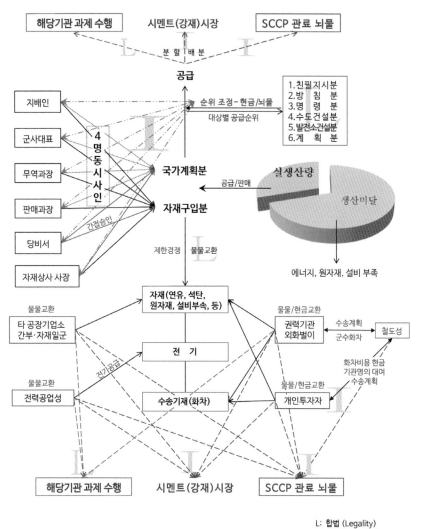

L: 합법 (Legality)
I : 불법 (Illegality)

자료: 북한이탈주민들의 증언과 참여경험을 바탕으로 필자 작성.

---

292) 연합기업소, 1급기업소, 중견기업소들은 기업소 내에 기업소담당보안소가
    기업소운영의 모든 과정들을 모니터링하고 행정적·형사적 책임을 부과한다.

경비를 담당하고 있다. 외부 기관들과의 물물거래현황과 원자재 구입 경로를 탐색한다. 기업소에 상주하고 있는 외화벌이 혹은 기관기업소의 자재일군들, 개인들을 감시하거나 통제하면서 나름 보안서원늘도 '이익의 틈새시장'을 찾기에 여념이 없다. 전략기업들에 시장네트워크가 침투했음에도 불구하고 자율경영과 생산물의 자율처분, 생산량의 증가로 이어졌다는 것이 비교적 긍정적인 부분이다. 반대로, 주요 공장 관료들의 권한은 강해지고 그와 결탁된 세력들의 수중에 착복되는 이윤의 폭은 더 커졌다.

■ 사례 2. 철도성 관료적 시장경제 네트워크(화차배정-수송계획)

1990년대 시작된 전력난과 철도 노후화는 철도운영의 가장 큰 어려움이다. 2000년대 철도성에서도 철도를 이용한 외화벌이 움직임이 가속화되었다. 화차가 외화로 거래되고 외화벌이를 위해 수송계획까지 조종되고 있었다. 철도성 정치국이 직접 나서 군부 무역회사 및 외화벌이기관들에 화차를 대부하기 시작했다. 그리고 화차는 외화로 거래됐다. 60톤 화차를 300$/1t 단위로 책정하고 1화차 1,800$로 불법 거래됐다. 수송거리 200km를 초과하면 3$/1t을 더 지불해야 한다. 이러한 불법 거래 역시 고위 간부들과 결탁하지 않고서는 성사되기 어렵다.293) 평안북도 신의주, 함경북도 남양, 두만강을 거쳐 북한으로 들어

---

293) 이 사업에 가장 적극적으로 관여했던 사람이 당시 철도성 정치국장 겸 조직 비서 이용순이다. 철도상 김용삼을 제치고 화차 외화벌이 사업을 솔선 주도했고 막대한 외화를 벌어들였다. 그 외화는 평양 김종태 전기기관차 공장에서 3년간에 걸쳐 새 객차를 만드는데 이용되었고 북한은 2003년에 들어 새 객차를 도입하였다. 2005년에 들어 객차생산이 마감되고, 그로부터 6개월 후 이용순은 평안남도 개천철도국 조직비서로 좌천된다. 그동안 이용순은 두 차례에 걸쳐 중앙당 검열도 받았지만 매번 무산됐다. 하지만 그는 철도상과

오는 수입물자용 외국화차들도 국내 외화벌이에 동원됐다. 국외반출도 마다하고 국내 외화벌이에 돌려 막다보니 비공개 항의각서까지 받을 정도였다. 일부는 간부들이 착복하고 중앙당 검열도 여러 차례 받았으나 고작 몇 명의 간부들만 사라졌다, 그리고 여전히 화차는 가장 손쉽고 막대한 공식 외화벌이 수단으로 고착됐다.

철도성 군사대표들도 각 군부대 혹은 군 장성들에게서 화차요구 때문에 골머리를 앓는다. 수송계획과 배차계획은 외화만 있으면 얼마든지 조절가능하다. 수송계획에 포함된 화차들을 배정받기 위해 철도성 간부들에게 수백 수천달러의 외화를 상납하는 것은 보통이다. 뇌물을 상납하고도 화차 한 편성(화차 10개)을 받으려면 보통 6개월 내지 1년, 그보다 더 걸릴 수도 있다. 화차배정과 수송이 늦어지면 그만큼 화주는 손해다. 화차를 받았다고 해도 수송계획이 맞물리지 않으면 물자수송에 차질이 발생하고 이윤거래에도 문제가 생긴다. 이윤보다 감옥가기 일쑤다. 이를 최소화하기 위해 수송지휘국의 관료들을 잘 포섭해야만 원하는 거래가 이루어진다.

이 모든 과정들에는 5대 권력기관의 감시와 통제가 항상 뒤따른다. 따라서 통제기관들과의 협업도 필수다. 모든 과정들은 철저하고 조직적인, 그리고 권력과 자본의 밀착 네트워크가 이루어지지 않고서는 쉽지 않다.

___

의 갈등, 철도성 정치국과 검찰의 갈등 등을 끝내 비켜가지 못했다. 2007년 여름 구속되어 6개월간의 예심 끝에 2008년 2월 평양시 어느 한 교외에서 총살형에 이른다(참여경험).

■ 사례 3. 대기업 주변 불법 시장네트워크(시멘트·강재시장 사례)

국가가 공식 인정한 종합시장에 비해 특정 산업시설들을 단위(강재, 시멘트, 석탄, 광물, 임업 등)로 지역별 형성된 비공식 특수시장들은 그 규모 방대하다.

예건대, 순천 시멘트 시장은 생산된 시멘트가 유출되어 보관, 포장, 중개, 거래, 운송, 소비 하나하나가 완벽하게 갖춰진 하나의 시장네트워크를 형성하고 있다.[294] 보통 개인집들을 개조하여 시멘트창고를 만들고 50~60톤가량의 시멘트를 보관했다가 시멘트 구입자들에게 판매한다. 시멘트 생산부족과 설비고장, 원자재부족, 대보수 등 공장 사정으로 생산이 중단될 때 시멘트시장의 판매량은 급증한다.

불법 시멘트시장으로 유입되는 시멘트 경로는 다양하다. 시멘트공장과 물물교환을 통해 공급받은 시멘트를 외화벌이업자들이 바로 시멘트시장에 넘기기도 한다. 개인들이 공장관료들과 결탁하여 직접 투자하고 받는 시멘트도 있다. 공장기업소 관료들과 담당 보안원, 보위원들과 군사대표와 같이 관료들이 착복하는 시멘트도 이 시장을 통해 현금화된다. 국가 계획분의 일부도 동 시장으로 흘러들어온다. 시멘트를 공급받기 위해 타 공장기업소들에서 파견된 자재지도원들을 통해서다. 자재지도원들은 공급받은 시멘트의 일부를 시장에서 현금화하여 출장비, 식비로 소모하고 가족의 생활비도 챙긴다. 일부만 자기 공장으로 들여보낸다. 공장기업소의 자재상사와 자재지도원들은 국가의 공급계획에 따른 물량을 조달하는 역할을 맡고 있다. 하지만 이러한 공급체계가 마비되면서 자재지도원들은 직접 현장에 상주하면서 원자

294) 홍민, 『북한 시장화와 사회적 모빌리티: 공간구조·도시정치·계층변화』, 서울: 통일연구원, 2015, 160쪽.

재를 공급받을 때까지 거의 '노숙자' 신세가 되고 만다. 언제 공급될지 모르는 치열한 분배경쟁 속에서 속절없이 기다리거나 나도 모르는 '범죄자'가 되기 일쑤다. 예컨대, 기업소에서 6개월 출장비를 받았다 하더라도 시장물가에 비하면 푼돈에도 미치지 못한다. 식사 한 끼도 어렵기 때문이다. 국가 계획분을 받을 때까지 기다리다가 공급받은 자재를 팔아 그동안의 외상값들을 지불하고 나면 또 빚더미에 올라앉는다. 그나마 이런 불법행위를 봐줄 수 있는 든든한 배경(통제기관)이 있으면 다행이지만, 그렇지 못한 경우에는 부득불 보안서나 검찰소의 감찰대상이 되고 결국 구치소행이다. 조금 큰 공장 자재지도원들의 경우 거래되는 물량도 다르다. 보다 광범한 규모에서 불법적인 거래가 '통 크게' 이루어지기 때문이다.

군수용 시멘트도 많은 부분 동 시장으로 유입된다. 뿐만 아니라 국가주요대상건설에 공급되는 시멘트들도 일부 빼돌려 이 시장으로 흘러든다. 심지어 화차로 대량의 시멘트를 팔아넘기는 일들은 군부관료들이나 일반 돈주들이나 별 차이가 없다. 이 외에도 다양한 경로를 통해 유입되는 시멘트의 양은 상당하다. 따라서 연합기업소 소성로가 바닥나도 시멘트시장은 마를 줄 모르는 샘이다. 여기에 시멘트 도난사고도 빈번하다. 이 시멘트들이 모두 불법 시멘트 시장으로 유입된다. 전국 각지 건설업자들과 공장기업소, 기관, 개인할 것 없이 시멘트시장을 통해 필요한 시멘트를 구입하거나 지역단위로 또 다른 시멘트시장을 만들기도 한다.

〈그림 19〉 비공식 시멘트(강재)시장 네트워크

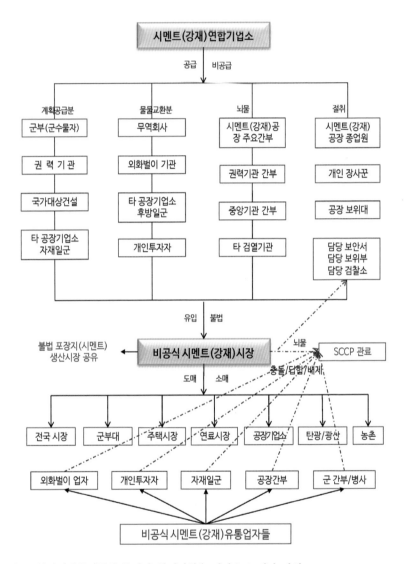

자료: 북한이탈주민들의 증언과 참여경험을 바탕으로 필자 작성.

이러한 시멘트시장의 특수성은 언제나 통제기관에 노출될 수밖에 없다. 따라서 시멘트시장도 마찬가지로 통제 권력과 이익배분을 통해 또 다른 보호네트워크를 만들어나간다. 그들만의 소규모 관료적 시장경제 네트워크를 구축하는 것이다. 비공식 시멘트시장뿐만 아니라 비공식 강재시장, 석탄시장, 모래시장, 목재시장 등 다양한 시장들이 형성되고 운용되는 전국 네트워크도 마찬가지다.

■ 사례 4. 대기업 주변의 또 다른 부속시장 네트워크(포장재 시장 사례)

시멘트시장이 활발하게 움직이면 하층시장에도 불이 붙게 마련이다. 불법 시멘트시장에 유입되는 시멘트는 보통 비포장시멘트이다. 때문에 포장재생산시장도 자발적으로 구축되어 있다. 포장재 생산시장에는 전문적으로 포장지를 생산하는 업체가 상주해있으며 폴리마대를 생산하여 판매한다.

원자재는 총정치국과 정찰총국, 인민보안성 산하 외화벌이 기지들에 의해 단동-신의주를 거쳐 순천과 상원으로 유입된다. 물론 모두가 불법이다. 그것은 포장지 생산 허가권을 제2경제위원회가 독차지하고 있기 때문이다. 이들의 독점하고 있는 포장지는 비싼 가격과 생산량 부족으로 공장과 시장들에서 환영받지 못한다. 그러니 장사나 외화벌이 용도로는 턱없이 부족하다. 이 때문에 포장지 불법 생산은 상시 검열과 통제, 압수 대상이 된다. 2경제위원회가 불법 포장지 생산시장을 없애기 위해 지속적인 검열과 감시를 동원하기 때문이다. 하지만 시멘트시장에서의 포장지생산은 위험을 감수하고 계속된다. 단속되면 보안서나 보위부, 혹은 군부 관료들에게 뇌물을 주거나 공동 이익배분을 약속하고 몰수와 처벌에서 벗어난다.

위험을 감수하면서도 이러한 비공식 시장이 운영되는 것은 그만큼 수요가 높기 때문이다. 시멘트시장에서 개인들이 비포장 시멘트를 판매하기 위해서도 필수적이고 심지어 연합기업소에서도 불법 포장지가 이용되기도 한다. 불법 포장지도 공장관료들에게는 하나의 이윤창구

〈그림 20〉 불법 포장지 생산시장 네트워크

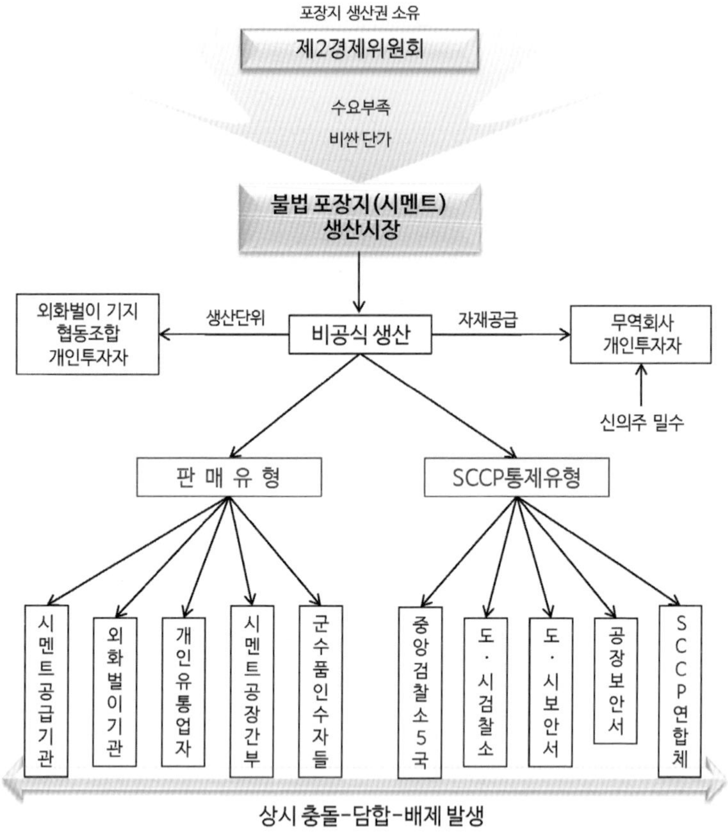

자료: 북한이탈주민들의 증언과 참여경험을 바탕으로 필자 작성.

이기 때문이다.[295]

모든 과정이 권력기관들과의 담합이 없으면 이루어지기 어렵다. 이제는 관행처럼 되어 있어 상품이 전량 몰수돼도 별로 놀라지 않는다. 뇌물을 공유하면 다시 재개할 수 있기 때문이다.

■ 사례 5. 불법 서비스업 관료적 시장 네트워크(운송 서비스 사례)

운송서비스업도 종합시장 현실화 이후에 생겨났다. 당시에는 기관 기업소 혹은 권력기관의 일부 외화벌이 업자들이 주요 도매시장을 중심으로 인적·물적 이동서비스를 위해 고안됐다. 장사꾼들을 태우고 이동하는 버스가 대부분이어서 당연히 도로위에서는 통제대상이다. 그리고 불법이다. 따라서 버스는 보안원 혹은 보안원 가족들이 불법으로 운행하는 것이 많았다.[296] 이후 버스 및 화물차 운송업으로 서비스업이 확대되면서 인민보안성의 주요 타깃이 되기도 했다. 2004년에는 인민보안성 정치국 검열로 직접 운송 서비스업에 뛰어들었던 보안원들이 처벌을 받기도 했다. 서비스 차 운행은 당분간 중단되었다가 몇 달 지나 다시 활기를 되찾았다.

서비스 차는 평성, 함흥, 청진, 사리원, 신의주, 원산 등 주요 도매시장들이 위치하고 있는 지역들에서 확대되기 시작했다. 도시와 도시를 연결하는 주요 운송서비스업은 개인 투자자들이 돈을 들여 전문적으로 운영된다. 도내 지역 사이에서 운행되는 서비스 차들은 주로 시·군 국영기업들에서 보유하고 있는 차량들을 동원하면서 가능해졌다.[297]

---

295) 북한이탈주민 증언, 2012년 탈북; 참여경험.
296) 북한이탈주민 증언, 2015년 탈북.
297) 『자유아시아방송』 2008.2.28; 『데일리NK』 2010.10.26.

이것이 점차 기관기업소 명의를 빌려 불법적으로 구입된 개인차들로 화대되었다 그리고 운전기사와 보조운전기사, 화주를 고용하여 전문적인 운성서비스업으로 발전시켰다.

　운송서비스업이 불법임에도 불구하고 전국적으로 확산될 수 있었던 것도 통제 권력의 철저한 보호를 받기 때문이다. 대도시에서는 공터를 이용하여 주차장을 만들고 주차관리원들을 고용하면서 체계적인 운송서비스업으로 발전시켰다.

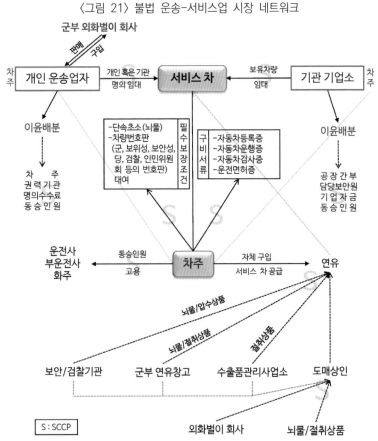

〈그림 21〉 불법 운송-서비스업 시장 네트워크

자료: 『좋은 벗들』, 『데일리 NK』, 북한이탈주민 증언, 참여경험을 바탕으로 작성함.

한 대의 서비스 차가 운행하는 데 연결된 공식, 비공식 시장들과 도
매, 소매상인들도 상당하다. 여러 개의 시장이 연결되어 완벽한 운송
서비스업 시장네트워크를 형성한다. 차량운행에 필요한 다양한 증명
서과정들도 불법적으로 이루어진다. 여기에 운행구간별 보안원·기동
타격대 단속, 국가보위부 검열, 예고 없이 들이닥치는 중앙당, 검찰소
검열 등 온갖 검열에도 대처해야 한다. 때문에 한 대의 서비스 차를 운
영하는 데도 차주가 고용해야 하는 인원과 뇌물, 현금으로 부담해야
하는 통제기관의 관료들도 상당수를 차지한다.

이 밖에도 불법 서비스 차량의 안전운행을 위한 필수조건은 권력기
관 차량번호를 이용하는 방법이다. 권력기관 차량번호를 소유하면 운
행도중 단속이나 통제를 덜 받을 수 있기 때문이다. 북한은 각 단위별
로 고유 번호를 사용하기 때문에 운행 중 그 차량의 소속단위를 쉽게
파악할 수 있다. 따라서 운송 서비스업자들은 막대한 돈을 들여서라도
군부, 국가안전보위성, 인민보안성 등의 권력기관 번호를 얻기 위해 노
력한다.

〈표 14〉 북한 단위별 고유 차량번호

차량번호	단 위	차량번호	단 위
02	중앙당	21~22	사법, 검찰
11~12	당 기관	90	중앙당연락소
13~14	내각 및 행정	46	여객운수부문
15~17	인민보안성	23~24	2경제위원회
18~20	국가안전보위성	4자리 숫자	군부(단위별)

자료: 『데일리 NK』, 북한이탈주민 증언을 토대로 작성함.

제4부

관료적 시장경제의 확산
(선군정치 2기)

여기서는 김정은 정권의 출범과 함께 실리경제정책과 선군경제건설노선, 선군통제의 가속화과정에서 관료적 시장경제가 확산되는 메커니즘을 분석한다. 동시에 선군정치 2기에서의 관료적 시장경제 현실적 작동구조를 사례를 통해 알아본다. 이어 김정은 시대 주요 경제정책의 의미와 한계, 그리고 관료적 시장경제의 확산요인들을 당국과 시장의 반사효과와 이익의 관계에서 살펴본다. 같은 맥락에서 김정은 시대 핵·경제발전병진노선과 관료적 시장경제와의 상관관계, 선군경제건설노선의 패러독스를 통해 관료적 시장경제의 확산요인과 결과를 분석한다.

제1장 실리 경제정책과 관료적 시장경제의 확산

1. 선군정치·선군경제·선군통제의 가속화

2012년 북한은 선군·선군경제건설을 가속화하면서 통제 권력의 강화로 김정은 정권을 출범시켰다. 이와 함께 북한사회에는 관료적 시장경제의 확산, 간부 및 주민들의 집단적 일탈행위가 일상적 흐름으로 고착되었다.

이 시기 북한사회 정치경제적 변화는 다음과 같은 특징으로 구분된다.

첫째, 통제와 저항의 패러다임은 관료적 시장경제를 등장시켰고, 경제적 이익의 네트워크가 확고하게 자리 잡았다. 관료적 시장경제의 패러다임 속에서 수많은 유명무명의 간부들과 외화벌이 업자들, 시장상인들이 처형·처벌되었다. 그럼에도 불구하고 또 다른 유명무영의 간부들과 외화벌이 업자들, 시장 상인들이 또 다른 시장 네트워크를 구축하면서 더 활발하게 관료적 시장경제 행위자들을 배출시켰다.

둘째, 관료를 중심으로 하는 사회적 부패, 한국문화의 확산은 관료들과 주민들의 일탈행위를 대량 탈북으로까지 이끄는 수순에 이르렀다. 기존 '비사회주의'의 폭은 넓어졌고, 경제문화생활의 일상적인 패턴으로 자리매김했다. 2000년대 이전까지만 해도 비사회주의는 장사행위, 직장일탈, 절도(공장설비), 뇌물 강도, 식량거래, 도매업, 서비스업(운송, 봉사소, 시외버스, 식당, 봉재 등), 차판장사, 매춘 등에 머물러 있었다. 2000년대 이후에는 밀매, 불법 봉사, 마약밀매, 정보유출, 한국 CD, DVD, 소형라디오, 소형 TV, 외화거래, 부정부패, 음란영상물 시청, 중국전화기 사용, 탈북방조, 종교, 미신으로 점차 확대되었다. 이러한 비사회주의 범주 확대는 통제 권력의 경제활동 수단을 더욱 확대한다. 즉 통제집단들은 경쟁적으로 통제 권력을 시장에 투입함으로서 이권 창출뿐만 아니라 새로운 권력형 투자자로 발전하는 것이다. 즉 포괄적인 분야에서 '권력형 붉은 자본가'의 출현이 공식화됐다.

셋째, 선군으로 군부의 경제권 장악이 기정사실화됐고 국내외 시장들에서 치열한 경쟁을 유발했다. 군수품 보급부족과 국가 건설 강제동원으로 집단군 시장경제활동과 부작용이 눈에 띄게 나타났다. 선군으로 북한사회는 오랫동안 몸살을 앓았고, 군에 대한 주민들의 신뢰도가 급격히 하락하였다.

넷째, 거듭되는 경제정책의 실패로 간부들과 주민들, 군인들의 당국에 대한 불평불만이 공식적으로 확대되기 시작했다.

김정은은 이렇게 3대 세습 중 가장 열악한 북한을 이어 받았다. 또한 김정은의 적통성(嫡統性)에 대한 문제가 이슈로 떠오르면서 백두혈통으로 몰아가는 데도 한계가 있었다. 여기에 북한 핵문제로 인한 국제 외교무대의 축소는 어린 지도자에게 가장 큰 위험이다. 이렇게 국내외 불안정한 정치경제적 환경에 대한 타결은 김정은 시대 정치이념의 재정비에서 시작되었다.

김정은은 2012년 4.6담화를 통해 김일성 · 김정일 주의에 기초한 영도의 계승과 선군을 중심으로 하는 선군경제건설 중시를 내세웠다.[298]

4.6담화의 취지는 김일성의 주체사상과 김정일의 선군사상을 하나로 결합하여 주체사상과 선군정치를 김정은 정권의 정치이념으로 한다는 것이다.[299] 중요한 것은 경제사업에 대한 내각의 통일적인 지도를 꾀하면서 '내각 중심제'를 다시 강조한 것이다. 또한 선군혁명 사상을 통해 인민군대를 핵심역량으로 하여 혁명과 건설을 밀고나가야 한다는 군중심의 사상을 지속적으로 강조했다.[300] 이어 건설, 문화예술, 탄광 광산, 농촌 등 집단적 동원을 필요로 하는 모든 곳에서 선군문화, 선군여성, 선군농촌, 선군청년 등 선군용어들이 재탄생하고 그를 통한 선전선동이 가속화됐다. 실제로 2000년대 중반 이후 급속히 저하됐던 '실리'의 인용횟수가 2014년부터 증가하기 시작하여 2015년 68번을 기록했다.[301] '선군'도 2012년 증가하기 시작하여 2014년 243회에 이어 2년 후에는 684회로 늘었다. 선군이 가장 많이 이용된 시기는 2003년 738회이다. 2002년 7.1조치와 2003년 종합시장정책과 함께 급속히 증가하였다가 선군정치 1기를 마감하면서 급속히 잦아들었다. 그런데 김정은 출범과 함께 다시 증가하기 시작했다.

이러한 과정들은 선군정치의 계승과 6.28 새로운 경제정책의 발표이후 핵·경제발전 병진노선(2013)으로 대체됐다. 김정은 정권은 선군과 실리를 다시 국내외 질서 복귀를 위한 최적의 수단으로 내세웠다. 특히 핵개발로 인한 국제사회의 압박과 국내 정치경제환경의 불확실성

---

298) 조영기, 「김정은 시대 북한경제의 현황과 과제」, 『나라경제』 15권 2호, 2013, 23~40쪽.
299) 평양, 「사회주의조국을 배반하는 자들을 엄중히 처벌할 데 대하여」, 『조선로동당 중앙군사위원회·조선민주주의인민공화국 국방위원회 명령 제0007호』, 평양: 조선로동당출판사, 2012. 12. 1.
300) 『로동신문』 2013.10.15.
301) 이 자료는 『로동신문』 사설들과 정론, 각종 대회와 회의, 그리고 각 지역의 소식통들과 선전용 기사들에 수록된 '실리'의 인용횟수에 따른 통계자료이다.

으로 당국의 시장의존성은 갈수록 높아졌다.

실천이데올로기로서의 선군노선은 더 많은 이윤을 창출하기 위한 시장의 속성에 불을 지폈다. 오히려 당장 먹고 살기에 바쁜 일반주민들과 경제적 이익에 쫓고 쫓기는 관료들, 외화벌이과제에 쫓기는 간부들 등 시장 세력들에게 선군은 큰 의미가 없다. 그들은 이미 자신들만의 견고한 보호-이익 네트워크를 따라 열심히 시장 질서를 유지하거나 재편하기에 바쁘다. 오히려 선군과 선군경제건설로 포장되는 국가의 부담 때문에 불법과 합법의 경계를 넘나들며 비공식 영역으로 더 깊숙이 빠져들 뿐이다. 이들에게 선군정치는 하나의 결속력을 강조하는 북한 당국의 유일한 통제이데올로기로서만 기능할 뿐 시장은 여전히 역동적이었다. 정치권력도, 경제 권력도, 통제 권력도 사실상 모두 자신들만의 특수한 수단으로 경제적 이익을 찾는 시대가 됐다. 최대의 양극화를 만들어내는 최적의 무대로서 관료적 시장경제는 오랫동안 유지되어오던 사회주의 북한 지역의 법과 질서를 바꿔가고 있었다.

이러한 변화는 선군정치의 '무기'를 쥐어준 북한정부의 특수한 수단에 있었다. 이와 반대로 권력과 그에 따른 이익이 클수록 위험부담도 못지않게 크다. 이러한 구조 속에서 관료와 엘리트들은 다중 통제구조의 복합적인 보호체계를 구축하기 위해 결탁하고 치열한 경쟁을 벌인다. 또한 권력경쟁은 아첨과 숙청의 서로 상반되는 치열한 경쟁이기도 하다.

김정은 정권에서 이러한 경쟁은 주로 경제적 이권을 둘러싸고 발생한다. 가장 눈에 띄는 부분은 잦은 인사이동과 숙청이다. 그 중에서도 2012년부터 장성택 행정부와 군부 강경파와의 치열한 경쟁이 가장 큰 사례다. 이들 권력 경쟁과 갈등은 내각중심·군부중심의 양극단에서 경제적 이권을 사이에 두고 이루어졌다.

앞서 김정은 후계승계를 준비하면서 장성택은 내각중심을 내세워 군부가 독차지 하고 있는 국내외 무역권을 이전시키고 북한경제의 개혁개방에 관심이 있었던 것으로 보인다. 2011년 당시 국방위원회 부위원장 겸 당 행정부 부장이었던 장성택은 7월 8일 합영투자위원회를 신설하면서 합영 합작과 투자유치에 대한 권한을 독점했다. 이어 중국과 나진-선봉 경제특구에 위치한 나선항 건설, 정유시설, 가공단지들을 합작개발하기로 합의했다.302) 나선특구를 비롯한 주요 경제개발·투자를 필요로 하는 국내외 개발·투자·운영 권한들도 하나 둘 행정부권한으로 내각에 이전시키기 시작했다. 2012년 4월 6일 '내각중심제', '내각책임제'의 등장은 이러한 사업의 일환이다.

2013년 4월 1일 최고인민회의 제12기 제7차 회의에서는 박봉주를 '경제사령탑'으로 내세우면서 동시에 경제전문가들을 포섭하여 내각의 인적·물적 강화를 꾀하였다. 이는 마치 '내각중심제', '내각 책임제'가 북한의 개혁·개방을 위한 신호인가에 대한 의문으로도 해석되었다.303) 그럼에도 불구하고 경제건설을 책임진 내각의 재정은 바닥나고 박봉주는 사실상 '능력 있는 빈털터리 총리"에 불과했다. 여기에 더하여 중앙에서 지방에 이르는 정치권력·경제 권력의 관습적인 '경제의 정치화' 현상은304) 내각의 위상을 승격시킨다고 해서 개선될 사안이 아니다.

군부와 내각의 치열한 경쟁은 더더욱 그렇다. 군부 정치권이 군부 행정권을 능가하고 나아가 내각을 능가하기는 더 쉬운 것이다. 더욱이

---

302) 임을출, 「북중 경제협력 확대와 북한 경제」, 『한반도포커스』 제14호, 2011, 7쪽.

303) 이수석·김일기, 「북한의 실리주의와 개혁개방 가능성 연구: 박봉주 내각총리 복귀를 중심으로」, 『세계지역연구논총』 31집 3호, 2013.

304) 김갑식·이무철, 「북한 내각의 경제적 역할과 당정관계」, 『한국과 국제정치』 제22권 3호, 2006, 122쪽.

선군정치로 오랫동안 과잉 남용되어 온 군부권력의 이전은 더더욱 위험성을 초래하는 것이다. 또한 이미 군부는 선군경제건설노선으로 국방건설뿐 아니라 민간분야의 공장기업소, 단체, 외화벌이 원천지들까지 장악하면서 당·행정경제 관료들뿐만 아니라 일반 시장 세력들의 대부분을 포위하고 있었다.

이미 장성택 행정부는 여러 차례에 걸쳐 군부 외화벌이 기관들의 권한을 축소하기 위한 작업을 실행한 바 있다. 하지만 매번 실패했고, 통제가 강화될수록 군부의 공식 비공식 외화벌이 열풍은 국내외로 확산되며 전국을 장악했다.[305] 장성택이 내각을 내세운 합영·합작·투자·개발·운영 권한의 독점시도는 이미 처절한 패배수순을 밟고 있었음에 분명하다. 근 20년간에 걸친 군부 외화벌이 특전과 특권경쟁은 선군정치, 선군시대가 물려준 유산이다. 따라서 단계별로 제동을 걸어왔던 장성택 행정부의 실패는 당연한 것이다. 결국 장성택은 2013년 군부와의 권력경쟁에서 반당반혁명종파분자의 누명을 쓰고 역사의 무대 뒤로 사라지게 된다. 그리고 군부의 북한 경제 장악은 다시 선군혁명노선에 힘입어 가속화되기 시작한다.

2012년 새 정권의 탄생과 함께 통제기구의 확산과 가속화도 시작되었다. 특별히 인민보안성의 기동순찰대(특별기동대)와 가동타격대 전력이 두 배로 확장되었다. 인민보안성이 국방위원회에 소속된 후 보안군, 내무군으로 편제개편되고 통제기구도 확장됐다.[306] 김정은 정권에 들어 탈북행렬이 늘어나고 북한 시장이 걷잡을 수 없는 상황에 치닫자 일차적으로 기동타격대를 파하여 철도연선을 차단하자는 의도다. 이

305) 강채연, 「북한 관료정치 주기모델과 그 규칙성에 관한 연구」, 성균관대학교 석사학위논문, 2015, 73~74쪽.
306) 『자유아시아방송』 2010.8.25.

와 관련하여 인민보안성에 국방위원회 명령이 하달되고 인민보안성의 위상이 한층 격상되었다. 2012년 발표된 국방위원회 명령 제0007호에는 다음과 같이 지적되어 있다.

> 보안원들은 국경지대에서 장사와 밀수행위, 탈북으로 우리 민족의 자존심을 훼손시키는 현상이 나타나지 않도록 강한 통제를 하여야 한다. 일부 보안원들이 담배나 돈을 뇌물로 받고 밀수행위나 월경도주자들을 눈감아주는 행위를 서슴없이 하고 있는 데 대한 강한 사상투쟁을 벌려야 한다. 최근 돈에 눈이 어두워 국가의 귀중한 유색금속과 파철, 약초, 심지어 레루못까지 뽑아 밀수행위를 하는 자들이 늘어나고 있다. … 인민내무군 일군들은 각 도보안서에 조직된 기동순찰대, 특수기동대원들에 대한 훈련을 강화하기 위한 사업과 그들에게 현대적인 무장장비를 갖추어 주기 위한 사업을 통이 크게 벌려나가야 한다.(평양 2012, 1)

김정은은 2013년 5월 인민보안성을 방문하여 24시간 경비체제를 구축하라고 지시했다.[307] 김정은 정권에 들어 기동순찰대와 기동타격대는 외부 영상물 반입, 유포, 시청 등에 대한 단속과 감시에 더 열을 올리고 있으며 포고문을 공포하고 강력한 처벌 등을 통해 주민통제를 강화하고 있다.[308]

관료적 시장경제가 확산되는 북한에서 경제권이 곧 권력이다. 국영기업과 시장, 통제 권력들이 서로 주고받는 뇌물과 이익구조가 금융시장뿐만 아니라 부동산으로까지 확장되었다. SCCP 관료들도 자신들의

---

307) 『조선일보』 2013.11.13.

308) 성준혁, 『북한 인민보안부에 관한 연구: 북한경찰의 통제 유형을 중심으로』, 경남대학교 박사학위논문, 2015, 109쪽.

통제수단을 이용하여 경쟁적으로 공식 외화벌이에 등장했다.

　　상무(검열조)가 동원되면 수만 달러를 벌 수 있기 때문에 이
들은 각 지역에서의 검열실적을 경쟁적으로 높이려고 한다, 이
러한 것들이 결국 돈 없는 인민들의 고통을 가중시키고 있는 것
이다. … 보통 뇌물을 고이는 액수는 든든한 배경이 있는 경우
라도 1천 달러 이상이 든다. 주민들에게 상무원들은 공포의 대
상이다. 상무원들은 막강한 권한을 이용해 검문을 한다며 일부
여성들의 젖가슴을 만지는 등 성추행도 일삼는다.[309]

　　수시로 가택수색을 벌이면서 한국 드라마 CD, USB가 발각되
면…뇌물로 적게는 500달러까지, (검열조들은) 상부에서 지시가
내려오면 처음에는 원칙적으로 집행하다가도 조금만 시간이 지
나면 각 단위가 경쟁적으로 뇌물 챙기기에 집중한다. 단속기간
1년이면 집(주택) 10채도 우습게(쉽게) 번다.[310]

　　보위부 고위 간부들이 중국 조직 폭력배들과 암암리에 마약
장사를 벌이고 있다. 이는 충성자금 마련이 아닌 순전히 개인
부를 축적하겠다는 움직임이다. 보위부는 검열을 핑계 삼아 아
래 단위에 내려갔다가 빙두(마약)를 국경지역까지 직접 운반하
기도 한다. … 보위부뿐만 아니라 보안서나 당 고위 간부들도
상황을 이용하면서 돈을 버는 일에 더 집중하고 있다.[311]

　개인소유가 늘어나고 비공식 소상공인 사업체들도 솔솔 늘어났다.

---

309) 『데일리NK』 2012.3.15.
310) 『데일리NK』 2014.12.11.
311) 『데일리NK』 2016.8.23.

전국 424개로 성장한 북한 시장들과 연관된 소상인 사업체들은 그 형태와 범위 또한 다양하다. 또한 권력기관 무역회사들과 기관기업소들에 연계된 비공식 소상공인 기업체들도 수다하다. 농업, 광업, 제조업, 건설업, 운수업, 도매 및 소매업, 숙박 및 음식업, 정보 서비스업, 금융업, 반도체 중고업, 기술 서비스업, 사교육, 보건업, 예술 여가 관련업, 수리 및 기타 개인서비스업들이 이미 북한 시장에 자리 잡았다. 이 모든 업종들은 시장통제 권력과 결탁하여 훨씬 큰 규모로 성장하고 있다.

2. 6.28 경제 관리방법 제시, 그 한계

김정은 정권은 2012년 6월 28일 '우리식 경제관리방법'을 발표했다. 이어 2013년 8월 15일, 2014년 5월 30일 세 차례에 걸쳐 시장경제 요소를 도입하며 각 기업과 사업소에 대폭적인 자율권과 경쟁을 허용하는 새 경제개혁조치를 단행했다고 밝혔다.[312]

6.28방침의 주요 내용은 ①내각의 지도하에 공장기업소들이 원자재, 생산, 판매의 자율가격결정권과 자율경영, ②협동농장 분조제의 강화, 4~5명의 가족 분조제 실시이다. 농촌에서는 계획생산물의 7:3원칙을 실시(국가 7: 농장원 3)하고, 무역 분야에서는 국가기관 및 편의협동기관 명의로 개인자본 투자의 합법화 등이다.[313] 5.30담화를 통해서는 사회주의 기업책임관리제 도입이 정식화되었다. 사회주의 기업책임관리제는 기업에 생산권, 이윤사용 및 임금결정 등 분배권, 무역권을 부여함

---

312) 강채연, 「북한 관료정치 주기모델과 그 규칙성에 관한 연구」, 성균관대학교 석사학위논문, 2015, 103쪽.
313) 박형중, 「북한의 '6.28방침'은 새로운 '개혁개방'의 서막인가?」, 통일연구원 정책보고서, 2012b, 1쪽.

으로써 기업경영의 자율권 범위를 확대하는 것을 핵심으로 하고 있다.[314]

하지만 새 경제조치에 대한 환상도 북한에서는 이미 사라진지 오래다. 그리고 6.28방침이나 5.30담화의 기본 취지들은 7.1조치 이후 국영기업과 시장에서 지속적으로 확산되고 있었던 자발적 경제정책들의 내용들이다. 선군정치 1기 때와 마찬가지로 10년 만에 발표된 새 경제방침에 시장의 호응은 달랐다. 물가급등과 환율인상으로 시장이 출렁거렸다. 그런데 7.1조치 때와 다른 점은 정책이 시행되기도 전에 이미 시장이 움직이기 시작한 것이다. 정보유출이다. 새 경제방침을 하달한 뒤 곧바로 7월부터 "비밀관리 사업을 잘 할 데 대하여", "각종 육안감시 사업을 잘 할 데 대하여"등 내부기강 확립을 요구하는 지시들이 내려졌다.[315] 민간뿐만 아니라 군부대 내에서 장사 및 불법행위들이 성행하면서 군사비밀 노출에 대한 문제들이 심심치 않게 제기되고 있었다. 또한 군의 핸드폰 사용은 불법이지만, 군 간부들과 일반 병사들까지 민간 핸드폰 사용이 확산되면서 더더욱 정보유출에 대한 우려가 집단군에서도 만연했을 정도이다.

> 군부대 간부들과 군인들 속에서 일반 손전화를 이용하지 말데 대한 법적 공세, 회수사업을 벌리지 않아 부대 내 64명의 군관, 군인들이 손전화기를 이용하여 군 내 비밀을 담보할 수 없게 되었다. 손전화기에 의한 비밀 루설과 이색적인 문화차단을 위해 군단 보위부가 총 출동했으나 불순녹음 록화물은 사라지지 않고 있다. 심지어 한국영화를 전자매체에 입력시켜 한국노래를 듣고 있으며 군인가족들에 대한 수시로 단속해도 끊이지 않고 있다.[316]

---

314) 박영자 외, 『북한 기업의 운영실태 및 지배구조』, 서울: 통일연구원, 2016, 42~43쪽.

315) 『데일리NK』 2012.8.20.

6.28방침에 대한 학자들의 논쟁은 다양하다. 우선 그 목표에 있어 중국이 1984~1992년 시행했던 '사회주의 상품경제체제'라고 평가된다.[317] 그럼에도 불구하고 분조관리제와 공장기업소의 경영개혁은 정치경제적으로 북한 당국의 충분한 사전준비가 미약하여 실패한 것으로 평가한다. 즉 분조관리제도의 실패는 농촌관료층의 저항, 농민통제 이완에 대한 불안감, 특권기관의 식량보장 문제로 보고 있다. 또한 공업관리제도와 금융관리제도에 있어서는 경제계획 관련 당정 관료집단을 중심으로 한 기득권층의 저항, 지배인 및 노동자 통제에 대한 불안감, 특수기관 이권 보장의 문제를 실패의 원인으로 분석한다.[318]

북한은 6.28방침에 따라 2013년 1월부터 분조관리제를 실시한다고 밝혔다. 가족단위 혹은 분조단위의 농업생산을 통해 벌어들인 생산물을 7대 3 분배원칙에 기초하여 분배한다는 것이다. 그러나 이시기 분조관리제 및 7:3 분배정책은 이미 그 의미를 상실하고 있었다. 그 이유는 다음과 같다. ①정부가 굳이 7:3원칙을 발표하지 않아도 농촌에서는 이미 자율배분원칙이 자행된 지도 오래다. SCCP 통제 권력의 엄청난 박해를 받아왔고, 농촌에서는 이제 불법적이고 완벽한 쌀 생산 및 쌀 시장 분배체계를 구축하고 있었기 때문이다. 또한 특수농장들이 분조관리제 도입에서 제외됐다고 하여 착복과 쌀시장으로의 진출이 없어지는 것은 아니다. ②분조관리제로 시행되는 계획과 생산, 분배의 현실적 차이 문제다. 영농조건들이 제대로 갖추어져있지 않고 지역에 따라 기후조건과 토양조건도 다른 상태에서 농토면적에 따라 미리 생산

---

316) 북한군자료, 「*군단 집행위원들의 5월 당 생활총화보고」, *군단 정치부 집행위원회, 2012.

317) 박형중, 「북한의 '새로운 경제관리체계'(6.28방침)의 내용과 실행 실태」, 『나라경제』 제15권 10호, 2013, 33쪽.

318) 위의 글, 33~35쪽.

량이 주어진다. 이를 토대로 결정되는 7:3 비율이 농민들에게는 더 곤혹스러운 일이다,[319] 생산계획을 하든 말든 그 계획에 맞추어 7:3 비율로 농장원들에게 분배한다는 원칙이다. 농업관계자들에게는 어불성설이다. 따라서 새 분배정책이 의미를 상실할 수밖에 없는 이유다.

오히려 간부들과 도매상인들이 보다 통이 크게 암거래 쌀시장들을 개방했다. 군당위원회와 리당에서는 식량생산통계가 나오기도 전에 벌써 농촌 식량의 많은 몫을 챙길 수 있다. 군행정위원회는 행정적 지도를 수단으로, 군보안서나 리보안소는 감독통제 수단으로, 군수동원총국은 군량미를 빌미로 식량생산의 대부분을 합법적으로 걷어 들인다. 협동농장들에서 식량수매사업을 맡고 있는 양곡수매사업소에서는 양곡 수매원들이 솔선 앞장서 식량생산량을 낮춰 보고하거나 이러저러한 형태로 시장에 빼돌린다. 물론 당·군·정 간부들과 결탁관계에서다. 농민들은 관료들과 결탁하여 비밀리에 벼이삭들을 베어 나른다. 또 도시와 연계하여 개인적으로 혹은 집단적으로 식량 도매소의 역할을 자처했다. 도매상인들이 간부들과 결탁하여 몇 십 톤의 식량을 빼돌리는 것은 일도 아니다.

기업경영의 자율성과 책임확대, 기업의 경제적 인센티브 보장 등이 독립체산제를 강화하는 방향에서 추진되었다는 측면에서 7.1경제조치나 6.28조치는 구소련의 경제개혁과 유사한 측면을 보이기도 한다. 즉 1985년부터 1991년까지 고르바쵸프가 시행했던 시장 사회주의정책으로서 페레스트로이카가 그것이다.[320] 다만 북한의 경우, 공장기업소

---

319) 조영기, 「김정은 시대 북한경제의 현황과 과제」, 『나라경제』 15권 2호, 2013, 30쪽.

320) 정형곤, 「동유럽 사회주의 경제체제의 개혁과 북한」, 『현대북한연구』 5권 2호, 2002, 74~75쪽.

경영활동의 자율성은 정부정책이 아닌 자발적 경쟁으로 이미 제도화
되어 있었다. 통제와 억제수단의 침투가 시장 세력들과 공고한 결탁관
계를 만들어버렸다는 데 차이가 있다.

6.28방침과 함께 금융시장에 대한 당국의 새로운 정책도 시도됐다.
불법 금융시장을 장악하기 위한 신 외화매수전략이다. 외화당국은 시
장시세보다 높은 환율로 주민들의 외화-북한 원 전환을 꾀했다.321) 이
에 따라 평양 및 주요 도시들에서 주민들이 보유하고 있는 외화(달러,
위안화)를 내화(북한 원)로 교환할 데 대한 지시가 인민반들에 통보되
었다. 그리고 개인들이 소유하고 있는 외화를 수거하기 위해 시장 환
율보다 높은 시세로 외화매입에 나섰다. 하지만 두 달 만에 정차되면
서 내림세를 보이던 시장의 환율도 다시 급등하기 시작한다. 다시 실
패한 것이다. 보안일군 가족들도 배급이 중단되고 식량구입으로 통제
수단을 이용할 수밖에 없는 시대가 도래했다.

> 보안원들이 예전에는 6개월 정도 먹을 식량을 비축해두고 있
> 었는데, 이제는 한 달 살기도 바쁘다. … 나중에 배급을 받을 수
> 있다고 믿는 건, 상황을 몰라도 너무 모르는 것이다. 설령 밀린
> 배급을 받을 날이 온다고 해도, 그 세월 기다리다가는 다 죽을
> 수도 있다. 지금은 돈벌이를 찾아 악착같이 버는 게 살아남는
> 길이다.322)

연합기업소를 비롯한 기관 기업소들이 식량난으로 공장 기계 설비
들을 팔아먹는 행위는 더 활발하게 2012년의 북한을 이끌었다. 유색금

---

321) 『데일리NK』 2014.3.28.
322) 『좋은 벗들』 2012.6.19.

속과 파철, 약초, 심지어 레루못까지 뽑아 밀수하는 사람들도 늘어나 당국이 몸살을 앓았다.[323) 김정은 정권 출범과 함께 지속되는 검열과 간부교체로 무역성은 물론 성·중앙기관들도 몸살을 앓았다. 대외무역도 지지부진인데 무역성과 외무성들에 부과되는 식량수입과제는 갈수록 늘어나면서 해외대표부들과 무역기관들도 몸살을 앓았다.

> 큰 기업소들 생산물 판매가 부진한데다가 작년 무역성 검열 여파로, 무역성 검열 후 교체된 간부들이 아직 제자리를 잡지 못하고 있다. … 새 지도부가 구성되기 전에 부득이하게 인물교체를 한 것이지만, 아무리 썩은 이라도 잇몸이 시리다고 최대한 잘 써먹었어야 했는데 생각할수록 아쉽다. 검열 후폭풍을 예상하지 못한 것 같다.[324)

6.28방침과 5.30담화와 같은 새로운 경제방침들과 조치들이 지니고 있는 한계는 자발적으로 구축된 시장경제의 구조적 양극화를 더욱 심화시키는 기제로 활용됐다. 자율성과 이율분배, 가격결정, 원자재 구입과 유통, 토지의 이용의 시장 메커니즘이 법제화됨으로서 관련 행위자들의 공식적인 이윤착취를 더 가중시키는 계기를 조성했다. 결국 통제 권력과 시장 세력들 간의 결탁관계를 더 공고히 해줌으로서 관료적 시장경제를 가속화하는 수단으로만 기능하는 것이다. 이에 따라 신흥 자본가들이 늘어나고 재벌이 속출하면서 그 피해는 고스란히 하위계층에게 돌아갈 수밖에 없다. 당국은 다시 시장에 끌려가게 되고 관료적

---

323) 평양, 「사회주의조국을 배반하는 자들을 엄중히 처벌할 데 대하여」, 『조선로동당 중앙군사위원회·조선민주주의인민공화국 국방위원회 명령 제0007호』, 평양: 조선로동당출판사, 2012. 12. 1.

324) 『좋은 벗들』 2012.7.10.

시장경제의 확대에 직접 기여를 한 셈이다.

3. 관료적 시장경제의 확산

관료적 시장경제의 확산은 다시 빨라졌다. 불법 자원시장, 주택시장, 부동산시장, 금융시장이 활기를 띠기 시작하고 소유관계에서의 변화도 뚜렷하게 나타나기 시작했다. 가장 인기 있는 시장은 부동산시장과 금융시장이다. 부동산 시장이 확대되고 신흥부자들의 기업투자와 시장에 대한 투자는 더 공고화된 관료네트워크의 연계망을 거쳐 확산되기 시작했다.

선군정치 2기에서 관료적 시장경제의 확산유형은 다음과 같다. ①자원시장, 부동산시장, 주택시장, 금융시장, IT중고시장, 사교육시장 등의 확대이다. ②소상공인 사업체들이 증가에 따른 비공식 개인소유제의 확대이다. ③SCCP 통제 조직도 외화벌이 주요 행위자로 등장한 것이다. SCCP 통제 관료들이 직접 주택시장, 부동산시장, 자원시장 등 개인 소유관계 시장들에 투자하는 형태의 외화벌이가 확산되었다. ④집단군 외화벌이 참여가 국가 중요대상건설은 물론 전국 군부대, 시장들에서 일반화됐다. ⑤통제 당국과 당국의 정책에 대한 집단반발이 시장상인들뿐만 아니라 군부·민간 간부들 속에서 확대되기 시작했다.

1) 부동산시장

2000년대 중엽 시작된 부동산 시장은 김정은 정권에 들어 확대되면서 본격 시동이 걸렸다. 2009년 '부동산 관리법'이 제정되던 초기 국가의 부동산 정책집행은 내각에 설립된 비상설 국가부동산관리위원회가 맡도록 규정하였다(조선민주주의인민공화국 부동산관리법 제6장 39조, 2009). 그리고 부동산관리사업에 대한 감독과 통제는 내각과 감독통제기관이 하도록 규정되어있다(조선민주주의인민공화국 부동산관리법, 2011). 여기서 감독통제기관은 인민보안성 및 사법검찰기관이다. 또한 부동산의 법적 소유는 기관, 기업소, 단체만 가능하도록 되어 있다. 일반 주민들은 '부동산리용허가증'을 발급받고(부동산 관리법 제4장 제24조, 2011), 국가가 제정한 부동산 사용료를 지불하도록 되어 있다(부동산 관리법 제5장 34조, 2011). 이 경우는 기관, 기업소, 단체 명의의 부동산이용에만 적용된다. 이는 부동산에 대한 관리가 철저히 기관, 기업소, 단체에만 한정되어 있음을 뜻한다. 이에 따라 2009년 전국 부동산에 대한 전수조사를 실시하고 재정비 및 등록사업을 국가등록(2009)에서 기관기업소, 단체별 자체등록과 국가등록(2011)으로 위임하였다. 이 같은 조치는 비공식적인 기관기업소 자체 부동산 임대업이 전국적으로 확산되고 있고, 이러한 부동산들이 전수조사에서 누락되면서 취한 조치이다.

이러한 국가적 조치에도 불구하고 2012년 이후 북한 부동산 시장은 전국적인 범위에서 다양한 형태로 확산되고 있었다. 주택, 상점, 편의시설뿐만 아니라 공장건물, 탄광광산, 토지의 임대 및 거래가 불법적인 방법으로 확대되고 있다.[325]

325) 김병욱 외, 「북한지역 부동산 거래실태와 통일대비 연고지 찾기」, 북한개발
연구소, 2017, 1~21쪽.

<표 15> 선군정치 2기 부동산 거래현황

	주택	상점	편의시설	공장건물	탄광광산	토지
거래형태	매매/임대	임대	임대	임대	임대	매매/임대
계약형식	국가/개인	개인	개인	개인	국가	국가
지불방법	외화	외화	외화	외화	외화	외화/현물
법적근거	묵인/불법	묵인	묵인	묵인	합법/불법	묵인/승인

자료: 김병욱 외(2017)을 참고로 필자가 재구성함.

김정은 정권 이전에 국가 공공건물의 임대는 나진-선봉 경제무역지대에서만 합법적으로 허용되었다. 1992년 경제무역지대를 대상으로 「외국인 기업법」이 처음으로 제정되고 1993년에 「토지 임대법」이 제정되었다(조선민주주의인민공화국 외국인 기업법, 1992). 이후 수차례의 수정보충을 거쳐 2011년 완성된 「토지 임대법」에서도 토지 임대는 특수경제지대에 있는 토지를 외국인 합영·합작 기업들에만 임대하도록 되어 있다(조선민주주의인민공화국 토지임대법 제1장 5조, 제2장 9조, 2011).

특수지역에서 외국인 합영·합작 기업을 제외한 부동산 임대는 사실상 불법이다. 그럼에도 불구하고 김정은 시대에 부동산의 임대, 매매는 다양한 형식과 방법으로 확산되고 있다. 부동산 거래에는 권력기관, 기관기업소 관료들, 시장의 돈주들, 무역회사나 군부 외화벌이 업자들, 일반 개인들까지 포함하여 수많은 사람들이 참여한다. 불법임에도 불구하고 북한 부동산 시장이 확장성을 띠는 이유는 실제로 통제 관료들마저 투자 및 매매에 직접 참여하기 때문이다.

북한 살림집법 제61조는 '국가 소유 살림집을 팔고 샀을 경우와 승인 없이 살림집을 이용하는 경우'에는 회수한다고 규정하고 있다. 하지만 그 법을 집행해야 하는 관료들도 직접 주택을 팔고 산다. 주택시장에서 1주택 거래에 관여하는 행위자는 최소한 10명 이상이다. 또한 거래형태, 계약형식, 지불방법이 대부분 불법이거나 묵인이다. 그만큼 엄청난 수의 권력기관의 관료들이 전국 불법 부동산 시장에 참여한다.

〈그림 22〉 북한 부동산시장 네트워크

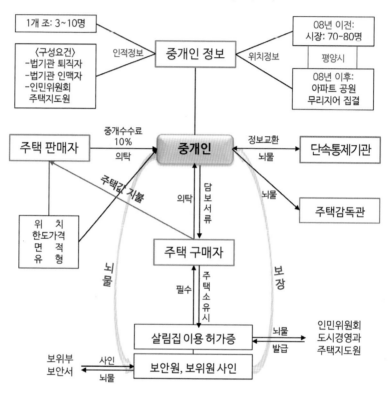

자료: 정은이, 「북한 부동산 시장의 발전에 관한 분석－주택사용권의 비합법적 매매사
    례를 중심으로」, 『동북아경제연구』 27권 1호, 2015; 『좋은 벗들』 『데일리 NK』,
    북한이탈주민 증언 토대로 작성.

2) 건설시장

김정은 정권에서 주요 대상건설들에 대한 공사들이 확장되면서 주
택건설이나 건설현장들에 통제관료들과 외화벌이 기관, 개인투자자들
이 전폭적으로 관여하고 더 활기를 띠게 되었다.

평양시 10만 세대 수도건설(2005~2012)과 만수대지구의 아파트 개건 확장공사(2009~2012), 은하과학자 거리(2013), 김일성종합대학 과학자 아파트, 위성과학자 거리(2014)와 여명거리 건설(2016~2017)들에도 민간자본과 특수기관 자본들이 투자됐다. 대외건설총국만 놓고 보더라도 덕동돼지목장, 밀가루공장, 곡산공장, 행복거리, 창전아파트 건설, 보통강고기상점 식당 등 활발한 건설현장들을 벌려놓고 있었다.326) 군인 12만, 주민 2만 명이 동원된 원산갈마해안관광지 건설로 수많은 무역회사들과 기관기업소 및 시장들의 자재부담이 높다.327)

선군정치 2기에서도 주요 대상 건설이나 주요 산업 및 중화학공업들에 대한 생산 및 투자정책이 지연되거나 차질을 빚는 원인도 바로 여기에 있다. 국가의 중요대상 건설은 대규모 시장에 침투하려는 시장 세력들의 경쟁으로 심각한 자원낭비와 자원배분의 왜곡을 발생시키기는 주요 근원이다. 중요 대상건설들이 외화벌이를 위한 주요 창구로 이용되는 이유는 건설공사에 필요한 자재, 설비, 자금들을 국가가 부담하는 것이 아니라 개별적 외화벌이 기관들과 단위들에 할당되기 때문이다. 실제로, 평양시 10만 세대 주택건설이나 2016년 평양시 여명거리 건설, 2018년 원산갈마해안관광지 건설에 동원된 자재와 자금들은 외화벌이 기관들과 기관기업소, 군부, 그리고 일반주민들에게까지 부과된다.328) 이런 기회들이 건설과정에 직접 관여할 수 있는 틈새시장을 가능하게 하고 있으며 막대한 외화를 벌어들일 수 있는 창구로서 기능한다.

군부대들도 국가대상 건설에 필요한 자재와 설비들을 국가적 과제로 부과 받는다. 결국 군부대 간부들은 자발적으로 시장의 행위자로

---

326) 박영자 외, 『북한 기업의 운영실태 및 지배구조』, 서울: 통일연구원, 2016, 84쪽.
327) 『데일리NK』 2018.1.29.
328) 『데일리NK』 2016.6.2.

등장할 수밖에 없다. 이들도 다양한 방식으로 건설과정에 참여하고 이
득을 챙긴다〈그림 23〉.

〈그림 23〉 군부대-건설시장 네트워크(여명거리 사례)

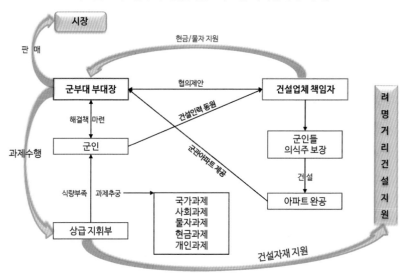

자료: 『좋은 벗들』, 『데일리 NK』, 북한이탈주민의 증언을 토대로 필자 작성.

주택건설 투자 및 판매과정들도 역시 중층복합적인 관료들과 돈주
들의 결탁관계로 이루어진다. 국영기업-개인투자자 주택시장은 건설허
가증 발급 주체가 누구인가에 따라 A형과 B형으로 나뉜다〈그림 24〉
〈그림 25〉.

A형은 국영기업이 직접 해당기관으로부터 건설허가증들을 발급하
여 주택건설업자에게 명의 대여와 함께 허가증도 대여해주는 형식이
다. B형은 주택건설업자가 국영기업의 명의만 빌리고 허가증 관련 기
관들에 자체계약(현금 혹은 아파트 계획)을 맺고 직접 발급받는 경우
다. 이 경우 국영기업에 지불해야 할 비용을 줄일 수 있다. 주로 주요

권력기관들에 연줄이 있거나 친인척관계인 경우에 해당된다. 그만큼 허가증을 발급하는 데도 엄청난 비용이 들지 않기 때문이다. 또한 아파트 분양권에 있어서도 독립적인 주체가 될 수 있다는 장점이 있다. A형인 경우 아파트 분양권은 기업과 협의해야 한다는 단점이 있다.

〈그림 24〉 국영기업-개인투자자 관료적 시장네트워크(주택건설) A형

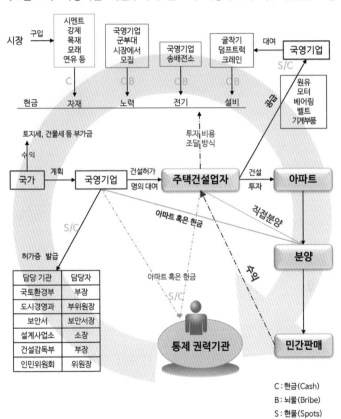

C : 현금(Cash)
B : 뇌물(Bribe)
S : 현물(Spots)

자료: 정은이, 「북한 부동산 시장의 발전에 관한 분석－주택사용권의 비합법적 매매사례를 중심으로」, 『동북아경제연구』 27권 1호, 2015; 홍성원, 「북한 주택시장의 발전과 형성에 관한 연구」, 북한대학원대학교 석사학위논문, 2014; 북한이탈주민들의 증언을 토대로 작성함.

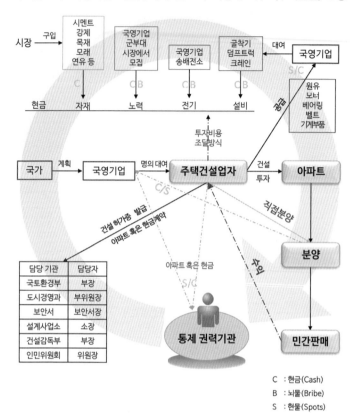

〈그림 25〉 국영기업-개인투자자 관료적 시장네트워크(주택건설) B형

담당 기관 담당자

담당 기관	담당자
국토환경부	부장
도시경영과	부위원장
보안서	보안서장
설계사업소	소장
건설감독부	부장
인민위원회	위원장

C : 현금(Cash)
B : 뇌물(Bribe)
S : 현물(Spots)

　　부동산 시장과 마찬가지로 한 개 아파트를 건설하는 데도 다수의 공식·비공식 시장들이 참여한다. 또한 다수의 권력기관들과 국영기업, 다양한 분야의 수많은 시장행위자들이 관여한다. 때문에 불법 주택시장이 활성화되고 관료적 시장경제의 네트워크 속에서 경제는 활성화되는 것이다. 이처럼 주택시장, 부동산시장에는 건설부문을 넘어 교육, 보건, 국가 공공기관들과 군부대들까지 동참하고 있다.
　　특수기관은 물론 기업과 기관들에서 관료형 돈주들도 늘어나고 있고 그들의 투자수단과 범위 또한 광범하다. 돈주들은 특수기관 관료들이거나 혹은 그들의 비호를 받는 중요한 시장 세력이기 때문에 쉽게 법망에서 벗어날 수 있다. 김정은 시대에 들어 돈주들에 대한 통제는 더욱 강화되고 있다.[329] 그럼에도 불구하고 돈주들을 통제하고 처벌하는 절차들이 오히려 군과 통제 관료들의 주머니를 불려줄 수 있는 최적의 수단이기 때문에 이를 근절하기는 역부족이다.

3) 사교육시장

불법 사교육시장(Private Education Market)에도 관료들과 부유층이 먼저 뛰어들었다. 1990년대 초기 상류층에서 시작된 사교육 비용은 주요 식량, 의류, 전자제품과 같은 생활필수품이었다. 김정은 시대에서 이러한 비용은 외화나 부동산같이 보다 광범위한 규모의 큰 범위에서 거래로 확산되고 있다.

사교육시장은 평양이나 주요 도시들의 중상위 계층에서 비교적 활발하게 이루어지고 있다. 또한 대부분의 관료들이 사교육시장을 참여하고 있어 북한에서 유독 검열통제가 느슨한 부분이다. 현재 사교육시장에는 전 현직 대학교수, 중고등학교 교사들과 과학자, 기술자, 전문가들도 뛰어들고 있다. 그리고 비공식적인 학원가도 생겨나고 있는 추세다.

요즘 학부모들의 목표는 자녀들을 외국이나 평양의 좋은 대학에 보는 것이다. 그들 속에서는 '보내자, 외국으로!', '보내자,

---

329) 2016년에 들어서도 대대적인 경제 감찰을 통해 '신흥 자본가'들의 재산을 몰수하고 형사 처벌한 것으로 알려져 있다(조한범, 『북한에서 사적 경제활동이 공적 경제부문에 미치는 영향 분석』, 서울: 통일연구원, 2016, 5쪽).

평양으로!'라는 구호가 공공연히 나돌고 있다. 평양에서는 수학, 물리와 같은 기초학과목에서 대한 교육비는 매달 100위안 정도이고, 컴퓨터와 같은 전문기술과목에 대해서는 200~500위안까지 부담해야 한다.330)

과외 형태로 시작된 북한의 사교육은 1990년대 초에 평양시에서 시작되었다. 평양 제1고등중학교와 평양 외국어학원에 자녀들을 보내기 위해 학교의 유능한 교사들을 초청하여 특별과외를 선호하면서부터다. 대신 교사들에게 필요한 생활상 편의를 해결해주는 방식이었다. 이러한 열풍이 점차 큰 도시로 확산됐다. 2002년 7.1경제조치 이전 사교육은 아직 방과 후 과외지도 형태로만 머물러 있었다. 종합시장으로 공식 시장이 활성화되면서 점차 사교육이 보편화되기 시작했다.

이러한 사교육열풍이 김정은 시대에서는 사교육시장으로 일반화되고 일반 주민들에게까지 개방되어 있다는 것이 특징이 있다. 2000년대 이전 사교육비용은 주로 물물거래였지만, 공식 시장화 이후에는 현금으로 유통됐다.

2017년 북한이탈주민 20명(전직 교사, 학부모, 학생)을 대상으로 진행된 북한 사교육 현황 설문조사에서는 사교육시장의 원인이 북한 시장화, 진로, 경쟁의식, 사회적 트렌드 등으로 지목되고 있다. 학부모들이 자녀의 사교육에 관심을 가지게 된 계기는 2000년대 이후 시장화로 수익이 생기면서 졸업 후 진로와 좋은 대학에 보내고 싶은 욕망 때문이었다고 한다.331) 학생들의 경우는 대부분 제1고등중학교와 외국어학원 입학. 대학입시, 졸업 후 무역회사 진출, 선행학습, 예능활동, 부모

330)『자유아시아방송』2016.7.14.
331) 북한이탈주민 증언(사교육), 2015년 탈북.

의 요구에 따라 개별교육을 받게 되었다는 것이 보편적이다. 교사들의 경우, 수요가 많기 때문이고 밑천을 들이지 않는 장사이기 때문에 선호하는 것으로 나타났다.

〈표 16〉, 〈표 17〉, 〈표 18〉은 북한이탈주민 20명을 대상으로 진행한 북한 사교육 현황에 대한 설문조사 결과를 보여준다. 본 설문은 북한에서 사교육(개별교육)을 직접 받았던 학생들과 사교육경험이 있는 학부모 및 교사들을 대상으로 교사기준, 학생기준, 학부모기준으로 나누어 진행한 결과다.

〈표 16〉 북한 사교육시장 현황(교사기준)

분류		교육 시기 (연)	대상 및 교과목	비용		계기	통제
				화폐개혁 이전	화폐개혁 이후		
교사	A	07~13	대학입시생 제1고등학교 입시생	100위안/월	150위안/월	시장화	동사무소 건의 형태
			모든 과목	1:1 교육; 1인 50달러/1시간			
	B	08~12	대학입시생 재학생	쌀 10kg	200위안/월	수요가 많아서	교육기관 단속원
			영어				
	C	06~10	유치원생	쌀 10kg	쌀 25kg	밑천 들이지 않는 장사	없다
			피아노				
	D	08~09	중고등학교 학생	30~40달러/월 시험기간; 1.5달러/일		수요가 많아서	형식적
			모든 과목				
	E	00~12	제1고등학교	15달러	18달러	수요가 많아서	없다
			수학, 물리, 화학				
	F	98~13	제1고등중학교 외국어학원	30달러	50달러	특별수요	없다
			영어, 수학				

〈표 17〉 화폐개혁 전후 북한 사교육시장 현황(학생기준)

분류		교과목	목적	계기	과외 시간	교육비 외 지불	교사 선택기준	과외 결과
학생	G	영어, 중어 기타	학교수업 부족	중어, 기타-부모 영어-본인	저녁 6시~ 2시간, 1주 3번	냉실 옷이나 간식	유명한 교사	좋은 성적
	H	물리, 영어 중어 기타 노래 태권도	선행학습 학교수업 부족 예체능 취미	태권도-본인 나머지-부모	방과 후 저녁 2시간	간식 식용기름 등	유명한 교사 집과의 거리	물리·영어 좋은 성적, 나머지 별로
	I	대학 입시 모든 과목	대입준비	부모 본인	저녁 2시간 월, 화수학 목, 금-영어 토-물리, 일-화학	교사 저녁 식사	가장 유명한 교사	김책공업 종합대학 입학
	J	피아노 노래	졸업 후 진로	부모 본인	집에서 1:1 레슨	-	피아노 교사	별로
	K	대학입시 모든 과목	대입준비	부모	방과 후 2시간 주말	생일·명절 선물	외국어 학원 교사	별로
	L	수학, 영어	외국어 학원 선행학습	부모 본인	저녁 6시~ 4시간	수시로 선물	유명 교사	좋은 성적
	M	수학, 영어 물리	1고등 선행학습 대학입시	부모 본인	방과 후 3시간 주말교육	명절 선물	1고등 학교 교사	대학 입학

〈표 18〉 북한 사교육시장 현황(학부모기준)

분류		대상	교과목	목적	비용		통제
					화폐개혁 이전	화폐개혁 이후	
학부모	N	초등, 중등 과정생	중어-상시 영어-방학 예능-초등 태권도-중등	대학입시 무역회사 진출 경쟁	100위안/월	150위안/월	없다
	O	대학입시생	체육-상시 영어·수학 입시 전 손풍금-가끔	졸업 후 진로	150위안/월	200위안/월	불의 기습
					체육-50위안/월		
	P	재학생	손풍금	졸업 후 진로 과외로 돈벌이	30위안	50위안	없다

Q	대학입시생	대학입시과목	종합대학 입학	-	50달러	없다
R	대학입시생	대학입시과목	예술대학	30달러	100달러	없다
S	1고등 입시생	영어, 수학, 국어	제1고등학교 입학	쌀 20kg	40달러	없다
T	재학생	중어, 손풍금, 기타	졸업 후 진로	150위안	200위안	

표에서 보는 것처럼 유독 사교육시장에서만 당국의 통제가 미미하다. 그것은 대부분 사교육이 중상위 계층, 그리고 간부자녀들을 대상으로 진행되고 있기 때문이다. 그리고 선군정치 2기에서 사교육은 비공식적인 사교육시장으로 점점 확산되고 있는 추세다.

4) 반도체시장, 기타 서비스업시장

북한에서 반도체 시장은 2000년대 초 컴퓨터 수요가 증가하면서 군부 무역회사들을 중심으로 불법적으로 발생했다. 국경지역들과 나진-선봉 경제무역지대를 거쳐 중고로 수입된 컴퓨터, 노트북, 가전제품과 같은 반도체 제품들이 유입되면서부터다. 초기 반도체 시장은 소규모에서 수리 및 제품 판매를 위해 형성되었다면, 김정은 시대 반도체시장은 전국적으로 큰 규모에서 진행되고 있다.

국가과학원을 비롯하여 전국의 과학자, 기술자들이 연구를 포기한 채 반도체 중고시장에 뛰어들었다. 북한 반도체시장은 국경지역에서의 중고수입이 묵인되면서 확산되었다.[332] 중국산, 일본산에 이어 최근에는 한국산 반도체 중고 제품들도 유통된다. 특히 선군정치 2기에 들어 북한 컴퓨터 도입이 본격화되면서 반도체 중고시장은 더 활발하게 움직인다. 또한 북한 시장화로 중상위 계층들의 컴퓨터 수요가 일반적인 패턴으로 자리매김하면서 과학자, 기술자들이 돈벌이를 할 수

---

332) 『자유아시아방송』 2016.10.31; 2013.1.10.

있는 컴퓨터 중고시장이 인기를 끌게 되는 것이다. 북한 핸드폰수요가 증가하면서 핸드폰 중고시장도 인기다. 이들은 주로 제작, 수리, 판매 시장을 움직인다. 또한 컴퓨터, 라디오, 가전제품과 같은 반도체 제품들은 권력기관 관료들의 뇌물구조에 필수적이다. 따라서 반도체 시장은 통제기관의 주요 통제 대상임에도 불구하고 그들의 보호가 가장 절실히 요구되는 신산업 시장이기도 하다.

이 밖에도 상업 봉사망들에서 서비스업의 확산도 다양한 방식으로 이루어지고 있다. 목욕탕, 사우나, 모텔, 마사지, 미용 등 당국이 불법으로 지정하고 있는 봉사서비스업이 책임간부들과 통제 관료들의 비호하에 전국적인 범위에서 이루어지고 있어 사회적인 이슈가 되고 있다.

> 일부 봉사기관 책임자들은 종업원들에게 수단과 방법을 가리지 말고 돈을 벌 것을 요구하고 있을 뿐 아니라 지어 봉사원이 아닌 여성들까지 끌어들여 퇴폐적이고 변태적인 '봉사'를 하게하고 있습니다. … 단위 책임일군들이 산하 봉사기관들에서 계획분만 바치면 그만이라고 여기면서 비법적인 봉사활동을 하지 못하게 장악통제하지 않고 있습니다. 일군들이 퇴폐적이고 변태적인 행위에 말려들거나 봉사기관 책임자들로부터 돈과 물자, 음주접대를 받고 비법적인 봉사활동을 묵인 조장시킨 현상을 비롯하여 봉사기관들에서 나타나고 있는 비사회주의 현상들을 빠짐없이 장악하여 밝혀내도록 하여야 합니다.[333]

북한에서 소유관계에서의 자발적 변화는 여전히 물밑에서 진행 중

---

333) 평양, 「봉사망들에서 나타나고 있는 퇴폐적이고 변태적인 행위들을 없애 기위한 투쟁을 강도 높게 벌릴 데 대하여(조직부)」, 평양: 조선로동당출판사, 2016.9.9, 1쪽.

이고 그 범위도 상당하다. 선군정치 1기에서 주택과 부동산에 대한 개인소유는 기관기업소의 명의를 빌린 개인소유형태가 지배적이었다. 선군정치 2기에서는 상점, 식당, 외화벌이 사업소, 어선, 탄광, 광산, 뙤기 밭, 화물차 버스, 그리고 공장소유로 점점 확산되고 있다. 사실상의 소규모 개인 사업체들과 사업자들이 늘어나고 있는 형국이다.[334)

부동산 시장에 대한 불법 거래를 전문적으로 통제하고 압수하는 형태의 처벌이 확산의 반대쪽에서는 끊임없이 이루어지고 있다. 그럼에도 불구하고 관료권력과 시장 세력들은 서로 결탁하여 소유권의 확대를 이루어내고 있다. 최근 들어 권력기관의 관료들과 신흥부자들이 국가소유의 부동산들을 비공식 개인소유로의 법적 이전을 시도하고 있는 것이다. 물론 은밀하게, 그리고 불법적으로 진행되고 있다.[335)

---

334) 양문수, 「다시 한 번 속도를 내기 시작한 북한의 시장화」, 『한반도포커스』 제32호, 2015, 44쪽.
335) 북한이탈주민의 증언 35, 2014년 탈북.

제2장 관료적 시장경제의 확산요인

1. 당국과 시장의 반사효과와 이익

선군정치 2기에서 당국과 시장 세력들 사이의 반사효과와 이익은 무엇인가?

이미 변화된 경제 환경과 질서는 김정은 정권에서도 당국과 기업의 우선순위를 바꿔놓았다. 억압적인 통제 시스템으로 보호-이익의 네트워크는 당국의 경제정책을 다분히 뛰어넘었다. 계획경제의 속성은 사라지고 국가가 기업에 의존하는 형식과 규모가 확장되었다. 책임 관료들과 시장 세력들의 자율적 공생관계가 확대되고 그들의 권한과 역할도 비대해졌다. 국가계획위원회와 성·중앙기관을 비롯한 경제당국의 명령과 지시도 상당히 무력화되었다. 기업의 자율성과 가격자율화는 실제 경제현장에서 관료들의 권한을 대폭 강화함으로서 중앙의 관료들과의 수평적 관계를 이끌어냈다.

보다 중요한 것은 당국의 새 경제정책에 언제나 뒤따르는 SCCP 통제정책이다. 이러한 통제에 상시 노출되어 있는 경제 관료들은 통제 관료들과 중첩적으로 담합해야만 이익을 쫓을 수 있다. 이것은 오랫동안 충돌, 담합, 배제의 생존경험을 거쳐 터득한, 그래서 더 강력한 보호

-이익 네트워크를 구축해야하는 무의식적인 행위에 가깝다. 새로 투입되는 SCCP 통제에 적극적으로 대응하는 방식은 그들 수평적 네트워크를 통한 권력과 이익의 교환이다. 경제 관료들에게 당국의 정책은 권력기관 관료들과의 '정책'에 우선하지 않는다. 경제정책 집행과정에서 합법과 불법의 경계를 넘나드는 중요한 원인이다.

수평적 네트워크는 하나의 권력기관과 다른 권력기관과의 네트워크, 서로 다른 분야에서의 공생적 네트워크를 의미한다. 자원 배분과 경제적 이권을 위한 상호작용은 서로 다른 기관, 또는 서로 다른 분야와의 공생적 네트워크를 통한 이익의 극대화를 추구한다. 북한에서 관료권력들이 자체적으로 형성하고 있는 공식·비공식 네트워크는 이익의 극대화를 추구하기 위한 유력한 수단이다. 마찬가지로 서로 다른 권력을 가진 관료들과 조직들 사이에서 공식·비공식 네트워크는 이익의 극대화, 권력유지(보호)를 위한 최적의 수단이다. 즉 5대 권력기관 각각의 통제 권력들이 서로 중첩적으로 연결되어 이익-보호의 네트워크를 구축하고 있다. 이러한 이익-보호 네트워크가 경제 관료들이든, 행정 관료들이든 누구에게나 필수적이다.

친필지시, 당의 방침, 지시, 국가 대상 건설로 지칭되는 주요 건설계획과 정책들이 지체되거나 형식적으로 이루어지는 원인도 여기에 있다. 예컨대, 1990년대 중반에 시작된 백두산 선군청년발전소(선군발전소)건설이 근 20년간에 걸쳐 '애물단지'로 전락한 이유다.[336] 2006년까지 선군발전소를 완공하겠다던 청년동맹 일군들의 충성맹세는 2015년 10월에야 김정은 정권의 치적으로 선포됐다. 근 20여 년간 발전소건설에 필요한 노력, 자재, 수송 및 건설전반은 틈새시장을 공약하려는 간

---

336) 『뉴데일리』 2015.4.22.

부들과 외화벌이 업자들의 활무대가 되었다. 청년동맹 산하 외화벌이 간부들과 성·중앙기관, 기관 기업소 관료들의 결탁관계는 백두산발전소 건설을 지연시키는 중요한 원인이 된다.

SCCP 통제로 간부들과 외화벌이 업자들이 처형(처벌)되거나 사라지면, 또 다른 간부들과 외화벌이 업자들이 이들의 빈자리를 채운다. 사라진 시장 세력들이 구축하고 있던 보호-이익의 네트워크는 또 다른 시장 세력들에 의해 새롭게 구축되면서 북한 시장은 확산된다. 그리고 새로운 SCCP 통제 관료들이 다시 시장에 투입된다. 30년 북한 시장화 과정에서 이렇게 사라져간 사람들만 수천수만 명도 넘는다.

종합시장, 그리고 엄청난 규모를 갖추고 있는 불법시장들의 경우도 논리는 마찬가지다. 오히려 이들에게는 불법적인 시장들을 운영하고 이익의 극대화를 추구하기 위해 SCCP 통제 관료들뿐만 아니라 행정·경제 관료들과도 중첩적으로 연결되어 있다. 오히려 더 복잡한 보호-이익의 수직·수평적 네트워크를 구축해야만 한다. 따라서 기업의 경우와 마찬가지로 새로운 경제정책들과 통제정책들은 주민들과 SCCP 관료들의 수직적 네트워크를 수평적 네트워크로 변화시킨 주요 원인이다. 북한에서 수요와 공급에 따른 이익의 재분배가 이루어지는 모든 과정들에 통제-보호 비용이 추가되지 않으면 불가능하기 때문이다. 또한 이들 2중 3중의 결합은 또 다른 형태의 새로운 시장을 개척하는 수단으로 활용된다. 당국이 허용하지 못하는 다양한 형태의 비공식 시장들이 상당히 큰 규모에서 집단적으로 이루어지고 있는 사례들이 그것이다. 시장 세력들은 정부의 경제정책이 아닌 자신들이 위치하고 있는 권력과 부의 결탁관계에 따라 자율적으로 시장을 개척하고 운영해나간다.

이권경쟁과 자원 확보에 있어 권력의 크기와 그 우선순위가 다를 뿐, 시장 세력들은 제각기 권력과 권한에 따라 독특한 시장들을 확보하고 있다. 이러한 시장들이 또 다른 시장들과 연결되어 시장경제의 주역으로 활동하고 있다. 처벌은 개별적 시장을 대상으로 주기적으로 반복되고 있으며 이것이 곧 관료들이 막대한 이윤을 착복할 수 있는 이윤창구이다. 그럴수록 관료적 시장경제는 더욱 확산되고 시장의 양극화는 고스란히 주민들에게 돌아올 수밖에 없다.

새 경제정책과 함께 김정은 정권에 들어 증폭된 SCCP 통제 권력의 투입은 오히려 간부들과 주민들의 거듭되는 불만과 불안요소를 증폭시킨다. 보안기관들은 매월 20일 이상 주민들 속에 들어가야 하고, 정보원들을 동원하여 주민동태를 환히 꿰뚫어야 한다. 무단숙박, 비법출입자들, 무직자, 직장이탈자, 무단 결근자 모두 단속대상이다.[337)

> 이중삼중, 삼중사중의 전 인민적 안전망을 펴고 … 호위사업
> 위험 대상자들의 동향과 동태를 집중적으로 료해하기 위한 사업
> 과 그들에 대한 감시조직을 빈틈없이 짜고 들어 인민보안기관의
> 시야에서 벌대로 벗어나지 못하게 할 것.[338)

뿐만 아니라 시장 세력들 사이의 정보의 교환도 노골적으로 이루어진다. 정책정보, 통제정보, 시장정보, 자원정보 등과 같은 중요한 정보들이 관련 기관의 관료들을 통해 빠르게 관료적 시장경제 속으로 흘러든다. 중요한 정보의 유출 및 공유는 시장의 변동을 미리 예측하고 대비하기 위한 시장 세력들의 일반적인 대안이다. 어떤 검열조직이든 파

---

337) 평양, 「주민동태를 환히 꿰뚫어 자기 지역, 자기 관내를 사건사고가 없는 안정지역으로 만들기 위한 인민보안사업에서 결정적인 개선을 가져올 데 대하여」, 평양: 인민보안성, 2016. 10. 7, 2쪽.
338) 평양, 「적들이 무부분별하게 떠들어대고 있는 '선제타격'을 짓부시기 위한 인민보안사업 대책을 철저히 세울 데 대하여(각급 인민보안기관, 인민내무군부대 종합 · 작전부서 앞)」, 평양: 인민보안성, 2016. 10. 12.

견되기 전에 벌써 그 정보는 비밀이 아니다. 언제 어느 지역에 어떠한 검열조가 투입된다는 정보를 상세하게 자신의 파트너에게 알려준다. 그들도 마찬가지로 권력기관의 관료들이다. 중복 교차되는 검열조의 정보들은 모두 권력기관에서 나온다. 그러니 김정은의 '검열정치'를 비난하는 것은 당연한 것이다.

> "검열을 나온 사람들도 웬만히 뇌물만 고이면 다 봐주기 때문에 검열대에 대한 공포감이 없어졌다. 지금은 무조건 검열만 붙이면 통하는 시대가 아니다.[339]

전문적으로 정치, 경제, 군사, 기술, 문화의 다양한 분야들에 대한 정보를 대외시장에 전문적으로 거래하는 시장 세력들도 있다. 물론 권력기관 네트워크를 활용한 다양한 방법이다.

북한 당국은 새 경제정책으로 시장을 유인(誘引)하거나 통제하려고 한다. 하지만 시장 세력들은 이러한 정부의 정책을 이용하여 또 다른 보호-이익의 안전장치를 만든다. 경제정책과 시장이익 사이에서 정부와 시장 세력들은 서로 반사효과를 이용하거나 활용하게 되는 것이다. 따라서 당국과 시장 세력들 사이에서 경제정책의 변화로 인한 반사효과는 시장 세력들이 보고 있는 셈이다. 당국은 기업과 시장의 이익을 노리고 있지만, 이들은 당국의 아이디어를 항상 뛰어넘는다. 그것은 SCCP 통제 권력이 이들의 이익을 조종하기 때문이다. 통제 권력은 당국의 통제정책을 수단으로 기업과 시장의 이익을 독차지하기 때문에 당국과 시장의 반사효과를 모두 보고 있다. 양쪽에서 모두 이익을 얻는 셈이다.

---

339) 『자유아시아방송』 2012.10.26.

2. 핵·경제발전병진(竝進)노선의 유인과 효과

김정은 시대에서 관료적 시장경제의 확대는 선군정치와 함께 핵·경제발전병진(竝進) 노선의 유인(誘引)과 효과에도 있었다.

핵·경제발전병진 노선은 김정은 시대 주요 경제건설노선으로서 김정일 시대 선군경제건설노선과 일정한 차이를 보인다. 김정일 시대 선군정치가 선군을 앞세운 강성국가건설을 목표로 삼았다. 핵·경제발전병진 노선은 선군정치를 중심으로 하는 핵무장과 경제건설의 병진노선을 의미한다. 북한은 1960년대 김일성의 "경제건설과 국방건설을 병진시킬 데 대하여"를 계승하는 데서 핵·경제발전병진 노선의 정당성을 찾는다.340) 이에 따라 2012년 4월 13일 김일성-김정일 헌법을 제정하면서 '핵보유국'임을 특별히 강조했다. 또한 이것이 '강성국가건설의 휘황한 대통로'임을 강조했다(조선민주주의인민공화국 사회주의헌법 2012).

병진노선은 북한이 핵보유국을 향한 질주를 가속화하는 계기가 되었으며 북한 경제의 돌파구를 열기 위한 중요한 선전선동수단으로 유인되었다. 대외적으로는 핵보유국을 수단으로 국제사회 대북 압박과 대외적 난국을 타개하기 위한 유일한 전략이다.

북한은 2017년에만도 북극성-2미사일, 스커드 개량형 미사일, KN-15 계열 추정 미사일, 북극성-2형 미사일, 지대공·지대지·지대함 복합미사일, 화성-1형, 화성 14형 미사일을 발사했다. 9월 13일에는 6차 핵실험을 비롯한 핵미사일 발사와 시험을 단행했다.

북한이 핵·미사일실험을 지속적으로 강행하면서 핵무기 제작과 발

---

340) 『로동신문』 2015. 1. 5.

사에 들어가는 비용도 만만치 않다. 김정일은 2000년 방북 한국 언론사 사장단에 로켓 한발을 쏘는 데 "2억~3억 달러가 든다."고 말한바 있다.[341] 국제민간단체 글로벌제로(Global Zero)는 2011년 보고서에서 "2010년 한 해 북한이 핵무기와 관련된 연구·개발·조달·실험운영 유지, 성능개선 등 핵심비용만 5억~7억 달러를 사용했다."고 지적했다. 여기에 2012년 러시아 우주과학아카데미 소속 유리 카라슈 박사는 미사일과 위성제작에 북한이 대략 5,000만~6,000만 달러(약 604억~724억 원)이 들었을 것이라고 추정했다. 2013년 일본 마이니치 신문은 북한 노동당이 내부 강연에서 (미사일 발사에) 3,000만 달러가 필요하다고 밝혔다고 보도했다.[342] 우리나라 국방부는 북한이 핵 개발에 투입한 비용을 곡물가격으로 환산하면 "옥수수기준 약 450만 톤 가격"이라며 "북한 주민 2,300만 명이 1년 10개월간 먹을 수 있는 식량에 해당된다고 밝힌 바 있다.[343]

권력의 측면에서 볼 때 한 국가의 모든 행위는 단지 타당한 무력수단이 아니라 최후의 보루로서 실제로 이용할지도 모를 무력수단으로서의 전쟁을 지향하고 있다.[344] 북한 핵문제해결이 쉽지 않은 중요한 이유다. 그만큼 북한 지도부는 핵무기를 체제생존의 유일한 수단으로 간주하고 있으며 언제 있을지 모를 '단 한 방'에 대비한다. 북한 핵보유는 대내외적인 압박과 난관을 한꺼번에 해결 할 수 있는 가장 합리적인 수단이다. 이와 함께 어린 지도자에 대한 대내외적인 불신을 타개하기 위한 유일한 수단이기도 하다. 막대한 비용을 들여서라도 핵보유

---

341) 『시사저널』 2017.9.13.
342) 『시사저널』 2017.9.13.
343) 『국민일보』 2016.1.6.
344) Edward Hallett Carr, *The Twenty Years' Crisis, 1919-1939*, Palgrave Macmillan UK, 2016, pp.102~120.

국의 지위를 얻으려는 안간힘 때문에 북한 사회가 전율하고 있음에도 그렇다. 새 지도부의 야심찬 핵·경제발전 병진노선으로 북한 관료들과 주민들에게 가해지는 부담이 선군정치 2기에 들어 최고조에 달했다. 그리고 관료적 시장경제와 부패확산에 기여했다.

북한군까지 포함하여 북한 사회 전체가 외화벌이에 강제 동원되었고, 국제사회 경제제재로 무역기관들과 시장 세력들에게 가해지는 외화압박은 불만에 이어 거의 항변에 가깝다. 실제로 국내 외화사용을 금지하고 있는 당국이 2015년에 들어서는 장세도 외화로 받았다. 공개적인 외화압박으로 주민들은 항의하고 당국의 통제도 별 효과를 발생하지 못했다. 이러한 기회를 틈타 통제 관료들은 경쟁적으로 외화를 걷어 들였다.345) 무역기관과 외화벌이 기관들은 더 말할 것도 없다. 해외수출입경로가 차단되면서 국내 기업들과 외화벌이 기관들에 가해지는 외화벌이 압박이 온갖 부정부패의 온상으로 자리 잡게 된 요인이다. 해마다 증가하는 액상($)계획으로 관료들과 시장 세력들이 골머리를 앓고, 이러한 기회는 더 많은 불법행위들을 시장에 노출시킨다. 모든 지시들은 '충성자금 마련'으로 포장된다. '50만 달러' 충성자금 조달을 지시하는 등 매일같이 북한 사회 전체가 외화벌이수단으로 내몰렸다.346)

2017년에만도 성중앙기관은 물론 특수기관을 포함하여 외화벌이 회사들의 액상계획은 전해에 비해 2배로 상향조정됐다. 외화계획들을 어김없이 수행할 데 대한 선전과 함께 미달기관 혹은 책임 관료들에 대한 처벌도 한층 강화되는 등 북한당국의 외화획득에 대한 요구는 점점 높아졌다.347) 군수공장들에도 외화 액상계획들이 하달돼 외화벌이로

---

345) 『데일리NK』 2015.4.1.
346) 『뉴데일리』 2015.8.31.

다양한 시장들을 공약하고 있다.348) 대규모 군부외화벌이들은 외화과제를 수행하기 위해 어장들을 정복하느라 진땀을 뺀다. 또한 군부 특전을 이용하여 민간어선들까지도 자신들의 외화벌이에 끌어들였다. 22마력 한 척당 연간 외화과제는 2천 달러이다. 22마력, 32마력 전마선 40여 척과 200마력 대형 어선 3척을 보유하고 있는 2경제 산하 한 기지(317)의 외화과제는 50만 달러다.349) 주요 어장들이 군부나 권력기관의 명의를 빗대고 군인들과 민간인들이 한데 어울려 당국이 우려하는 '불법 바다 출입질서'를 조장할 수밖에 없다.350)

북한당국이 각종 지원형태로 북한 주민 개개인에게 할당하는 외화과제도 갈수록 늘어났다. 일반 주민들의 경우 한 달 수입의 1/3이 외화과제수행 명목으로 빼앗긴다.351) 북한 주민이라면 어른 아이 할 것 없이 외화과제수행에 예외가 없다. 화가는 화가대로, 교사는 교사대로, 공무원은 공무원대로, 의사는 의사대로 외화벌이를 위해 총동원된다.352) 해외노동자 파견도 다양한 분야에서 이루어졌다. 북한 외교관들과 특수기관들이 전 세계적 마약 밀매와 밀수행위를 하는 것도 비슷한 이유다.353) 위조화폐, 무기수출, 해외 음식점 운영 등 외화벌이 수단들과 액상통계들도 대부분 베일에 싸여 있다.

다양한 명목의 비용들을 할당하고 걷어 들이는 데 사용되는 수단과

347) 『연합뉴스』 2017.2.24.
348) 『자유아시아방송』 2017.8.8.
349) 『뉴데일리』 2017.8.9.
350) 평양, 「교통사고를 내거나 교통질서와 바다출입질서를 어기는 자들을 엄격히 처벌함에 대하여」, 『조선민주주의인민공화국 국방위원회 인민보안부 포고문』, 평양: 인민보안성, 2015.2.4.
351) 『자유아시아방송』 2017.6.24.
352) 『자유아시아방송』 2012.7.13; 2015.4.9; 『데일리NK』 2014.9.2.
353) 조영기, 「김정은 통치자금과 북한 외화벌이 실상」, 『북한』, 2016, 51~57쪽.

방법은 그것이 불법이든 합법이든 경쟁과 양극화를 초래하기 마련이다. 또한 특수한 조건과 환경에서 이익의 재분배는 지배적인 관료계층에게 특별한 기회이기도 하다. 관료 권력들에게 불법적인 수단들은 더 많은 이득을 챙길 수 있는 음지(陰地)의 시장이다. 예컨대, 북한에서의 마약풍조가 그러하다. 이제는 마약에 대한 통제와 처벌이 강화되는 속에서도 그러한 통제수단이 통제 관료들에게는 또 하나의 돈벌이 수단이다.

단속이 강화되면서 마약사범들과 연관된 간부들은 이들을 숨기기에 여념이 없다. 사범들을 미리 대피시키거나 뇌물을 받고 빼주기도 한다. 수사진행상황을 미리 알려주고 출장명목을 내세우기도 한다.[354]

"북한에서 각성제를 비롯한 진정제와 수면제, 나아가 빙두(얼음)에 대한 사용확산은 고난의 행군에서 시작되었다. 그것이 점차 돈벌이를 위한 전문적인 수단으로 발전했고 중국을 넘어 한국에까지 거래되고 있다.[355]

결국 엄청난 핵미사일 개발과 시험, 유지에 소모되는 비용원천은 핵·경제발전병진 노선에 따른 다양한 합법 불법 시장들에서 개척되었다. 그리고 북한 경제에 깊이 포진된 관료적 시장경제의 묵과이다. 또한 핵·경제발전 병진 노선을 빙자한 통제 관료들을 포함한 중상위 시장 세력들의 자원과 이익의 재분배가 경쟁적으로 이루어질 수밖에 없

354) 『아시아프레스』 2017.3.30.
355) 『자유아시아방송』 2015.12.23; 2015.10.8; 2015.3.25; 『아시아프레스』 2014.8.7; 2013.10.28; 2011.2.25.

는 구조다. 그것은 병진노선이 가리키는 '자발적', '자력갱생'때문이다. 김정은에게 핵·경제발전병진 노선은 관료적 시장경제를 통한 외화획득의 중요한 수단이자, 관료적 시장경제를 확산시키는 중요한 요인이었다.

3. 선군경제건설노선의 패러독스(Paradox)

선군정치와 선군경제건설노선은 군부 무역회사나 외화벌이 업자들뿐만 아니라 집단군 전투부대 장성들과 군인들에게도 심대한 부작용으로 나타났다. 그리고 집단군도 관료적 시장경제의 주요 행위자로 등장시켰다.

1990년대 북한군 보급품 부족과 식량난으로 시작된 열악한 군복무 환경은 군의 경제활동참여를 오랫동안 묵인해왔다. 선군정치로 군이 시장에 침투할 수 있는 명분을 가지게 되면서 집단군 간부들과 군인들의 시장참여가 자발적으로 이루어졌다.

열악한 보급 환경 속에서도 군수품들은 군 간부들과 군인들의 가장 합리적인 시장 거래수단이 되었다. 그리고 국가나 상급의 명령을 집행할 수 있는 보조적 거래 수단이다. 전투부대들에서 영양실조 군인들은 군 간부들이 사적으로, 또는 명령으로 민간 건설현장들과 쉽게 거래할 수 있는 값싼 노동력이 되어버렸다. 또한 국가 중요대상 건설과 지속적으로 부과되는 상급의 명령과 지시, 국가과제들도 군부대들의 공식적인 시장교환체계의 명분을 실어주었다. 식량, 피복, 연유, 식품, 시멘트, 강재 등의 다양한 군수품들은 상급 지휘관들의 뇌물수단이자 북한 시장의 주요 거래 품목으로 자리매김했다. 민간과 마찬가지로 검열단

속수단들에 대처할 수 있는 주요 거래수단이기도 하다.

현실적으로 군부대 경제활동참여와 부작용으로 인한 기강하락은 다음과 같은 형태로 나타나고 있었다. 첫째, 보급품 부족으로 인한 시장행위의 증가이다. 주요 보급품의 인수 및 보관, 그리고 공급과정에서 이루어지는 다양한 불법적 행위들은 민간시장과의 결탁으로 이루어지며 보급품 부족의 주요 원인이기도 하다. 이러한 거래는 소대, 중대, 대대는 물론 연대, 사단, 군단에 이르기까지 일반적인 현상이다. 둘째, 다양한 형태의 군사과제들이 국가과제, 사회과제, 부대과제, 물자과제, 개인과제 등의 명목으로 자행되고 있어 간부들의 시장경제활동 참여는 필수적이다. 셋째, 장사, 가정사, 과제수행 등으로 전투부대 간부들의 근무 및 훈련 태만이 급증하고 있다. 셋째, 식량부족, 주택난과 같은 군인가족들의 생활난과 '명령과 지시'로 포장되는 '과제 수행'때문에 군 간부들의 불평불만이 확산되고 있다. 심지어 전투준비종합검열이나 최고사령부 전투준비종합판정, 3대 혁명 붉은기 쟁취운동, 전군 방식상학과 같은 사업들도 돈과 뇌물로 대체하는 수순에 이르렀다. 북한군의 기강해이와 일탈현상의 증거이다. 이것이 바로 선군경제건설노선의 패러독스(Paradox)이다.

석탄 접수, 나무 접수, 연유 접수, 군량미 접수, 피복 접수 등 군수품 공급 전 과정이 후방일군들과 군부대 간부들의 중요한 외화벌이 수단이다. 또한 군부대 식량 및 부식물(副食物) 확보, 수산부업, 콩농사 등과 같은 보급품의 자체 생산 및 확보, 군사연구실, 화학 창고, 진지 공사, 10중 봉쇄 차단물 공사, 반 특공대 울타리 건설, 보위부 청사, 군인상점 등과 같은 군 건설도 군 간부들에게는 외화벌이 창구다. 선군으로 유인되는 '자력갱생'의 원칙 때문이다. 예컨대, 군부대 내 김일성·김정일 영생탑이나 정문구호 등을 교체하는 데도 군부대 간부들이 자체로 광산들을 찾아다니며 화강석을 해결한다. 개건보수에 필요한 자재를 군부대별로 분공을 주어 자체로 보장해야 한다.[356] 군부대장이 직접 수산부업을 틀어쥐고 현금과제를 주어 거둬들인 몇 천 달러를 자신의 승용차 휘발유를 보장하는 데 써버린다. 그것도 모자라 중고 타이어 수십 개를 병영에 쌓아놓고 장사를 한다.[357]

부대 자체 외화벌이, 수산부업과 같은 조직들은 부대 지휘관들의 금고나 같은 곳이다. 휘발유, 식량, 현금 등 필요하면 쓰면 된다. 부대에 부과되는 과제들이 많기 때문에 '돈이 없으며 부대 관리를 유지하기조차 힘들다.'고 어려움을 호소하는가하면 석탄 접수, 나무 접수, 수산 부업 등 물자공간을 이용하여 장사는 것이 일상화되었다.[358]

군부대 종합훈련장에 전경도와 감시대, 전망대를 건설할 것을 분담 받았으나 자재문제로 해결하지 못하고 있다.… 부대 수산 부업조를 후방부 군부대장에게 맡기지 않고 직접 부대장이 해마다 5천 달러의 현금과제를 부대일군들에게 부과하고 있다.[359]

군부대 보위부지도원은 부대건설에 필요한 시멘트 접수로 상원시멘트공장에 부대자금 2,500$를 가지고 나가 몇 달 동안 민간인들과 장사하면서 외화벌이를 한다. 군단 군의소 소장은 소독여과기, 중유수기가

356) 북한군자료, 「*군단 집행위원들의 5월 당 생활총화보고」, *군단 정치부 집행 위원회, 2012.
357) 북한군자료, 「2**군부대 정치위원의 당 강습자료」, *군단정치부, 2012.
358) 북한군자료, 「2**군부대 정치위원의 당 생활보고자료」, *군단 정치부장, 2013.
359) 북한군자료, 「*군단 집행위원들의 4월 당 생활총화보고」, 군단 정치부 집행 위원회, 2012.

고장 났으나 4~5년이 되도록 대책도 세우지 않아 군단 당위원회로부터 처벌을 받았다.[360] 치료뿐만 아니라 군의소 설비들도 자체로 돈을 벌어서 수리해야 하기 때문이다. 또 다른 군부대 군의장은 25일간 부대를 비우고 민간인들을 대상으로 불법 의료행위를 한다.[361] 군부대 군의장들이 전투약품과 결핵 약품들을 시장에 빼돌리고 부대 결핵환자들이 늘어나도 속수무책이다.[362]

다양한 형태의 군사과제들은 보급품을 빼돌려 팔거나, 군인들을 훈련에서 제외시키는 대신 외화과제를 주어 받아들이는 형식으로도 수행된다. 이러한 과제수행들은 군 간부들이 군부대안팎에서 공식 시장 경제활동을 할 수 있는 일종의 틈새시장이다. 충성경쟁, 지원 또는 명령이라는 유인으로 경제활동을 추구하기 때문이다. 수도건설 지원, 희천발전소 건설 지원, 평양시 10만 세대 살림집 건설지원, 여명거리 건설지원, 만경대유희장 건설지원, 철도 지원 등 다양한 명목의 건설지원으로 몸살을 앓는 군부대들에서 그렇다. 따라서 이러한 지원명목들이 군부대 지휘관들로 하여금 시장의 이익을 좇게 하는 원인이 된다.

다양한 지원, 과제명목으로 구입되는 자재와 현금들은 다시 군부대 간부들의 손을 거쳐 시장으로 유통된다. 군부대 선전선동부장이 평양시 수도건설 지원물자 운반명목으로 디젤유를 바치라고 지시한다. 과제수행이 끝나기도 전에 이번에는 희천발전소 지원과 과제 명목으로 부대 식량을 퍼 나른다.[363] 상급참모부에서 대대로 평양시 10만 세대

---

360) 북한군자료, 「군의소 군의장 리**의 당 생활보고자료」, *군단 정치부장, 2013.

361) 북한군자료, 「*3*군부대 정치부 조직부장의 당 생활자료」, *군단 연간 생활총화 보고서, 2013.

362) 북한군자료, 「제*군단 후방일군, 군의일군 당 생활총화 보고문」, *군단정치부, 2012.

363) 북한군자료, 「**길 군부대 선전선동부장의 자료」, *군단 집행위원회 보고서,

살림집 건설에 필요한 용접기, 괴 밧줄을 보장하라는 지시가 떨어지고 각 중대, 소대, 분대별로 다시 자재들을 사기 위한 현금과제가 부과된다.

> 2013년 1월 5일부터 6월 30일까지 13차에 걸쳐 상급단위에서 파철과제 120톤, 각종 식수나무 548그루, 부식토 12톤 840kg, 벌 침목 1,644대, 운반용 연유 320kg을 비롯한 물자과제들이 부과되 자 다시 관하단위에 나누기 식으로 과제를 주고 받아들이다보니 법질서 위반건수가 25건 이상이다.[364]

이러니 군부가 맡고 있는 어떤 중요한 건설대상이라 하더라도 공사 지연과 부실공사는 일반적인 현상이고 간부들에 의해 다시 모면된 다.[365]

다음으로 다양한 지원. 과제명목으로 군부대 병영 내에서도 공식적 으로 시장행위가 이루어지고 있다. 연대, 대대 병영들에서는 민간 상 인들의 상품을 보관해주거나 군 병영 내에 매점을 차리고 가족경영을 하는 사례도 늘어났다. 여기에 소금, 시멘트, 식량, 연유, 술장사 등으 로 민간시장에서의 통제대상이 군 병영 내에서 보호받는다. 북한 당국 의 시장 금지품목은 주로 군부대 병영 내에 보관하면 일석이조(一石二 鳥)를 노릴 수 있다. 그것은 기동순찰대나 검찰과 같은 단속통제를 피 할 수 있기 때문이다.

군사부 부대장이 군부대 고구마생산계획을 명목으로 변영 안에 매

2011.

364) 북한군자료, 「*군단 2**군부대장의 2013년 상반년도 당 생활자료」, *군단 집행 위원들의 당 생활보고서, 2013.

365) 김정은, 「당중앙위원회 선전선동부 책임일군들과 한 담화」, 평양: 조선로동 당출판사, 2014.

점을 차려놓고 군관, 군인, 병사들을 대상으로 불법 돈벌이를 한다. 연대의 기관총 중대장은 지방군 훈련용 식량 400kg을 팔아 자전거와 의복류들을 구입하는 데 이용하고 처벌을 받았다.[366] 근 20여 명의 지휘관들이 10여 톤의 훈련용 식량을 갈취한 사례도 있다. 연대 포 대대에서는 대대 창고에 시장상인들의 소금을 보관해주는 대가로 현금을 받는다. 군부대 연유과장이 연유창고에 술 생산설비를 차려놓고 술장사를 하는 경우도 있다. 대대 2개월분 식량을 해결한다는 명목으로 민간인을 대대 병영 안에 끌어들여 시안화소다를 뽑게 함으로서 인민보안기관에 압수당한 사례도 있다. 대대 병영 안에 연유를 보관해주는 대가로 돈과 연유를 받기도 한다.[367]

한 군부대 정치지도원은 시장 상인의 시멘트 300톤을 대대창고에 보관해주고 매달 보관비를 챙겨왔다. 대대참모장이 철근 1통구리(10kg)짜리 200개를 병영 안에 보관하고 보관비를 챙긴 사례도 있다. 농장에서 양배추 500kg을 접수해서는 디젤유 값을 뽑는다고 시장상인에게 판다. 군부대 겨울준비로 가을남새 15톤을 접수하여 대대장과 대대정치지도원이 나누어 돈으로 전환한다. 군부대 부업 밭에서 군인들이 생산한 강냉이는 대대장, 대대정치지도원이 나누어 가지고 대대참모장은 부업 밭 군인들에게 조금씩 나누어주어 입막음하는 형식이다.[368] 한 군부대에서는 조직부 간부들이 해마다 군인 공급용 콩 수백 kg을 팔아치우거나 타 용도에 이용함으로서 몇 달씩 지속적으로 군인들의 공급

366) 북한군자료, 「*군단 련대장, 련대 정치위원 직급별 당 생활총화보고」, 연간 생활총화 보고서, 2012.
367) 북한군자료, 「최** 2**군부대 포병련대 4대대 정치지도원의 자료」, 제3군단사령부 정치위원, 2011.
368) 북한군자료, 「2**군부대 3*5련대 3대대 정치지도원의 자료」, 군단 정치부 당 생활료해자료, 2013.

이 중단되기도 했다.[369]

　군부대 지휘관들이 시장상인들과 공모하여 갱도철문을 훔쳐 팔아먹는 사례는 어느 군부대에서나 보편적인 현상이다. 그리고 다시 갱도철문용 자재구입을 명목으로 병영 밖을 나돈다. 주요 보급품만 아니라 군부대 장비들도 시장으로 빼돌려 판매되는 것이다. 군부대 트랙터를 주변 농장에 팔고, 부대에 공급된 시멘트는 또 간부들의 손을 거쳐 다시 시장으로 유통된다.[370] 전력난으로 일반주민들에게 전기 공급이 끊기면서 군부대 전기도 돈벌이의 중요한 수단이 되고 있다. 군부대 전기선으로 민간인들에게 전기를 팔아주고 전기세를 받아 착복하는 방식이다. 대대장이 군부대 토지를 팔아먹고 지휘관들이 각종 명목으로 장사는 보편적이다.[371]

　건설자재 구입명목으로 지방군 대원들의 훈련통지서를 위조하여 대원들에게 외화벌이 과제를 주고 훈련은 면제시키기도 한다. 2012년 4월 23일 김정은의 지시로 만경대유희장 개건확장 공사에 동원된 대원들에게 돈을 받고 몇 달간 노동을 면제해주기도 했다.[372] 또한 군인들을 몇 년간 집으로 보내 녹음기, 선풍기, 속목시계를 비롯한 많은 물자들과 돈을 상납하게 한다. 각종 물자구입을 구실로 상급 참모부의 승인 없이 대외에 파견한 인원이 최소 100명에서 500명에 달하는 여단도

369) 북한군자료, 「현실발전의 요구에 맞게 인민군대안에 경애하는 최고사령관 동지의 유일적 령군 체계를 세우기 위한 사업을 더욱 심화시키기 위한 사업 요강' 과 경애하는 최고사령관동지의 말씀과 비준과업 집행 총화문」, *군단 조직부, 2012.

370) 북한군자료, 「*군단 보위부장의 당 생활자료」, *군단 정치부 보고자료, 2012.

371) 북한군자료, 「신** **5군부대 290련대 후방부 련대장의 자료」, *군단 정치부 보고자료, 2012.

372) 북한군자료, 「*군단 련대장, 련대 정치위원 직급별 당 생활총화보고」, 연간 생활총화 보고서, 2012, p. 6.

있다.373) 군부대 간부들에게 전투훈련보다 돈벌이가 우선시되면서 훈련이 부업이 되고 돈벌이가 주업이 되었다. 시간벌이를 위해 훈련강령마저 마음대로 변경시키기도 한다.

> 일부 대대장들은 …현재 훈련이 부업으로 되고 있으며 군사과업(과제) 수행이 바쁘다고 훈련강령을 제 마음대로 조절 변경시키고, 2월부터는 현역군인훈련을 전혀 시키지 않음으로서 전반적 단위들에서 군인들이 초보적인 군사동작도 수행할 줄 모르는 형편에 있으며 훈련검열과 판정성원들에게 돈과 물자를 섬겨 바쳐가면서 당을 속여가고 있습니다.374)

> 련대장은 하루사업의 70% 이상을 사적 용무로 쓰고 있고, 련대장들이 집단적으로 사회과제, 물자과제, 개별적 사람들의 부탁과제를 집행하는 데만 전심전력한다. 전투임무 수행은 뒷전으로 불러난 형편이다.375)

군부대장이 전시 군사훈련 강평으로 내려온 총참모부 간부들의 사업보장 명목으로 연속행군보장용 연유를 상납하고, 며칠간 고급 음식접대와 뇌물로 판정성원들을 회유하기도 한다.376) 대대장은 부대 종업원들에게 최고사령부 전투준비종합판정과정에 전투차 동원준비 명목

---

373) 북한군자료, 「제*군단에서 인민들을 때려죽이는 엄중한 정치적 사고들이 련이어 발생하고 있는 자료와 대책」, *군단정치사령부 정치부 대책안, 2013, 2쪽.
374) 북한군자료, 「*군단 대대장들의 당 생활총화보고서」, *군단 정치부장, 2012, 13쪽.
375) 북한군자료, 「*군단 련대장, 련대 정치위원 직급별 당 생활총화보고」, 연간 생활총화 보고서, 2012, 5쪽.
376) 북한군자료, 「김** **5군부대 참모장의 당 생활자료」, *군단 정치부장, 2012.

으로 식량 100kg씩 분담하여 착복한다. 사단에서 진행하는 3대 혁명 붉은기 판정에 소모한다고 군관·종업원들의 한 달분 생활비를 자르는 것은 일도 아니다. 또 다른 대대장과 대대정치지도원은 군관·종업원들에게 돼지고기 5kg씩 명절 때마다 바치게 하고 둘이 나누어 가진다.[377]

민간기업들과 마찬가지로 군부대에서 허위보고는 이제 일상적이다. 부과되는 과제가 많기 때문에 군부대 간부들도 상급단위의 명령에 불복종하거나 허위보고로 처벌을 모면한다. 예컨대, '새 땅 찾기' 30정보를 할 데 대한 지시를 받으면 지휘관은 책임추궁이 두려워 30% 정도만 수행하고 100%로 허위보고 한다.[378] 새 땅 찾기도 역시 김정은의 지시로 집단군 군부대들에 의무적으로 하달되는 명령이다. 상급단위에서 30만 정보의 새 땅을 찾을 데 대한 명령을 받으면, 연대들에 각각 6정보씩의 과제가 주어진다. 선군경제건설노선에 따른 농업부문 기여다.

지속적으로 부과되는 상급의 지시, 충성경쟁, 국가과제 및 물자 과제, 현금과제들은 군 간부들의 공식적인 불만으로 이어진다. 이러한 과제들이 명령이나 지시로 대체되기 때문에 오히려 시장행위와 부정행위를 조장할 수밖에 없다.

> 올해에 들어와 벌서 디젤유를 40키로나 사서 바쳤는데 위에서는 아래 군관들이 어떻게 먹고 사는지조차 모르고 있다. … 디젤유를 내라고 할 때마다 골이 아프다. 생활유지도 하기 힘든 판에 계속 내라고 하면 군관살림에 더 짜낼게 뭐 있는가. 집에 들어가면 처들고 계속 싸움질만 하고 별 달고 정말 창피한 노

---

377) 북한군자료, 「포병련대 4대대장의 자료」, *군단 정치부 자료, 2011.
378) 북한군자료, 「**5군부대 조직부장의 2·4분기 당 생활자료」, *군단 2·4 분기 당 생활총화 보고서, 2013.

릇이다. 신소하여 바로 잡아주는 데가 정말 없는가?[379]

최근에 어느 것이 주업이고 부업인지 모르겠다. 총참모부 검열준비도 하래, 부식토 디젤유 바치래, 연초부터 파철 바쳐라, 나무 바쳐라, 별의 별것들을 다 올려 바치라고 하는 데 언제 훈련을 변변히 해보나, 대대사업을 똑바로 해보나, 이거 힘들어 못해먹겠다.[380]

현재 인민군대에서 싸움준비만 하자고 해도 힘이 부치는 데 농사까지 하자면 정말 힘이 들것이다.[381]

상급 간부들의 지속적인 압박으로 하부 단위 지휘관들의 불만도 일상화됐다. 상급 간부들이 뇌물과 외화벌이로 부유한 생활을 이어갈 때 중대, 소대 급 지휘관들은 극심한 생활난으로 열악한 환경을 이어간다. 심각한 군복무환경의 악화로 이어지거나 군복무 일탈로 이어지기도 한다. 중대장이 동거비용으로 쌀 10kg도 주지 못해 민간인에게서 쫓겨나고, 가족들은 바다에서 조개잡이로 겨우겨우 살림을 유지하는 형편이다. 식량, 피복 공급장이 후방부연대장, 대대장들과 군인들의 식량을 비롯한 솜신(방한화), 수백 켤레, 면내의, 배낭, 군관복, 등 피복 전투예비물자들을 시장으로 빼돌릴 때, 하급 장교들은 자신들이 공급받은 피복마저 시장에 팔아야 했다.[382] 군부대 후방일군들은 시장의 도매상품

379) 북한군자료, 「3월 2**군부대 군관, 군인들 속에서 제기된 정치사상 동향 자료」, **련대 *대대 정찰참모 상위 김**자료, 2012, 4쪽.

380) 북한군자료, 「3월 2**군부대 군관, 군인들 속에서 제기된 정치사상 동향 자료」, **련대 *대대장 소좌 리**자료, 2012, 4쪽.

381) 북한군자료, 「3월 2**군부대 군관, 군인들 속에서 제기된 정치사상 동향 자료」, 3**련대 *대대장 박**자료, 2012, 2쪽.

으로 가장 인기 있는 식량, 피복, 연유, 비누 등과 같은 군부대 물자들을 가지고 고리대업을 한다. 상급 간부들과 결탁하여 군 보급품을 건설지원, 과제수행, 군량미 접수 경비 등의 명목으로 시장에 빼돌리고, 모자라는 수량은 공급량을 줄이는 것으로 대체하는 것이 어느 군부대에서나 일상이다. 군인들에게 공급되는 쌀, 기름, 돈들을 착복하면서 그중의 일부는 상급기관 간부들에게 뇌물로 상납된다.383) 이러다보니 군부대들에서 연유분실은 과반사고, 다양한 방법으로 군수품을 절취한다.

> 쌀을 실어오면 쌀로 찻값을 처리하고 기름을 실어오면 기름으로 연유값을 처리하는 것이 오늘의 현 실태다.384)

군 지휘관들의 주택도 자체로 해결해야 한다. 하지만 하급단위에서는 자재, 자금 확보 때문에 좀처럼 쉽지 않다. 여기에 상급의 지시만 집행하자고 해도 주택이나 가족의 생계는 생각조차 못하는 지휘관들이 많다. 한 군부대에서는 73명의 지휘관들이 집이 없어 연대 가족들이 군단 지휘부에 집단적으로 항의하기도 했다. 또 적지 않은 지휘관들이 식량문제, 땔감문제, 살림집문제로 여기저기 떠돌아다니거나 노골적으로 제대를 요구하기도 한다.385)

382) 북한군자료, 「6**군부대에서 제기된 자료」, *군단 보위부 자료, 2012.
383) 북한군자료, 「*33군부대 6**련대 참모장에 대한 료해평정자료」, 군부대 정치위원 김**, 2012.
384) 북한군자료, 「제*군단 후방일군, 군의일군 당 생활총화 보고문」, *군단정치부, 2012.
385) 북한군자료, 「1.4분기 기간에 부대 안에서 나타난 정치적 사고를 비롯한 각종 사고와 비행, 군중 규률 위반 현상에서 교훈을 바로 찾을 데 대하여」, *군단 정치부·보위부 사업총화보고서, 2013, 5쪽.

"살림집이 없어 처와 떨어져 산지도 6년이 되었다. 1년에 한 번씩 자강도 집에 있는 출장을 가자고 해도 려비가 간단치 않고 이제는 독신생활에 병밖에 남은 것이 없다. 어쩌다 술 한 고뿌만 마셔도 몸 가눔이 힘들고 지난 12월 대대통신참모가 죽은 것을 보니 사람목숨이 파리 목숨이나 같다는 생각이 든다. 어떤 때는 나도 그렇게 되지 않겠는가하는 생각이 든다. … 제대 시켜 달라, 내 처지와 집을 생각하면 정말 잠이 오지 않는 다. 빨리 나도 제대되어 장사를 해야 가족을 먹여 살릴 수 있다."[386]

선군경제건설로 시장 곳곳에서 군의 불법행위들이 자행되고 있을 때, 군민관계는 빠르게 파괴되어 갔다. 시장에서 충돌은 일상적이고 민간인을 때려죽여 큰 물의를 일으키기도 했다. 군민관계가 훼손되고 군부의 도덕 정신적, 문화적 환경 훼손이 북한에서 이제 보편적인 현상이다. 당국이 군복무환경과 조건들을 '자력갱생'에 부과함으로서 발생하는 선군의 괴리현상이다. 일부 간부들과 군인들은 이제 훈련태만, 일탈현상, 그리고 가해지는 생활난으로 거의 부패와 타락, 강도와 싸움을 일삼고 있다. 북한 사회 마약만큼이나 큰 국가적 문제로 대두됐다. 군 지휘관들이 가족환경과 신병으로 정신분열증이 일어나도 상급 간부들이 한두 번 찾아가는 것이 최선의 해결책이다. 군단 정치부나 연대 정치부 간부들조차 '어디서 무슨 일이 어떻게 벌어지겠는지 가늠할 수 없는 후과가 초래하게 될 것이다.'는 우려만 할뿐이다.[387]

여기에 군부대 간부들의 한국음악 및 영상물시청도 비밀이 아니다.

---

386) 북한군자료, 「3월 2**군부대 군관, 군인들 속에서 제기된 정치사상 동향 자료」, 3**련대 2대대 14.5미리 화력부중대장 중위 리**자료, 2012, 3쪽.

387) 북한군자료, 「1.4분기 기간에 부대 안에서 나타난 정치적 사고를 비롯한 각종 사고와 비행, 군중 규률 위반 현상에서 교훈을 바로 찾을 데 대하여」, *군단 정치부·보위부 사업총화보고서, 2013.3, 4쪽.

군부대 간부들이 한국 드라마를 보고 중국산 소형녹음기를 이용하는 사례도 보편적이다. 이제는 각각의 능력에 따른 수단과 방법으로 외화벌이를 하면서 군의 일탈이 가속화되고 있다. 병사들은 병사들 나름대로 보급품을 대상으로 하는 불법 장사를 펼친다. 고사포병대대 운전수가 전투차 연유탱크의 연유를 모두 빼고 물을 채워 넣고 있을 때, 다른 군부대에서는 전투용 연유를 뽑아 팔고 막돌을 채워 넣었다.[388] 이제는 기관기업소, 단위별로 군에 지원하는 군부대 원호물자도 군부 간부들의 손에 이끌려 시장으로 다시 되돌아오는 실정이다. 집단군 전투부대의 기간이 해이되고 군민관계의 훼손, 장사행위를 넘어선 군부대 외화벌이 확산으로 선군의 이미지가 전폭적으로 흐려지고 있다. 선군과 선군경제건설노선은 이제 군에도 관료적 시장경제의 활성화 수단으로 자리 잡았다. 2018년 현재 북한군의 기강해이는 '북한군 와해설'로까지 이어지고 있다.[389]

---

388) 북한군자료, 「***군부대 보위부장 당 강습자료」, *군단 보위부, 2012.
389) 『아시아경제』 2018.7.6.

제 5 부

평가와 전망

제1장 선군정치와 시장경제의 병존(竝存) 모순

　북한은 체제특성상 정치 · 경제 · 사회 · 문화의 모든 메커니즘이 특수한 통제와 제도 속에서 이루어진다. 1990년대 국제 정치경제환경의 대전환과 북한 경제의 침체 및 하락, 북한주민들의 일탈, 그로 인한 통제기구와 제도의 변천은 북한 정치경제 및 사회정체성의 이질적인 변동을 초래한 근본 원인이다.

　선군정치는 이러한 변화에 대응하기 위해 고안되었다. 그리고 다양한 형태의 통제기구들과 제도들은 선군정치 및 '우리식 사회주의'의 수단으로 구축되었다. 점차적으로 이러한 제도는 경제적 이익을 중심으로 관료행위자들의 역할을 증대시키고 시장경제의 억제, 확산 내지는 유지를 가능하게 하는 관료적 시장경제의 단초가 되었다. 또한 경제활동에 참여하는 관료적 행위자들을 증가시키고 당국과 시장 세력들 사이의 밀고 당기기 게임을 확산시켰다.

　선군사상은 선군정치, 선군시대, 선군경제건설을 주도하면서 군을 혁명의 주력군으로, 국방건설과 경제건설의 주인으로 내세웠다. 초기 선군정치의 목적은 핵개발을 통한 체제 생존, 그리고 국제사회 압박에 따른 대응과 전략적 차원에서의 선택이었다. 다음으로 군이 경제건설의 주역이 되어 북한 경제의 난국을 헤쳐나갈 수 있다는 확신이 있었다. 하지만 선군정치와 선군경제건설노선은 북한 경제의 군국주의를 가능하게 했고 시장의 무정부주의를 조장시켰다.

선군을 내세워 당국과 시장 세력들은 서로 다른 길을 택했다. 새로운 경제정책에 이어 통제정책이 투입되고, 그 정책들이 집행되는 과정들은 모두 선군정치와 선군경제건설노선으로 포장됐다. 이러한 과정들을 당국은 '실리'로 표방한다. 이 과정에 참여하는 수많은 관료들과 주민들을 비롯한 시장의 행위자들은 오직 시장의 변동에 따른 시장의 이익에만 관심이 있는데도 말이다.

선군정치 1기 비공식 시장에 대한 SCCP 통제기구들의 출현 및 제도화는 비공식 시장의 확산과 관료적 시장경제의 등장을 가능하게 했다. 5대 권력기관들이 독립적으로, 혹은 중층복합적으로 기업과 시장에 뛰어들어 시장 세력들의 충돌, 담합, 배제를 지속적으로 이끌어냈기 때문이다. 7.1조치와 종합시장정책과 같은 당국의 정책은 관료적 시장경제의 등장을 '용인'한 근본 요인이다. 또한 북한 경제의 일반적인 특징으로 분류되던 인민경제, 군수경제, 당경제 등과 같은 경제권역들의 구분을 모호하게 만들었다. 오히려 경제권역별 상호침투와 국영기업, 종합시장, SCCP 통제 권력의 상호침투를 가속화시켰다. 이러한 원인은 ① 상호 경쟁적이고 의존적인 행위의 결과이다. 즉 외화자원획득을 위한 권력경쟁, 희소자원의 불균형과 재분배, 경제난과 같은 각각의 경제영역들이 지니고 있는 한계 때문이다. ②5대 권력기관들의 경제활동에 대한 상호의존적(interdependent) 통제제도와 경제적 이해관계의 충돌 과정에서 발생하는 담합과 배제의 결과이다.

선군정치 2기에서 관료적 시장경제는 더욱 다양한 형태로 확산되기 시작한다. 그리고 보다 광범위한 불법시장의 출현을 공식화했다. 통제 관료들은 공식적으로 불법 시장들에 직접 투자하거나 시장의 또 다른 투자자로 대뷔했다. 통제 권력은 시장의 보험인 동시에 시장의 투자, 권력의 자본화를 이끌어내는 가장 손쉬운 수단으로 자리매김했다. 이러한 수단들은 북한의 민법·형법의 자본화에도 크게 기여한다. 그리고 시장 세력들과 담합하여 소유관계의 변화까지 이끌어낸다.

김정은 시대 핵·경제발전병진노선은 당국의 경제정책과 통제정책은 핵무기 완성을 위한 효과적인 시장이용에 있었다. 이러한 당국의 정책과 의지는 특수기관뿐만 아니라 기업, 시장들의 외화벌이를 합법화하고 관료적 시장경제의 확산을 고착시켰다. 그리고 국가의 정치경제적 위기들은 항상 시장 세력들에게 전가하고 떠맡겨졌다. 이것이 오히려 관료적 시장경제의 확산을 가속화시켰다. 여기에 집단군 전투부대들에 선군경제건설 명목으로 부과되는 각종 국가과제들과 생활난이 문제다. 결국 정신육체적인 고통과 부담으로 전투력은 하락하고 군의 시장경제활동은 일상화되었다. 그리고 선군으로 합법화된다.

위기 때마다 북한은 선군과 실리를 강조했다. 그것이 국내외 위기관리의 확실한 수단이었기 때문이다. 2015년에 들어 국제사회의 대북제재로 대외무역에 대한 의존도가 줄어들면서 국내 시장에 선군과 실리를 강조하는 메시지는 최고의 수준에 도달했다. 1999년부터 『로동신문』에서 인용된 '선군'과 '실리'의 인용횟수를 살펴보면 다음과 같다.

〈표 19〉『로동신문』'선군'·'실리' 인용횟수(1999~2016)

구분\연도	99	00	01	02	03	04	05	06	07	08	09	10	11	12	13	14	15	16
선군	62	77	246	482	738	722	667	617	573	543	486	347	365	297	239	243	481	684
실리	5	19	15	42	70	24	21	17	10	11	13	5	19	12	12	34	68	43

선군정치 1기에서 선군의 횟수는 7.1조치와 함께 증가하기 시작하여 종합시장정책이 현실화되면서 빠르게 증가한다. 또한 화폐개혁실패 이후 감소하다가 다시 선군정치 2기에서 증가한다. 실리도 마찬가지로 7.1조치 이후 종합시장정책과 함께 증가하다가 화폐개혁을 전후로 감소한다. 그리고 다시 선군정치 2기에서 증가한다.

2018년 중반에 들어 새로운 국가전략(비핵화·경제발전)을 추구하면서 북한 매체들에서 '선군' 용어는 거의 자취를 감췄다. 하지만 북한이 2009년 헌법개정을 통해 새로운 국가전략으로서 내세웠던 선군사상, 선군정치도 아직 헌법적으로 유효하다.

현재 북한에서의 생존은 권력기관 관료들과의 인맥을 필수로 한다. 이것은 경제활동이나 안전을 위한 필수 장치이다. 서로 다른 계층들 사이에서 이러한 인맥은 오랫동안 생존경험을 통해 습득한 북한사회의 속성이다. 1990년대 이후 선군정치가 정신적 지배를 위한 유일한 수단이었다면, 관료적 시장경제는 개별적 행위자들의 경제적 지배를 위한 유일한 수단이었다. 따라서 선군정치와 시장경제는 북한체제의 이념상 서로 배타적이다. 결국 선군시대 통제와 저항 속에서 시장 세력들은 사회주의와 자본주의라는 이중 구조를 통해 자신들의 삶을 바꾸어나갔다. 선군정치와 시장경제가 공존할 수 없는 이유다.

중국은 개혁개방과정에서 과감한 정치적·이념적 해빙조치를 취했다. 따라서 중국의 기업가들은 신변과 재산안전에 대한 두려움 없이 활발하게 기업 활동을 할 수 있었다.[390] 북한은 오히려 선군정치를 내세워 경제정책과 함께 더 강력한 통제수단들을 시장에 투입했다. 북한 기업가들은 통제 권력과의 완벽하게 구축되어 있다 하더라도, 언제 어

---

390) 김석진·양문수, 『북한 비공식 경제 성장요인 연구』, 서울: 통일연구원, 2014, 116쪽.

떻게 처형되거나 처벌될지 모른다. 항시적으로 또 다른 위험수단이 도사리고 있기 때문이다. 때문에 공공기관의 외피를 쓴 비공식적인 소상공인 기업가들이 비공식, 그리고 불법 시장들을 끊임없이 생산해야만 한다. 일종의 보조적인 대책들이다. 이것이 중국의 시장 사회주의와 북한이 주장하는 시장 사회주의와의 차이점이다.

러시아, 중국, 쿠바 등 경제체제전환국들에서 나타났던 新경제체제 도입과정에서의 부작용은 북한에서도 마찬가지다. 그럼에도 제도의 정비와 시장의 확산과정에 중층복합적인 형태의 물리적 통제기제들이 침투한 사례는 오직 북한뿐이다. 소수의 권력지도층과 견고하게 결합된 이들 관료엘리트들은 각종 검열, 통제, 처벌, 선전수단을 통해 지속적인 이익창구를 새롭게 개발한다. 이를 통해 체제수호자와 경제적 이익이라는 두 마리의 토끼를 겨냥하고 있다. 경제 관료들과 외화벌이업자들은 SCCP 권력과 권한을 통해 안전과 이익을 보장받는다. 이를 위해 다중 복합적이고 중첩적인 보호네트워크를 형성하고 있다. 하위계층인 경우, 직간접적인 수직·수평적 네트워크를 통해 최소한의 안전과 생존욕구를 충족시켜야 하는 최소 수혜자 혹은 피해자들이다.

선군정치, 선군혁명영도로 거듭된 반시장화 통제정책, 비현실적 시장정책들은 최고 권력자와 집권엘리트의 이중 사고방식과 생존방식을 이끌어냈다. 그 속에서 관료엘리트들은 자본주의 문화의 찬란한 매력을 즐기고 있다. 2018년 4월 20일 당중앙위원회 제7기 2차 전원회의에서 "경제건설과 핵무력 건설 병진노선의 위대한 승리를 선포함에 대하여"를 발표하면서 '선군정치 포기, 경제건설'이라는 목표를 내세웠다. 그리고 비핵화를 경제발전의 로드맵으로 내세웠다. 국제사회에 새롭게 데뷔한 '북한식 비핵화'는 미국과 '세기의 담판'을 이끌어냈고, 남과 북은 '비핵화·평화'의 기나긴 여정을 시작했다. 평양이 생각하는 비핵화가 이루어지지 않을 경우, 언제든지 다시 북한은 선군과 실리를 강조하게 될 것이다. 경제적으로는 이미 선군의 영향력과 부작용이 관료적 시장경제에 광범하게 포진되어 있음을 주지할 필요가 있다.

제2장 북한 관료적 시장경제의 도전요인

북한 시장화를 평가하는 많은 연구들은 경제체제전환국들의 사례와 시장의 논리들을 그대로 받아들이려는 경향이 농후하다. 특히 구소련과 쿠바, 중국의 사례가 비교적 많이 응용되고 있으며 현재 북한 시장화와 맞물려 향후 전망을 예측하는 데도 적지 않게 기여한다.

하지만 필자가 보기에 동유럽, 동남아, 중국, 쿠바와 같은 나라들과 북한을 동일선상에서 비교할 수 없는 중요한 조건 네 가지가 있다. ① 경제체제전환을 위한 대내외적인 조건과 환경, 국가와 시민사회의 역할, ②정책결정과정과 집행과정의 수단과 목적, ③국가 정치경제정책의 속성과 실효성, ④경제개혁정책의 우선순위와 내용, 법제화과정들이 북한과 상당히 다르다.

이 연구에서는 선군정치와 시장경제의 병존 속에서 북한 정치경제체제의 특징을 살펴보았다. 논문에서 독립변수는 선군정치이고, 선군정치를 뒷받침하기 위해 동원된 5대 권력기관의 SCCP 통제는 조절변수이다. 매개변수는 국영기업과 종합시장, 5대 권력기관들의 상호작용(충돌, 담합, 배제)과정에서 발생하는 보이지 않는 힘(Invisible Power)이다. 종속변수는 정치(권력내부의 간극 조성)와 경제(시장의 확대와 부패)의 모순확대이다. 이러한 과정과 결과로 이어지는 북한 경제의 성격을 본 연구에서는 억압적인 관료적 시장경제로 규정하였다. 관료적 시장경제는 용어 그 자체로 특수한 관료권력(정치권력, 경제권력, 통제권력)의 우선순위에 따라 자원의 재분배가 이루어지고 권력과 자본의 결합으로 운용되는 시장경제체제이다.

이로서 북한의 억압적인 관료적 시장경제가 이끌어낸 정치적, 경제적 변화는 다음과 같다. 첫째, 근 30년간에 걸치는 관료권력의 정치경제적(체제수호·경제적 이익) 이중성이 권력내부의 약화를 가시화했다. 우선 충성경쟁과 경제적 이익의 유혹이 정치경제의 이중성을 초래했다. 강제(强制)와 강요(强要)의 지속적인 패턴 속에서 충성경쟁을 유도하는 소수의 지배엘리트와 충성경쟁의 수단을 이용하여 막대한 이득을 채우려는 관료들의 심리적 경쟁에 간극을 조성했다. 한손에는 국가권력을, 다른 한손에는 시장을 거머쥐고 체제수호와 시장이익 사이에서 갈등하는 것이다. 어떤 수단과 방법을 이용해서라도 충성경쟁이 가져다주는 승진 또한 북한 관료들에게는 매력적이기 때문이다. 또한 체제수호와 경제적 이익의 이중성이 통제 권력의 정치경제적 이중성을 초래했다. SCCP 통제 권력과 시장의 상호작용이 경제적 이익을 위한 통제 관료들의 정치경제적 이중성을 이끌어냈다. 둘째, 선군정치하에서 SCCP 통제관료·국영기업·종합시장의 결합은 시장의 지속적인 확산과 부패를 가속화시켰다. 경제적, 사회적 자원의 자발적 재분배를 통한 시장적 네트워크는 계획경제의 외피를 쓴 시장경제를 가시화했다. 보다 중요한 것은 통제 권력과 시장 세력들과의 상호작용이다. 통제집단과 시장 세력들은 당국의 정책이나 의도를 뛰어넘는 주기적인 탈바꿈이 필요했다. 중앙에서 중간, 하부에 이르기까지 관료들이 생존을 위해 자신들의 권력을 자본과 시장에 연결시키는 기제는 참으로 다양하다. 관료들이 차지하고 있는 지위와 역할에 따라 다양한 시장에 직간접적으로 유착되어 있다. 이렇게 유착되고 연결된 전국시장은 계획경제의 형식적인 틀 속에서 자기들만의 방식으로 분주하게 움직인다. 개개의 시장을 확대하거나 공고히 하고 또는 유지하기 위해 치열하게 대립하고, 공모하고, 경쟁한다.

모든 것이 대가성의 원칙이다. 사실상의 계획경제는 존재하지 않는다. 형식상의 계획경제 내에서도 상품교환, 화폐교환, 자원교환, 등 무엇이든 거래를 위해서는 대가가 필요하다. 그것이 정치적이든 경제적이든, 물리적이든 그렇다. 대가성이 따르지 않으면 모든 것이 '국가사정'혹은 '국가 때문에'로 돌리면 그만이다. 국가의 계획을 수행하는 데는 자재가 부족해도, 자신의 이익과 목표를 관철하는 데는 자재가 부족하지 않다. 모든 관료들, 돈주들, 군인들, 상인들도 마찬가지다. 이 과정에 발생하는 보이지 않는 힘은 희소자원의 재분배, 가격경쟁과 같은 보이지 않는 손의 조종도 가능하다. 물리적 통제의 강약을 조절함으로서 얼마든지 시장도, 기업의 경제활동도 조종가능하기 때문이다. 이것이 오늘의 북한 경제다.

오늘 통제 관료들과 시장 세력들 사이의 복합적인 생존네트워크는 통제와 저항의 변화능력과 권력의지에 따라 끊임없이 생체리듬을 바꾸어나간다. 이러한 과정은 통제중심의 권력·경제적 이익과 저항중심의 생존·경제적 이익 사이에서 타협과 흥정의 결과로 발생하는 필요충분적 생존방식이다. 경제적 이해관계에 따라 충돌하고 담합하고 배제하는 것이다. 시장에 대한 정부의 수탈과 통제가 강화될수록 시장의 불균형과 양극화, 그리고 불만은 거세지기 마련이다. 현재 북한사회에서 나타나고 있는 간부들과 주민들의 반발이 그 징표다. 통제 관료집단에 대한 간부들과 주민들의 반발, 상급관료에 대한 하급관료들의 불만과 반발, 등이 군부나 사회 일반계층들에서 심심치 않게 나타나고 있다. 결국 억압적인 관료적 시장경제라는 북한 특유의 경제체제 속성을 배출했다. 그럼에도 불구하고 이러한 관료적 시장경제가 현재 북한 경제의 일정한 성장이나 명맥을 이어나가고 있는 것만은 사실이다. 문제는 체제유지와 경제적 이익이라는 두 가지 갈림길에서 헤매고 있는 주요 관료엘리트들이다. 아래로부터의 자생적인 시장은 통치수단의 극대화와 자원의 재분배, 경제적 이익에 대한 지속적인 매력을 선사했다. 국가권력이 쥐어준 특별한 호혜이다. 하지만 SCCP 통제 관료들은 '체제수호의 주체'라는 '올가미'에서 빠져나오기 쉽지 않다. 그것은 곧 죽음을 의미하기 때문이다. 반면에 주민들은 오랫동안의 공포정치와 지속적인 통제 속에서 저항을 등진 채 살아왔다. 시민적 저항의식이 표출되기까지는 아직 많은 시간이 필요하다.

하이에크는 인간의 행동을 통제하고 역사를 설계할 수 있는 오도된 신념을 '치명적 자만(fatai conceit)'라고 한다.[391] 이제 김정은은 이러한 북한 사회의 정신적, 경제적, 사회적 질서를 바로잡기에 한계가 있다. 그에게는 오직 '마르지 않는 샘'으로서의 외화원천이 중요하다. 또한 통제 권력을 지속적으로 동원하여 더 많은 외화를 걷어 들일 수 있는 원천은 관료적 시장경제의 그늘이다. 오히려 특정 전략가들이 시장의 흐름에 편승하려고 몸부림칠수록 시장은 빠르게 계절을 '디자인'하면서 서로의 이권을 놓지 않으려고 몸부림친다.

북한에서 여전히 관료엘리트와 주민들에 대한 당적 통제비율은 상당히 높다. 이는 5대 권력기관들의 경제활동 통제에 대한 설문통계에서 그대로 나타났다. 이는 권력의 자본화가 일상화된 현 시점에서 여전히 당기관이 차지하고 있는 권위와 위상을 보여준다. 나아가 내각이

---

391) 프리드리히 하이에크 지음, 신중섭 역, 『치명적 자만』, 서울: 자유기업원, 2004.

경제사령탑으로서의 역할을 원만히 수행할 수 없는 또 하나의 근거이기도 하다. 즉 김정은이 경제를 중시하여 내각을 내세운다 하더라도 내각은 여전히 당을 압도할 수 없고, 군은 더더욱 압도할 수 없다. 결국 북한에서 경제 권력은 기필코 당이든 군부든 압도할 수 없음을 의미한다. 때문에 경제개혁의 주체는 내각이지만, 권력의 측면에서 경제개혁의 주체는 당과 군부여야 한다. 하지만 당과 군부 관료들은 개혁개방이 곧 체제붕괴를 의미하기 때문에 반갑지만은 않다. 자신들의 기득권과 운명을 결정하는 중대사변이기 때문이다. 이것이 김정은과 권력엘리트들, 그리고 북한 관료적 시장경제와의 딜레마다.

결과적으로 북한의 억압적인 관료적 시장경제로 인한 정치·경제·사회적 문제점은 다음과 같다. ①북한 사회에 일반화된 불법적인 흥정과 부패문제다. 국제투명성기구TI(Transparency International)의 2017년 1월 17일 부패인식지수(Corruption Perceptions Index)에 따른 결과를 보면, 북한의 부패지수는 세계 176개 국가들 중 174위로 소말리아, 동 수단에 이어 최하위 3위를 기록했다.[392] 경제체제전환을 이루어낸 국가들의 부패인식지수는 비교적 꾸준히 변화하는 반면, 북한의 부패인식지수는 지속적으로 최하위에 머물러 있다. ②이미 북한사회에 광범하게 포진되어 있는 선군의 영향력, 그리고 통제정책과 경제정책의 결합이다. 이는 관료적 시장경제의 튼튼한 밑거름이다. 또한 북한 경제개혁에 있어 가장 큰 난제이고 경제정책 실패의 가장 큰 원인이다. 결국 북한 경제체제전환에 있어 그 어떤 국가의 모델도 따라할 수 없는 이유다. 북한의 주요 부문별 도시와 지역을 중심으로 하는 선택적 특구개혁을 추진한다 하더라도 SCCP 통제 권력이 있는 한 결코 성공하기

---

392) 국제투명성기구(TI), http://www.transparency.org(검색일: 2017년 9월 16일).

어렵다. ③이미 고착된 5대 권력기관 관료엘리트들의 관료적 독점행위
는 통일 이후 남북경제통합의 가장 큰 걸림돌로 작용할 가능성이 크
다. 즉 경제체제 전환국들에서 보여줬던 관료엘리트들에 의한 국가자
산 침탈과 국가 엘리트중심의 자산 사유화 같은 문제점들이다.[393] 이
는 통일 이후 남북한 경제통합과정에서 심각한 정치적·경제적 갈등을
초래할 가능성이 크다. 실제로, 구소련에서 정치엘리트들의 관료적 독
점행위는 일명 옐친 정부의 '체제전환경제'에서 시장경제의 실패를 이
끌어낸 요인으로 평가된다. 즉 국유재산의 사유화과정에서 정치권과
의 밀착을 통해 형성된 소수 과두재벌인 올리가르히(Oligarchy)에 의한
국부(國富)약탈과 경제독점의 심화는 사회부패를 조장하며 러시아 경
제를 건전한 시장경제가 아닌 '약탈적/야만적(robber/barbarian)' 시장경
제로 이끌었다고 평가된다.[394] 시장경제로의 전환 20년을 훌쩍 넘긴
우즈베키스탄도 아직 권위주의적 통치체제와 폐쇄적 경제구조에서 벗
어나지 못하고 있다. 이것은 소비에트 시대 산물인 폐쇄적 사회구조와
정부탄압으로 인한 정치적 반대세력의 부재, 매우 느린 사유화 때문이
다. 더욱이 선거를 통해 선출된 대통령이라 할지라도 기존의 국유자산
은 기득권세력과 대통령을 중심으로 한 권력층의 수하에 들어갔다.[395]

극도의 공포 속에서 북한 경제변화를 신중하게 받아들이고 있는 관
료엘리트들과 신흥부자들은 지금 서로 결탁하여 비공식 명의의 소유
자산을 불리는데 다양한 수단과 방법들을 동원하고 있다. 3대 세습과

---

393) Andre G. Walder, "Elite Opportunity in Transitional Economics", *American Sociological Review* 68(6), 2003, 899~916쪽.

394) 이종문, 「푸틴시대 러시아 국가자본주의의 형성과 발전: 국가경제발전모델의 관점에서」, 『한국과 국제정치』 제26권 제1호, 2010, 76쪽.

395) 박지원, 「우즈베키스탄과 몽골의 시장경제 체제전환 초기 10년: 전략선택의 배경과 사유화과정의 경로」, 『슬라브연구』 제28권 2호, 2012, 30~31쪽.

공포 정치의 반복적인 순환, 시장의 급격한 변화, 등은 북한 엘리트들에게 21세기 새롭게 살아가는 방식을 깨우쳐주었다. 권력과 자본의 힘을 조화롭게 결합하는 방식이다. 즉 북한 관료적 시장경제는 역사상 유례없는 남북 정치경제통합의 어려움을 예고한다.

관료적 시장경제의 메커니즘은 현재 북한 경제체제전환을 위한 다양한 관측모델(중국식, 베트남식, 싱가포르식)에서 가장 중요한 문제점을 지적해준다. 즉 그들 모델을 모방할 수 없는 북한만의 특수한 정치적, 제도적, 지리적 환경과 이미 탈색된 관료엘리트들의 생존원리와 목적, 그리고 그 실행방식이다. 설사 김정은과 지도부의 돌발적인 사고가 '계획경제 포기! 시장경제'라는 히든카드를 꺼내든다 하더라도 그것은 더더욱 북한체제에 위험수단이다. 현 체제의 특성상 5대 권력기관들의 SCCP 통제를 절대로 배제하지 않을 것이기 때문이다. 왜냐면, 작금의 팽창된 북한 사회에서 통제의 배제는 곧 그 제도의 붕괴를 의미하기 때문이다. 예컨대, '중국식 모델'과 중국의 급속한 경제성장[396] 뒤에 나타나고 있는 정치 · 경제 · 사회적 문제점[397]들은 북한에 더더욱

---

396) Barry Naughton and Kellee S. Tsai, *State Capitalism, Institutional Adaption, and the Chiness Miracle*, Cambridge university press, 2015.

397) 경제적으로는 급속한 경제발전과 사적영역의 팽창, 경제개방에 따른 외국기업 및 자본의 역할 증대 등 새로운 변화에 직면하면서 금융부문을 비롯한 여러 경제 분야에서 국가의 조정능력의 약화되고 있으며, 더불어 사회경제적 불평등 같은 것들이 지적되고 있다. 정치적으로는 경제적 불평등으로 인한 실업, 안전 불만, 관료권력과 부정부패, 등이 중국의 정치적 안정을 불안하게 한다는 것이다. 실제로 2011년 중국에서 벌어진 노동자 파업건수가 185건에서 2012년 2015년 2,726건으로 15배 가까이 늘었다. 2016년 1월과 2월에만도 총 시위건수는 792회에 달한다(James Riedel, Jing Jin and Jian Gao, *How China Grows: Investment, Finance and Reform,* Princeton university press, 2007; Iyanatul Islam and Anis Chowdhury, *The Political Economy of East Asia: Post-crisis Debates,* Oxford university press 2000; Xie Yu and Xiang Zhou, "Income Inequality in Today's China", *Proccedings of the National Academy of Sciences of the United States of America* 111(19), 2014; 『중앙일보』 2016.6.8.

근본적인 딜레마를 던진다. 더욱이 중국식 시장 사회주의를 모방하기에는 인구규모나 영토 크기, 그리고 정치체제의 속성으로 볼 때, 성공할 가능성은 희박하다. 지금 북한 엘리트와 주민들은 그들만의 특유의 경제체제를 생산해내면서 각각의 '모래성'을 쌓아가고 있기 때문이다.

이미 북한은 1990년대 선군정치를 선택할 당시, 선군정책이 아닌 시장경제를 택했어야 했다. 30년간 다져진 북한 관료적 시장경제와 선군정치의 '합방(合邦)'은 이제 자칫 건드리면 터질 수 있는 시한폭탄과 같은 것이다. 따라서 북한이 현존상태를 유지하든, 혁신적인 경제체제전환을 선택하든 관계없이 억압적인 관료적 시장경제는 더 공고해질 것이다.

관료적 시장경제 모델로 본 북한 시장경제와 경제체제의 전망을 예측함에 있어 본 연구가 가지는 의미는 다음과 같다. 첫째, 북한문제 연구에 있어 여타 국가들과 특별히 구분되는 통제 권력의 정치, 경제, 사회적 의미를 강조함으로서 이를 바탕으로 복합적이고 상호의존적인 연구의 필요성을 제기한 것이다. 따라서 경제체제전환이론이나 서구 시장경제 이론들의 적용 불가능성을 제기하였다. 둘째, 이를 바탕으로 현재 북한 경제체제의 성격과 특징을 보다 정확히 설명하기 위한 이론적 모델을 제기한 것이다. 즉 관료적 시장경제의 모델 필요성을 제기하고 북한 경제체제를 억압적인 관료적 시장경제체제로 새롭게 규정하였다. 셋째, 관료적 시장경제의 메커니즘을 분석함에 있어서 선군정치와 시장경제의 병존관계에서 분석수준을 세분화하는 분석기법을 적용했다는 것이다. 이를 위해 선군정치를 1기, 2기로 나누고 각 시기별 관료적 시장경제가 형성되고 확산되는 전후 과정을 분석함으로서, 선군정치가 본연의 목표에서 벗어나 관료적 시장경제를 탄생시키는 기제로 작동했음을 증명했다. 이로서 필자는 선군정치와 시장경제의 병존 모순(竝存 矛盾)을 지적했다.

북한 관료적 시장경제, 그것은 북한당국의 정책과 전략에 대항하는
또 다른 북한 사회의 정치경제적 변화이다. 현재 북한 경제의 중국의
존성을 한국의존성으로 바꿀 수 있는 중요한 모멘텀(Momentum)이 관
료적 시장경제의 요소요소에 묻어 있다. 전략적 접근 가능성을 내포하
고 있다는 것이다. 넷째, 관련 연구를 통해 통일 이후 경제통합과정에
서 발생할 수 있는 근본적인 갈등원인과 북한 경제체제의 전망을 예측
하였다.

본 연구는 기존의 정치 및 경제, 사회학적 분석이론들을 넘어 새로
운 분석이론들의 필요성을 제기하였으며 그 이론적 배경을 북한 특유
의 정치체제와 경제체제의 변화에서 찾은 것이라 할 수 있겠다. 기존
의 이론들로서는 도저히 분석 그 자체가 불가능한 특유의 북한체제를
보다 정확하게 읽고 전망할 수 있는 이러한 시각은 필자의 고심어린
연구시각에 지나지 않는다. 따라서 많은 연구자들의 분석기법과 시각
이 더해져 훌륭한 이론으로 거듭나기를 기대해본다.

참고문헌

1. 국내문헌

강성진·정태용, 『경제체제전환과 북한: 지속가능발전의 관점에서』, 서울: 고려대학교 출판문화원, 2017.

강성현, 「북한의 민간 에너지 시장에 관한 연구」, 경남대학교 석사학위논문, 2016.

강채연, 「북한 관료정치 주기모델과 그 규칙성에 관한 연구」, 성균관대학교 석사학위논문, 2015.

곽명일, 「북한 보안원과 주민과의 관계연구 - 2009년 화폐개혁 진전부터 2015년까지를 중심으로」, 『현대북한연구』 제19권 1호, 2016.

곽인옥, 「(平壤)지역 무역회사와 시장에 대한 연구」, 경제학 공동학술대회 자료집, 2018.

권기철, 「케인즈의 불확실성 이론과 현대 거시경제학」, 『경제학의 역사와 사상』 제1호, 1998.

권만학, 「탈국가사회주의의 여러 길과 북한: 붕괴와 개혁」, 『한국정치학 회보』 제35권 4호, 2002.

권오국·문인철, 「북한 경제 재생산구조의 전개와 정치변화: 선군정치경제 의 시원을 중심으로」, 『북한학연구』 제7권 제2호, 2011.

권율, 「싱가포르 개방경제체제의 평가와 전망」, 대외경제정책연구원 연구보고서, 2001.

길화식, 「김정일 시대 공안기관의 사회통제 강화와 한계」, 『북한학보』 제35집

2호, 2010.

김갑식·이무철, 「북한 내각의 경제적 역할과 당정관계」, 『한국과 국제정치』 제22권 3호, 2006.

김경원·김규연·김민관·김영희·김현일·박이현·이유진·정영구, 『북한의 산업』, 서울: KDI산업은행, 2015.

김광진, 『김정일의 중정경제와 인민경제의 파괴』, 서울: 시대정신, 2008.

김동엽, 「북한 군사문화 기원의 재구성」, 『한반도포커스』 제37호, 2016.

김병연, 「사회주의 경제개혁과 체제이행의 정치적 조건: 구소련, 동유럽, 중국 의 경험과 북한의 이행 가능성」, 『比較經濟硏究』 제12권 제2호, 2005.

김병욱 외, 「북한지역 부동산 거래실태와 통일대비 연고지 찾기」, 북한개발연 구소, 2017.

김석진·양문수, 『북한 비공식 경제 성장요인 연구』, 서울: 통일연구원, 2014.

김성주, 「'선군시대 경제건설노선'의 형성과 변화과정 연구」, 『통일연구』 제16 권 제2호, 2012.

김성철, 「북한의 지방공업: 계획지표 채우고 남는 것은 개인이 가졌다」, 『통일 한국』, 1999.

김영모, 『체제전환국의 경험과 통일금융에의 시사점』, 서울: 법무법인 유한, 2014.

김영봉, 『經濟體制論』, 서울: 박영사, 1997.

김영용, 「정치경제학과 제도경제학? 정치경제학 혹은 제도경제학?: 현대자본 주의 인식의 새로운 원천을 위한 정치경제학의 제도경제학 수용 문제」, 『사회경제평론』 제19권 19호, 2002.

김종욱, 「북한의 관료부패와 지배구조의 변동－'고난의 행군'기간 이후를 중심 으로」, 『통일정책연구』 제17권 1호, 2008.

김종욱, 「북한관료의 일상과 체제변화: '지배 공간'의 변형과 기억의 실천」, 『현 대북한연구』 제12권 3호, 2009.

김주성, 「백송무역회사 실체와 외화벌이」, 『북한』 통권 544호, 2017.

김진욱, 「중국과 베트남의 국유기업 민영화」, 『국제경제리뷰』 제3권 1호, 1999.

김진환, 「조선로동당의 '선군정치'와 북한사회」, 『국제고려학회논문집』 제3권 3호, 2001.

김태효, 「대북정책에 국론이 모아지지 않는 이유」, 『신아세아연구』 86호, 2016.

김한칠 외, 「우즈베키스탄 증권법제 현대화작업 지원방안 연구」, 법무법인 (유)화우 연구보고서, 2013.

남성욱·문성민, 「북한의 시장경제부문 추정에 관한 연구 1998년을 중심으로」, 『현대북한연구』 3권 1호, 2000.

대런 애쓰모글루·제임스 A. 로빈슨 지음, 최완규 역, 『국가는 왜 실패하는가』, 서울: 시공사, 2012.

데이비드 스테인버그 지음, 장준역 역, 『버마/미얀마: 모두가 알아야 할 사실들』, 서울: 높이깊이, 2011.

동용승, 「시장경제와 계획경제의 '동조화'현상」, 『북한』 통권 529호, 2016.

무역경제위원회, 『베트남 시장경제여부 조사보고서』, 무역조사실, 2003.

바실리 미헤예브·비탈리 쉬비드코, 『러시아 경제체제 전환과정의 주요 특징과 문제점: 북한에 대한 정치적 시사점과 교훈』, 서울: 대외경제정책연구원, 2015.

박상익, 「선군시대 관료문화」, 『북한연구학회보』 제13권 제1호, 2009.

박석삼, 『북한의 사경제부문 연구: 사경제 규모, 유통현금 및 민간보유 외화 규모추정』, 서울: 한국은행조사국, 2001.

박영자·조정아·홍제환·현인애·김보근, 『북한 기업의 운영실태 및 지배구조』, 서울: 통일연구원, 2016.

박용환, 「선군정치 3대 혁명 역량에 관한 연구」, 『군사논단』 제82호, 2015.

박정동, 「북한 기업구조개혁의 기본방향」, 『나라경제』, 1999.

박지원, 「우즈베키스탄과 몽골의 시장경제 체제전환 초기 10년: 전략선택의 배경과 사유화과정의 경로」, 『슬라브연구』 제28권 2호, 2012.

박찬홍, 「북한의 법제동향과 기업법제의 개편방향」, 『통일연구논총』 23권 2호, 2014.

박형중, 「북한 경제체제의 변화와 개혁」, 『통일연구논총』 제7권 2호, 1998.

박형중, 「과거와 미래의 혼합물로서의 북한경제: 잉여 점유 및 경제조정기제의 다양화와 7개 구획구조」, 『북한연구학회보』 제13권 제1호, 2009.

박형중, 「북한 시장에 대한 정치학적 분석」, 『한국정치학회보』 제46권 5호, 2012a.

박형중, 「북한의 '6.28방침'은 새로운 '개혁개방'의 서막인가?」, 통일연구원 정책보고서, 2012b.

박형중, 「북한의 '새로운 경제관리체계'(6.28방침)의 내용과 실행 실태」, 『나라 경제』 제15권 10호, 2013.

박형중·전현준·박영자·윤철기, 『북한 부패실태와 반부패전략: 국제협력의 모색』, 서울: 통일연구원, 2012.

밥 제숍 지음, 김영화 역, 『자본주의 국가의 미래』, 파주: 양서원, 2010.

백승원, 「변화하는 쿠바시장의 현주소와 시사점」(Global Market Report 16-022), KOTRA, 2016.

복문수, 「동유럽 체제전환국과 국가기업의 민영화정책 - 폴란드와 헝가리를 중심으로」, 『한국행정연구』 9권 2호, 2000.

서남일, 「계획은 없다. 흥정을 잘해야 공장이 산다」, 『통일한국』 150, 1996.

성준혁, 『북한 인민보안부에 관한 연구: 북한경찰의 통제 유형을 중심으로』, 경남대학교 박사학위논문, 2015.

성채기, 『북한경제위기 10년과 군비증강능력』, 서울: 국방연구원, 2003.

신은희, 「북의 선군정치를 어떻게 이해할 것인가 - 문화적 해석을 중심으로」, 『남북문화예술연구』 1호, 2007.

신힘철, 「북한의 시장 경제화 규모 추정과 평가」, 『통일경제』 겨울호, 2008.

아담 스미스 지음, 박세일 역, 『도덕 감정론』, 서울: 비봉, 1996.

아담 스미스 지음, 김수행 역, 『국부론』, 서울: 비봉, 2007.

안성희, 「변화기의 쿠바, 우리기업의 전략」(Globel Market Report 14-019), KOTRA, 2014.

안토니 기든스 지음, 박노영·임영일 역, 『자본주의와 현대사회이론』, 서울: 한길사, 1976.

안토니 기든스 지음, 윤병철·박병래 역, 『사회이론의 주요 쟁점(Central Problems in Social Theory)』, 서울: 문예출판사, 2012.

양무진, 「주체사상과 선군사상: 지배이데올로기의 변화 가능성」, 『한국과 국제정치』 제24권 제3호, 2008.

양무진·이무철, 「사회주의체제 전환과 이데올로기 변화: 지배이데올로기의 수정 및 퇴조 과정을 중심으로」, 『한국과 국제정치』 제23권 3호, 2007.

양문수, 「기업을 통해 본 북한의 변화: 최근의 경제정책에 대한 평가를 중심으로」, 『국제지역연구』 8권 1호, 2004.

양문수, 「북한에서의 시장의 형성과 발전: 생산물시장을 중심으로」, 『비교경제연구』제12권 2호, 2005.

양문수, 「1990년대 이후 북한의 기업지배구조 변화−제도경제학적 접근」, 『통일정책연구』15권 1호, 2006.

양문수, 『북한경제의 시장화: 양태·성격·메커니즘·합의』, 서울: 한울, 2010.

양문수, 「7·1조치 이후: 북한 개혁개방의 현주소」, 『한반도 포커스』제14호, 2011.

양문수, 「다시 한 번 속도를 내기 시작한 북한의 시장화」, 『한반도포커스』제32호, 2015.

양운철, 「분권화의 관점에서 본 북한의 시장현황과 전망」, 『세종정책연구』제5권 1호, 2009.

어윤대·명창식, 「동구 삼국의 경제개혁에 관한 고찰−폴란드, 헝가리, 체코를 중심으로」, 『경영논총』38권, 1994.

오강수, 「최근 북한의 기업관리 체계 개편의 특징과 방향」, 『나라경제』2권 2호, 2000.

오경섭, 『북한 시장의 형성과 발전−시장화특성과 정치적 결과를 중심으로』, 서울: 세종연구소, 2013.

오승렬, 『중국경제의 개혁·개방과 경제구조: 북한경제 변화에 대한 함의』, 서울: 통일연구원, 2001.

오윤나·박나리, 「미얀마의 개혁개방 경과와 전망」, 『KIEP 오늘의 세계 경제』12권 4호, 2012.

오인식, 「베트남의 투자환경 분석과 기업진출」, 대한상공회의소 한국경제 연구센터 연구보고서, 1997.

이규영, 「현실사회주의 체제전환이론의 모색−분절성과 동시성」, 『국가전략』제21권 2호, 2015.

이규하, 「북한체제의 사회통제기능 연구−인민보안성의 통제기능을 중심으로」, 고려대학교 석사학위논문, 2006.

이대근, 「당·군 관계와 선군정치」, 『북한 군사문제의 재조명』, 파주: 한울, 2006.

이두원, 「베트남 경제의 사유화−민간부문의 형성과 기업화를 중심으로」, 『동남아시아연구』10권, 2000.

이상준, 「체제전환국가의 사유화와 기업소유 및 지배구조변화」, 『슬라브 연구』

제19권 2호, 2003.

이상현, 「체제전환국의 기업개혁 경험과 북한기업 전환방안 연구 – 지배구조 개선을 중심으로」, 서강대학교 석사학위논문, 2011.

이석, 「현 단계 북한경제의 특징과 설명 가설들」, 『나라경제』 제11권 제1호, 2009.

이석기, 「1990년대 이후 북한 경제체제의 특징과 위기: 계획화체계의 약화, 자발적 시장화와 기업지배구조의 변화」, 『동향과 전망』 제62호, 2004.

이석기, 『북한의 기업관리체계 및 기업행동양식 변화연구』, 서울: 산업연구원, 2006.

이성형, 「쿠바의 경제개혁 – 성과와 문제점, 그리고 전망」, 『경제와 사회』 제71호, 2006.

이수석, 「선군사상의 대대적 운동전개로 체제 유지 몰두」, 『북한』 396호, 2004.

이수석 · 김일기, 「북한의 실리주의와 개혁개방 가능성 연구: 박봉주 내각총리 복귀를 중심으로」, 『세계지역연구논총』 31집 3호, 2013.

이일영, 「중국의 농업 · 농촌 개혁」, 유희문 외 11인 공저, 『현대중국경제』, 서울: 교보문고, 2004.

이재열, 『경제의 사회학: 미시-거시 연계분석의 이론과 방법』, 서울: 사회비평사, 1996.

이종문, 「푸틴시대 러시아 국가자본주의의 형성과 발전: 국가경제발전모델의 관점에서」, 『한국과 국제정치』 제26권 제1호, 2010.

이찬우, 「최근 경제정책의 특성과 문제점」, 『북한경제 백서』 서울: 대외 경제정책연구원, 2003.

이창헌, 「김정일 시대 ‘선군정치’의 대외적 함의」, 『정치정보연구』 9권 1호, 2006.

이한우, 「베트남 ‘도이머이’시기 정치체제 변화: 사회적 도전과 당-국가의 대응」, 『신아시아』 제17권 제4호, 2010.

이헌경, 「북한경제조치와 사회경제적 실태」, 『오토피아』 26권 3호, 2011.

이형운, 「북한의 ‘자생적 시장화’와 경제개혁의 전개」, 『통일문제연구』 제17권 2호, 2005.

이호령, 「북한사회에 확산되는 개인주의와 선군정치의 강조로 기강이 해이해지는 북한군」, 『북한』, 2006.

임강택,『북한경제의 시장화실태에 관한 연구』, 서울: 통일연구원, 2009.

임강택,『북한경제의 비공식(시장)부문 실태 분석: 기업 활동을 중심으로』, 서울: 통일연구원, 2013.

임강택,『북한 시장 활성화의 숨은 그림, 국영기업의 역할』, 서울: 통일연구원, 2016.

임수호,『계획과 시장의 공존: 북한의 경제개혁과 체제변화 전망』, 서울: 삼성경제연구소, 2008.

임을출,「북중 경제협력 확대와 북한 경제」,『한반도포커스』제14호, 2011.

장명봉,「북한의 2009년 헌법 개정과 선군정치의 제도적 공고화」,『헌법학연구』제16권 제1호, 2010.

장용석,「북한의 국가계급의 분열과 갈등구조: 1990년대 경제위기 이후 변화를 중심으로」, 성균관대학교 박사학위논문, 2008.

장준영,『미얀마의 정치경제와 개혁개방』, 서울: 지식과 교양, 2013.

장준영,「미얀마 신정부의 개혁개방 평가: 회고와 전망」,『동남아연구』제25권 3호, 2016.

전현준,『북한의 사회통제 기구 고찰: 인민보안성을 중심으로』, 서울: 통일연구원, 2003.

정건화,「북한의 노동체계에 대한 제도론적 접근」,『동향과 전망』62호, 2004.

정광민,『북한기근의 정치경제학』, 서울: 시대정신, 2005.

정병화,「강성대국 건설, 체제전환을 위한 체제개혁의 시도인가? 체제유지를 위한 또 다른 이데올로기인가?-선군정치를 중심으로」,『시민사회와 NGO』제10권 제1호, 2012a.

정병화,「관성적 권력으로서의 '선군정치'」,『대한정치학회보』20집 2호, 2012b.

정영철,「북한에서 시장의 활용과 통제: 계륵의 시장」,『현대북한연구』제12권 2호, 2009.

정은이,『북한 무역회사에 관한 연구: 북중 접경도시 '신의주'를 중심으로』, 서울: 통일부, 2012.

정은이,「북한 부동산 시장의 발전에 관한 분석-주택사용권의 비합법적 매매 사례를 중심으로」,『동북아경제연구』27권 1호, 2015.

정형곤,「동유럽 사회주의 경제체제의 개혁과 북한」,『현대북한연구』5권 2호, 2002.

조동호,『폴란드의 경제체제전환 사례연구』, 서울: 한국개발연구원, 1998.

조영기,「김정은 시대 북한경제의 현황과 과제」,『나라경제』15권 2호, 2013.

조영기,「김정은 통치자금과 북한 외화벌이 실상」,『북한』, 2016.

조한범,『북한에서 사적 경제활동이 공적 경제부문에 미치는 영향 분석』, 서울: 통일연구원, 2016.

존 메이너드 케인즈 지음, 류동민 역,『케인즈의 일반이론』, 서울: 두리미디어, 2012.

진희관,「북한에서 '선군'의 등장과 선군사상이 갖는 함의에 관한 연구」,『국제정치논총』제48집 1호, 2008.

차문석,「선군시대 경제노선의 형성과 좌표−핵과의 연관성 및 '이중화' 전략」,『국방정책연구』76권 76호, 2007a.

차문석,「북한의 시장과 시장경제−수령을 대체한 화폐」,『담론 201』10권 2호, 2007b.

차문석,「북한 경제의 동학(動學)과 잉여의 동선(動線)−특권경제를 중심으로」,『통일문제연구』제21권 1호, 2009.

최대석·박희진,「비사회주의적 행위유형으로 본 북한사회 변화」,『통일 문제 연구』23권 2호, 2011.

최대석·장인숙,『북한의 시장화와 정치사회 균열』, 서울: 선인, 2015.

최봉대,「북한의 시장 활성화와 시장세력 형성문제를 어떻게 봐야 하나」,『한반도포커스』제14호, 2011.

최용·이상철,「중국 보안서비스업의 실태 및 시장경제 활성화 방안」,『한국치안행정논집』제7권 제1호, 2010.

최은석,「시장경제 제도로의 전환을 위한 법제도 구축」,『통일문제연구』18권 2호, 2006.

최지영,「중국의 (反)부패정책 및 조직 연구−'반부패공직조율소조'를 중심으로」,『국방연구』56권 제1호, 2013.

통일부,『북한의 이해』, 서울: 통일부, 2017.

프리드리히 하이에크 지음, 신중섭 역,『치명적 자만』, 서울: 자유기업원, 2004.

프리드리히 하이에크 지음, 양승두 역,『법, 입법 그리고 자유 세트』, 서울: 올재클래식스, 2017.

한기범,「북한 정책결정과정의 조직행태와 관료정치: 경제개혁 확대 및 후퇴를 중심으로」, 경남대학교 박사학위논문, 2009.

한영진, 「북한의 시장단속과 악화된 주민생활」, 『북한』 통권 433호, 2008.

한철수, 「총격전과 약탈을 자행하며 김정일 개인사병으로 전락한 인민군대」, 『북한』 통권 437호, 2008.

함택영 외, 『북한 군사문제의 재조명』, 파주: 한울, 2006.

홍민, 「행위자-네트워크 이론과 북한 연구－방법론적 성찰과 가능성」, 『현대 북한연구』 16권 1호, 2013.

홍민, 『북한 시장화와 사회적 모빌리티: 공간구조·도시정치·계층변화』, 서울: 통일연구원, 2015.

홍민·차문석·정은이·김혁, 『북한 전국 시장정보: 공식시장 현황을 중심으로』, 서울: 통일연구원, 2016.

홍성원, 「북한 주택시장의 발전과 형성에 관한 연구」, 북한대학원대학교 석사학위논문, 2014.

황장엽, 『북한의 진실과 허위』, 서울: 통일정책연구소, 1998.

황장엽, 『나는 역사의 진리를 보았다』, 서울: 한울, 1999.

정상현, 「베트남 국영기업의 민영화가 베트남 경제에 미치는 영향」, 『KOTRA 해외시장뉴스』 2015.3.9(https://news.kotra.or.kr/user/globalBbs/kotranews/7/globalBbsDataView.do?setIdx=245&dataIdx=141129).

2. 북한문헌

간부학습제강, 「강성대국건설을 위한 천리마 대 진군을 승리에도 이끄시는 위대한 김정일동지의 령도를 충성으로 받들어나갈 데 대하여」, 평양: 조선로동당출판사, 2000.

강습제강, 「위대한 령도자 김정일동지의 선군정치는 주체혁명위업완성의 강위력한 보검이다(당원 및 근로자용)」, 평양: 조선로동당출판사, 2005.

군부대 강연자료, 「가격과 생활비를 전반적으로 다시 제정한 국가적 조치에 대한 리해를 바로 가질 데 대하여」, 평양: 조선인민군출판사, 2002. 7.

김광일, 「부동산에 대한 통계적 연구에서 제기되는 몇 가지 방법론적 문제」, 『김일성종합대학 학보(철학·경제)』 2호, 평양: 김일성종합대학출판사, 2007.

김광철, 「선군은 사회주의 경제제도의 확립과 공고발전을 위한 확고한 담보」, 『경제연구』 1호, 평양: 과학백과사전출판사, 2003.

김영홍, 「계획화의 4대 요소를 합리적으로 분배 리용하는 것은 경제적 실리를 보장하기 위한 중요한 요구」, 『경제연구』 1호, 평양: 과학백과사전 출판사, 2003.

김일성, 「새로운 경제 관리체제를 내올 데 대하여」(조선로동당 중앙위원회 정치위원회 확대회의에서 한 연설, 1961. 12. 15), 『사회주의 경제 관리 문제에 대하여』 2, 평양: 조선로동당출판사, 1970.

김일성종합대학, 『주체정치경제학』, 평양: 김일성종합대학출판사, 2004.

김정은, 「당중앙위원회 선전선동부 책임일군들과 한 담화」, 평양: 조선로동당 출판사, 2014.

김정일, 「사회주의는 우리 인민의 생명이다」, 『김정일선집』 제17권, 평양: 조선로동당 출판사, 1992.

김정일, 「청년들과의 사업에 힘을 넣을 데 대하여」, 『김정일선집』 제17권, 평양: 조선로동당출판사, 1993a.

김정일, 「사회주의는 과학이다」, 『김일성선집』 제18권, 평양: 조선로동당출판사, 1993b.

김정일, 「경제관리운영방법」, 『김정일선집』 제8권, 평양: 조선로동당출판사, 1995.

김정일, 「경제 사업을 개선하는데서 나서는 몇 가지 문제에 대하여」, 『김정일선집』 제18권, 평양: 조선로동당출판사, 1996.

김정일, 「혁명과 건설의 모든 분야에서 사회주의 원칙을 철저히 지킬 데 대하여」, 『김정일선집』 제19권, 평양: 조선로동당출판사, 1997.

김정일, 「현 시기 당사업과 경제 사업에서 중요하게 제기되는 몇 가지 문제에 대하여」, 『김정일선집』 22권, 평양: 조선로동당출판사, 2005.

김철우, 『김정일장군의 선군정치』, 평양: 평양출판사, 2000.

량세훈, 「2중 독립채산제는 농업 련합기업소의 합리적인 관리운영방법」, 『경제연구』 4월, 평양: 과학백과사전출판사, 1997.

리동구, 「부동산가격과 사용료를 바로 제정 적용하는 것은 부동산의 효과적

리용을 보장하기 위한 중요한 요구」, 『김일성종합대학 학보(철학 · 경제)』 4호, 평양: 김일성종합대학출판사, 2006.

리명호, 「경제관리와 경제제도의 련관을 부인하는 기회주의적 견해의 반동성」, 『경제연구』 1호, 평양: 백과사전출판사, 1998.

림광업, 「자재상사 독립채산제의 본질과 특성」, 『경제연구』 1호, 평양: 과학백과사전출판사, 2001.

박경옥, 「리윤 본위를 배격하고 경제 관리에 가치법칙을 옳게 리용하는 데서 나서는 중요한 문제」, 『경제연구』 2호, 평양: 과학백과사전출판사, 1996.

박재영, 「현 시기 경제 사업에서 실리보장의 중요성」, 『경제연구』 4호, 평양: 과학백과사전출판사, 2001.

백철남, 「선군시대 경제구조의 특징」, 『김일성종합대학 학보(철학 · 경제)』 3호, 평양: 김일성종합대학출판사, 2006.

송상원, 『불멸의 향도-총검을 들고』(총서), 평양 : 문학예술출판사, 2002.

정치사업자료, 「국경연선인민들은 높은 혁명적 경각성을 가지고 계급투쟁의 전초선을 철벽으로 지켜나가자」, 평양: 조선로동당출판사, 2005a.

정치사업자료, 「투철한 계급의식과 반제투쟁정신을 가지고 적들의 반공화국 모략책동을 단호히 짓부셔 버리자」, 평양: 조선로동당출판사, 2005b.

최영옥, 「제국주의 시장경쟁의 주요 특징」, 『경제연구』 1호, 평양: 백과사전출판사, 1996.

학습제강, 「사회생활의 모든 분야에서 비사회주의 현상을 철저히 없앨 데 대하여」, 평양: 조선로동당출판사, 2005.

함영철, 「자본주의 시장경제의 반인민성과 취약성」, 『경제연구』 2호, 평양: 과학백과사전출판사, 1998.

현순일, 「자본주의 시장경제의 기본 특징」, 『경제연구』 1호, 평양: 과학백과사전출판사, 1999.

홍영의, 「현시기 무현금결제를 통한 통제를 강화하는데서 제기되는 몇 가지 문제」, 『김일성종합대학 학보(철학 · 경제)』 4호, 평양: 김일성종합대학출판사, 2004.

홍영의, 「화폐자금을 은행에 집중시키는 것은 화폐류통을 원활히 하기 위한 중요한 담보」, 『김일성종합대학 학보(철학 · 경제)』 4호, 평양: 김일성종합대학출판사, 2006.

황경오, 「위대한 령도자 김정일동지께서 밝히신 시장경제의 본질적 속성」, 『경제연구』 2호, 평양: 백과사전출판사, 1997a.

황경오, 「시장경제에 작용하는 주요 경제법칙」, 『경제연구』 1호, 평양: 백과사전출판사, 1997b.

북한군자료, 「**길 군부대 선전선동부장의 자료」, *군단 집행위원회 보고서, 2011.

북한군자료, 「최** 2**군부대 포병련대 4대대 정치지도원의 자료」, 제3군단사령부 정치위원, 2011.

북한군자료, 「포병련대 4대대장의 자료」, *군단 정치부 자료, 2011.

북한군자료, 「***군부대 보위부장 당 강습자료」, *군단 보위부, 2012.

북한군자료, 「*33군부대 6**련대 참모장에 대한 료해평정자료」, 군부대 정치위원 김**, 2012.

북한군자료, 「*군단 대대장들의 당 생활총화보고서」, *군단 정치부장, 2012.

북한군자료, 「*군단 련대장, 련대 정치위원 직급별 당 생활총화보고」, 연간생활총화 보고서, 2012.

북한군자료, 「*군단 보위부장의 당 생활자료」, *군단 정치부 보고자료, 2012.

북한군자료, 「*군단 집행위원들의 4월 당 생활총화보고」, 군단 정치부 집행위원회, 2012.

북한군자료, 「*군단 집행위원들의 5월 당 생활총화보고」, *군단 정치부 집행위원회, 2012.

북한군자료, 「2**군부대 정치위원의 당 강습자료」, *군단정치부, 2012.

북한군자료, 「3월 2**군부대 군관, 군인들 속에서 제기된 정치사상 동향 자료」, **련대 *대대 정찰참모 상위 김**자료, 2012.

북한군자료, 「3월 2**군부대 군관, 군인들 속에서 제기된 정치사상 동향 자료」, **련대 *대대장 소좌 리**자료, 2012.

북한군자료, 「3월 2**군부대 군관, 군인들 속에서 제기된 정치사상 동향 자료」, 3**련대 *대대장 박**자료, 2012.

북한군자료, 「3월 2**군부대 군관, 군인들 속에서 제기된 정치사상 동향 자료」, 3**련대 2대대 14.5미리 화력부중대장 중위 리**자료, 2012.

북한군자료, 「6**군부대에서 제기된 자료」, *군단 보위부 자료, 2012.

북한군자료, 「김** **5군부대 참모장의 당 생활자료」, *군단 정치부장, 2012.

북한군자료, 「신** **5군부대 290련대 후방부 련대장의 자료」, *군단 정치부 보고자료, 2012.

북한군자료, 「제*군단 련대정치위원 직급별 당 생활총화 보고문」, 연간생활총화보고서, 2012.

북한군자료, 「제*군단 후방일군, 군의일군 당 생활총화 보고문」, *군단정치부, 2012.

북한군자료, 「제*군단 후방일군, 군의일군 당 생활총화 보고문」, *군단 정치부장, 2012.

북한군자료, 「'현실발전의 요구에 맞게 인민군대안에 경애하는 최고사령관 동지의 유일적 령군 체계를 세우기 위한 사업을 더욱 심화시키기 위한 사업요강'과 경애하는 최고사령관동지의 말씀과 비준과업 집행 총화문」, *군단 조직부, 2012.

북한군자료, 「**5군부대 조직부장의 2·4분기 당 생활자료」, *군단 2·4 분기 당 생활총화 보고서, 2013.

북한군자료, 「*3*군부대 정치부 조직부장의 당 생활자료」, *군단 연간 생활총화 보고서, 2013.

북한군자료, 「*군단 2**군부대장의 2013년 상반년도 당 생활자료」, *군단 집행위원들의 당 생활보고서, 2013.

북한군자료, 「1.4분기 기간에 부대 안에서 나타난 정치적 사고를 비롯한 각종 사고와 비행, 군중 규률 위반 현상에서 교훈을 바로 찾을 데 대하여」, *군단 정치부·보위부 사업총화보고서, 2013.

북한군자료, 「2**군부대 3*5련대 3대대 정치지도원의 자료」, 군단 정치부 당 생활료해자료, 2013.

북한군자료, 「2**군부대 정치위원의 당 생활보고자료」, *군단 정치부장, 2013.

북한군자료, 「군의소 군의장 리**의 당 생활보고자료」, *군단 정치부장, 2013.

북한군자료, 「제*군단에서 인민들을 때려죽이는 엄중한 정치적 사고들이 련이어 발생하고 있는 자료와 대책」, *군단정치사령부 정치부 대책안, 2013.

평양, 「〈로동보수규정집〉의 내용을 일부 수정 보충할 데 대하여」, 로동성 지시 제43호, 2002.

평양, 「위대한 령도자 김정일동지께서 농민시장을 사회주의경제관리와 인민 생활에 필요한 시장으로 잘 운영하도록 방향 전환할 데 대하여 주신 방침을 철저히 관철할 데 대한 내각지시 제24호〈주체 92(2003)년 5월 5일〉를 정확히 집행할 데 대하여」, 상업성지시 제48호, 2003. 5. 20.

평양, 「시장관리운영규정세칙(잠정)을 보냄에 대하여」, 상업성지시 제41호, 2004. 4. 19.

평양, 「사회주의조국을 배반하는 자들을 엄중히 처벌할 데 대하여」, 『조선로 동당 중앙군사위원회 · 조선민주주의인민공화국 국방위원회 명령 제 0007호』, 평양: 조선로동당출판사, 2012. 12. 1.

평양, 『위대한 수령 김일성동지 혁명력사』, 평양: 고등교육도서출판사, 2013.

평양, 「인민보안기관에서 할 사업」, 『인민보안성 사업포치안 제0-175호』, 평 양: 인민보안성, 2014.

평양, 「교통사고를 내거나 교통질서와 바다출입질서를 어기는 자들을 엄격히 처벌함에 대하여」, 『조선민주주의인민공화국 국방위원회 인민보안부 포고문』, 평양: 인민보안성, 2015. 2. 4.

평양, 「봉사망들에서 나타나고 있는 퇴폐적이고 변태적인 행위들을 없애 기 위한 투쟁을 강도 높게 벌릴 데 대하여(조직부)」, 평양: 조선로동당출 판사, 2016. 9. 9.

평양, 「주민동태를 환히 꿰뚫어 자기 지역, 자기 관내를 사건사고가 없는 안정 지역으로 만들기 위한 인민보안사업에서 결정적인 개선을 가져올 데 대하여」, 평양: 인민보안성, 2016. 10. 7.

평양, 「적들이 무부분별하게 떠들어대고 있는 '선제타격'을 짓부시기 위한 인 민보안사업 대책을 철저히 세울 데 대하여(각급 인민보안기관, 인민내 무군부대 종합 · 작전부서 앞)」, 평양: 인민보안성, 2016. 10. 12.

평양, 「농촌에서 비법적으로 빠져나간 농장원들과 농촌연고자들을 모두 찾아 농촌에 배치할 데 대한 당의 방침을 철저히 집행할 데 대하여(각 도 (철도포함) 인민보안국, 군수중앙기관, 수도건설보안국 앞)」, 『인민보 안 성사업포치안 제0-189호』, 평양: 인민보안성, 2016. 10. 13.

『조선민주주의인민공화국 부동산관리법』 최고인민회의 상임위원회 정령 제 395호, 2009. 11. 11.

『조선민주주의인민공화국 부동산관리법(수정)』최고인민회의 상임위원회 정령 제2052호, 2011. 12. 21.

『조선민주주의인민공화국 사회주의 헌법』1998. 9. 5.

『조선민주주의인민공화국 사회주의 헌법』2012. 4. 13.

『조선민주주의인민공화국 외국인 기업법』최고인민회의 상설회의 결정 제19호, 1992. 10. 5.

『조선민주주의인민공화국 주민연료법』최고인민회의 상임위원회 정령 제287호, 1998. 12. 18.

『조선민주주의인민공화국 토지 임대법』최고인민회의 상설회의 결정 제40호, 1993. 10. 27.

『조선민주주의인민공화국 토지 임대법』최고인민회의 상임위원회 정령 제1995호, 2011. 11. 29.

『조선민주주의인민공화국 형법』최고인민회의 상설회의 결정 제54호, 1995. 3. 15.

3. 외국문헌

玉城素,「四重經濟とはなにか」, 関川夏央 · 惠谷治 · NK会 編,『北朝鮮の延命戰爭』, 東京: 文春文庫, 2001.

鄭春芳,「中國市場經濟體制改革的理論與實證分析」, 中國人民大學,『北京』100872, 石家莊學院學報 7(1), 2005.

Ana Julia Jatar-Hausmann, *The Cuban Way: Capitalism, Communism and Confrontation,* West Hartford, Conn.: Kumarian Press, 1999.

Andre G. Walder, "Elite Opportunity in Transitional Economics", *American Sociological Review* 68(6), 2003.

Archibald R. M. Ritter, "The Cuban Economy in the Twenty-first Century: Recuperation or Relapse?", *Archibald R. M. Ritter(ed.), The Cuban Economy,* Pittsburgh: University of Pittsburgh Press, 2004.

Arnold Wolfers, *Discord and Collaboration: Essays on International Politics,* The Johns Hopkins Press, 1962.

Barry Naughton and Kellee S., Tsai, *State Capitalism, Institutional Adaption, and the Chiness Miracle,* Cambridge university press, 2015.

David A. Baldwin, "Power Analysis and World: New Trends versus Old Tendencies", *World Politics* 31(2), 1979.

David I. Steinberg, *Burma/Myanmar: What Everyone Needs to Know,* Oxford University Press, 2013.

Edward Hallett Carr, *The Twenty Years' Crisis, 1919-1939,* Palgrave Macmillan UK, 2016.

F. A. Hayek, *Law, Legislation and Liberty Vol 1,* University of Chicago Press, 1973.

Gar Ofer, "Soviet Economic Growth: 1928~85", *Journal of Economic Literature* 25(4), 1987.

Giovanni Sartori, "Concept Misformation in Comparative Politics", *The American Political Science Review* 64(4), 1970.

Gordon White, "Toward a Political Analysis of Markets", *IDS Bulletin* 24(24), 1993.

Gregory Grossman, *Economic Systems: Foundations of modern economics series,* Prentice Hall, 1974.

Harold D. Lasswell and Abraham Kaplan, *Power and Society: A Framework for Political Inquiry,* The international library of society, 2013.

Harrison C. White, "Where Do Markets Come From?", *American Journal of Sociology* 87(3), 1981.

Harry Landreth and David C. Colander, *History of Economic Thought* Vol. 4, Houghton Mifflin, 2001.

Ira W. Lieberman and Rogi Veimetra, "The Rush for State Shares in the 'Klondyke' of Wild East Capitalism: Loans-for Shares Transactions in Russia", *George Washington Journal of International Law and Economics* 29(3), 1997.

Irving L. Horowitz and Jaime Suchlicki, *The Socialist System: The Political Economy of Communism,* New Jersey: Princeton University Press, 1992.

Irving L. Horowitz and Jaime Suchlicki, *Cuban Communism 1959-2003,* NY: Transaction Publishers, 2003.

Iyanatul Islam and Anis Chowdhury, *The Political Economy of East Asia: Post-crisis Debates,* Oxford university press, 2000.

J. M. Beyers, "Carl Menger, Gustav von Schmoller en die Methodenstreit", *South African Journal of Economics* 63, 1995.

J. M. Keynes, *The Collected Writings of John Maynard Keynes* Vol. 7. Cambridge University Press, 2012.

James Riedel, Jing Jin and Jian Gao, *How China Grows: Investment, Finance and Reform,* Princeton university press, 2007.

Janos Kornai, "The Hungarian Reform Process : Visions, Hopes, and Reality", *Journal of Economic Literature* 24(4), 1986.

Janos Kornai, *The Socialist System: The Political Economy of Communism.* New Jersey: Princeton University Press, 1992.

Javier Corrales, "The Survival of the Cuban Regime: A Political Economy Perspective", *Cuba in Transition*, ASCE, 2002.

Javier Corrales, "The Gatekeeper State: Limited Economic Reforms and Regime Survival in Cuba, 1989~2002", *Latin American Research Review* 39(2), 2004.

Maria Los, "Dynamic Relationship of the First and Second Economies Old and new Marxist States", Maria Los (ed), *The Second Economy in Marxist States,* London: Macmillan, 1990.

M. C. Howard and J. E. King, "Where Marx Was right: Towards a More Secure Foundation for Heterodox Economics", *Cambridge Journal of Economics* Vol. 25 Oxford University Press, 2001.

Oscar Lange and Fred M. Taylor, *On the Economic Theory of Socialism.* Augustus m Kelley Pubs, 1970.

Peter B. Evans, Dietrich Rueschemeyer and Theda Skocpol, *Bringing the State Back In.* Cambridge University Press, 1985.

Peter M. Ward, *Corruption. Development, and Inequality: Soft Touch or Hard Graft?* New York: Routledge, 1989.

Remy Herrera and Paulo Nakatani, "De-Dollarizing Cuba", *International Journal of Political Economy* 34(4), 2004.

Robert A. Dahl, "The Concept of Power", *Department of Political Science*, Yale University, 1957.

Serguey Braguinsky and Grigory Yavlinsky, *Incentives and Institutions: The Transition to a Market Economy in Russia*, Princeton University Press, 2000.

Theda Skocpol, "Why I am an Historical Institutionalist", *Polity* 28(1), 1995.

T. H. Rigby, "Traditional, Market, and Organization Societies and the USSR", *World Politics* 16(4), 1964.

Thorstein Veblen, "Why is Economics not an Evolutionary Science", *The Quarterly Journal of Economics* 12(4), 1898.

Vasily Mikheev, *Reforms of the North Korean Economy: Requirements, Plans and Hopes.* The Korean Jurnal of defense Analysis 5, 1993.

Vladimir Popov, "Shock Theory Versus Gradualism: The End of the Debate", *Comporative Economic Studies* Vol. 42, 2000.

World Bank, *Transition: The First Ten Years*, Washington D. C.: World Bank, 2002.

Xie Yu and Xiang Zhou, "Income Inequality in Today's China", *Proccedings of the National Academy of Sciences of the United States of America* 111(19), 2014.

찾아보기

저자 소개

강채연 (姜釆延)

    필자는 성균관대학교 대학원에서 정치외교학과를 졸업하고 정치학 석·박사 학위를 받았다. 전공은 국제정치이며 연구의 주요 관심분야는 남북관계, 북한정치경제, 통일정책, 사회통합 등이다. 현재 서울대학교 통일평화연구원 인문한국(HK) 연구교수로 재직 중이며 성균관대학교 겸임교수로 활동하고 있다.

    주요 논문으로는 「북한 권력승계의 주기모델과 북한체제의 작동원리」(2018, 공저), 「북한 경제체제속성의 재조명: '관료적 시장경제'」(2018), 「북한 경제체제전환을 위한 제도적 조건과 문제점에 관한 연구」(2018, 공저), 「김정은 시대 비핵화·경제발전 병진노선의 딜레마: '선군정치의 덫'」(2018), 「북한이탈주민들의 '정체성의 이주' 패러다임에 관한 연구」(2018), 「통일시대 '신북북갈등'에 대한 논의와 해소방안에 관한 연구」 등이 있다.